"浙里"书写：

浙江省主题出版初探

沈　珉　郑　建等著

浙江工商大学出版社
ZHEJIANG GONGSHANG UNIVERSITY PRESS
·杭州·

图书在版编目(CIP)数据

"浙里"书写：浙江省主题出版初探／沈珉等著
. —杭州：浙江工商大学出版社，2024.3
ISBN 978-7-5178-5529-3

Ⅰ.①浙… Ⅱ.①沈… Ⅲ.①主题—出版—研究—浙
江 Ⅳ.①G239.275.5

中国国家版本馆 CIP 数据核字(2023)第 115498 号

"浙里"书写：
浙江省主题出版初探
"ZHE LI" SHUXIE：
ZHEJIANG SHENG ZHUTI CHUBAN CHUTAN

沈　珉　郑　建　等著

出 品 人	郑英龙
策划编辑	郑　建
责任编辑	金芳萍
责任校对	韩新严
封面设计	朱嘉怡
责任印制	包建辉
出版发行	浙江工商大学出版社
	（杭州市教工路 198 号　邮政编码 310012）
	（E-mail：zjgsupress@163.com）
	（网址：http://www.zjgsupress.com）
	电话：0571-88904980,88831806（传真）
排　　版	杭州朝曦图文设计有限公司
印　　刷	浙江全能工艺美术印刷有限公司
开　　本	710 mm×1000 mm　1/16
印　　张	20.25
字　　数	382 千
版 印 次	2024 年 3 月第 1 版　2024 年 3 月第 1 次印刷
书　　号	ISBN 978-7-5178-5529-3
定　　价	88.00 元

本书编委会

著　者

沈　珉

郑　建　赵　丹

委　员

（按姓氏笔画排序）

王以卓　王胜昔　付国乐

许佐民　周　倩　胡　婧

姚丽颖　蒋三军　程雷生

本书为浙江省社会科学界联合会课题"书写'浙里':浙江主题出版的实践调研"(课题编号：22XSNH57)成果。

代序：浙江省主题出版概况与未来发展

在出版界，与"出版主题"或者"中心选题"相类似的提法并不是新事物。专业出版为了更符合市场要求，往往将选题划分为若干主题，策划成丛书或者书库，以维持出版物的市场占有率，并保证出版物具有更高的关注度。而主题出版是通过确立选题核心，突出"主题"的政治含义与宏观价值，从而将出版与党和国家的重大工作加以联系。从这个意义上讲，主题出版工作自1921年建党之后就开始进行了。

经周蔚华考证，2008年3月20日发布的《新闻出版总署关于纪念改革开放30周年有关工作的通知》（新出办〔2008〕330号），在正文中使用了"主题出版"的提法。[①] 2012年中宣部余声在《中国编辑》发表的《做好主题出版，更好地为党和国家工作大局服务》中提出："主题出版是指围绕党和国家工作大局，就一些重大会议、重大活动、重大事件、重大节庆日等主题而进行的选题策划和出版活动。"[②]学界较为一致的看法是，主题出版大致可分成四个类型：第一，以国家重大事件（会议、活动）为主题的选题策划和出版活动；第二，配合重大活动挖掘历史题材的选题策划和出版活动；第三，以社会生活中重大事件为主题的选题策划和出版活动；第四，以区域政治经济生活重

---

① 周蔚华：《主题出版若干基本史实辨析》，《出版发行研究》2020年第12期，第5—9页。

② 余声：《做好主题出版，更好地为党和国家工作大局服务》，《中国编辑》2012年第5期，第5—8页。

大事项为主题的选题策划和出版活动。

　　浙江是中国革命红船启航地、改革开放先行地、习近平新时代中国特色社会主义思想重要萌发地,这为浙江立足本省做好精品出版提供了得天独厚的宝贵资源。近 30 年来,浙江省主题出版呈现出不断发展的态势:主题出版的形式多种多样,纸质出版物、音像出版物、网络出版物并举;主题出版的内容从单一化发展到多样化,且有标志性突破;主题出版在大众市场中占有越来越高的份额。例如:"中国历代绘画大系"作为规模浩大、纵贯历史、横跨中外的国家级重大文化工程,成为迄今为止同类出版物中精品佳作收录最全、图像记录最真、印制质量最精、出版规模最大的中国绘画图像文献。这样的成就充分展现了浙江省主题出版宝贵的价值和积极的意义。勾勒近 30 年来浙江省主题出版的发展历程,梳理其发展轨迹,这对浙江省主题出版未来的发展有着重要的参考价值。

一、浙江省主题出版的总体勾勒

(一)浙江省主题出版的视野越来越大,站位越来越高

　　2008 年之前,除对中国共产党党史的挖掘之外,浙江省主题出版还着眼于以区域政治经济生活重大事项为主题的策划。浙江是改革开放先行地,对改革开放的记录与思考是浙江省主题出版的重要选题。梳理改革开放以来的出版物,可以发现对前期的改革开放进行总结的出版物品种并不多。为庆祝改革开放 20 周年,浙江人民出版社出版"浙江改革开放研究书系"。在改革开放 30 周年时,浙江人民出版社与浙江大学出版社分别推出"浙江改革开放 30 年研究系列"丛书和"浙江改革开放三十年研究系列"丛书;同时,各出版社出版了《中国模范生——浙江改革开放 30 年全记录》《浙江改革开放 30 年口述历史》《潮起东方看浙江:浙江省改革开放三十年典型事例 100 例》《改革开放中的浙江——改革开放 30 年浙江经济社会发展成就》等图书。在改革开放 40 周年时,浙江人民出版社推出"浙江改革开放 40 年研究系列"丛书和《东方启动点:浙江改革开放史(1978—

2018)》；浙江科学技术出版社推出《浙江改革开放 40 年口述历史（1978—2018）》等图书。

2017 年以来，浙江省出版机构对于主题出版的热情提高了，投入的资金与人力都增加了。浙江省主题出版进入了新的阶段，出版规模不断扩大，出版物数量不断增长。第一，突破地域限制，在国家的政策层面上分析与阐释社会主义建设的理论和实践。2018 年，理论阐释性读物《读懂“八八战略”》出版，出版一年后发行量便突破 380 万册。截至 2019 年 1 月底，“三读”丛书（“三读”指领导干部要爱读书、读好书、善读书）共出版 66 辑，总发行量近 330 万册；《红船精神问答》已发行 3.3 万余册。2022 年，浙江省“八八战略”研究院编著的《“八八战略”与“五大历史使命”》一书由浙江人民出版社出版发行。

第二，从更高的理论视角审视地域变化。2017 年，浙江人民出版社围绕“绿水青山就是金山银山”理念出版主题读物《“两山”重要思想在浙江的实践研究》《“两山”之路——“美丽中国”的浙江样本》等。

第三，形成主题出版矩阵。2019 年是中华人民共和国成立 70 周年，除浙江人民出版社推出相关出版物外，浙江大学出版社出版《见证：一位农民的新中国七十年》，浙江教育出版社推出“‘创新报国 70 年’大型报告文学丛书”，等等。更多出版社加入主题出版的行列。

为了庆祝建党 100 周年，浙江省各出版社提前准备，从各自角度来策划与开挖主题，相关主题出版物有 100 种左右。浙江人民出版社推出“党领导下的浙江革命武装斗争史”丛书（共 5 册）、“‘全国革命老区县发展史’丛书——浙江卷”（共 32 册）、《漫画百年党史·开天辟地》；浙江古籍出版社推出《信仰的力量——浙江英烈七十人》等；浙江科学技术出版社推出《为了万家灯火：中国共产党百年抗灾史》；浙江教育出版社推出《粲然》，该书讲述了中国第一个大科学装置建造背后的故事，揭示了在重大成就背后中国共产党为中华民族谋复兴的初心使命；浙江电子音像出版社推出《脊梁——共和国勋章获得者的故事》（与浙江人民出版社联合推出）和《红色家书》；浙江文艺出版社推出“长征·我是红小鬼”系列丛书（共 3 册）；浙江摄影出版社推出摄影画册《革命与复兴：中国共产党百年图像志》；红旗出版社推出《绝密交通线》。各种小说、漫画、摄影、音像作品,多角度、多形式地展现百年党史,献礼建党 100 周年。

(二)习近平同志的浙江实践指引浙江省主题出版的发展

浙江省主题出版能上一个台阶,与习近平密不可分。2002 年 10 月,习近平同志到浙江工作。2003 年 7 月,在中共浙江省委十一届四次全体(扩大)会议上,习近平首次系统阐释了浙江发展的"八个优势",提出了指向未来的"八项措施",简称"八八战略"。2005 年 7 月 28 日、29 日,在习近平同志的主持下,中共浙江省委十一届八次全体(扩大)会议审议并通过了《中共浙江省委关于加快建设文化大省的决定》。2005 年,在习近平的直接关心下,"中国历代绘画大系"工程正式启动。

习近平同志在浙江的实践为浙江省主题出版策划提供了灵感,拓展了浙江省主题出版的格局与视野。2007 年,《之江新语》的出版获得巨大成功,创造了政治理论读物的销售新高。至 2019 年 1 月底,此书已发行 300 万册,并推出了法文版、西班牙文版、德文版、英文版、日文版。而且,此书语言明快、简洁,接地气,其写作风格影响了后续主题出版物的策划,如启发了"三读"丛书的策划与编辑。另外,"中国历代绘画大系"至今也已结项,丛书共收录海内外 263 家文博机构的纸、绢(含帛、绫)、麻等材质的中国绘画藏品 12405 件(套),其中国内藏品 9155 件(套)、国外藏品 3250 件(套),涵盖了绝大部分传世的"国宝"级绘画珍品。其中,《宋画全集》(23 册)与《元画全集》(16 册)于 2015 年正式被联合国教科文组织总部图书馆收藏,充分显示出中国的文化底蕴。

二、浙江省主题出版的未来发展

主题出版既是对国家核心声音的放大,也是对时代主旋律的弘扬。中国编辑学会会长郝振省从历史性与现实性、普遍性与规律性的角度对主题出版的使命进行了探讨。他认为:"我们所倡导和要求的主题出版,是把社会效益放在首位,力求达到两个效益有机统一的目标的;是最大限度地实现责任与市场的对接,要求与需求的吻合,必读与可读的一致,历史对现实的延续。这就要求我们的出版集团、出版企业、出版单位在普遍性的主题之下,把差别性的战略做到极致。"①诸多出版社的社长、总编也对社会效益与经济效益、小众出版与大众市场的关系进行了剖析,说明了主题出版的特性是政治性、学术性和市场性的统一。政治性是主题出版物的首要特性;主题出版中的精品力作往往具有较高的学术价值;市场性体现为读者的认同,主题出版物只有被大量读者阅读,才能达到主题出版的传播效果。因此,主题出版要建立矩阵,从各个方面、各个角度出发,对中国的政治、经济与文化等领域进行全面的阐释。

浙江省主题出版的未来发展,要在以下三个背景之下加以理解。

(一)将主题出版嵌入时代发展的语境中去理解

主题出版具有全局指导性和与时俱进的时代性。出版作为有体量的信息传递方式,能够对内容进行精准到位的阐释,从而理性建构话语权,引导时代发展的方向。1954年,中央宣传部在《关于改进人民出版社工作状况的报告》中提出,人民出版社首先应集中主要力量出版几项书籍,包括中共中央的文件、有关党的建设的读物等②,强调了出版社的出版主题。进入改革开放的历史新时期,中共中央、国务院做出了《关于加强出版工作的决定》。"出版服务于工作重心转移,服务于真理标准讨论,服务于主流意识形态的阐释与传播,服务于社会主义市场经济体制的全面建立,服务于社会主义核心价值观的深入与弘扬。"③这就意味着主题出版有长期任务与时代要求。现阶段,阐释习近平新时代中国特色社会主义思想仍是主题出版的主要内容,而对时代做出迅速、正确的反应也是当代出版人的必备素质。

因此,主题出版要做好顶层设计,出版管理部门要把主题出版作为推动

---

① 郝振省:《主题出版的历史性与现实性》,《出版参考》2017年第1期,第1页。

② 中国出版科学研究所、中央档案馆编:《中华人民共和国出版史料:1954》,北京:中国书籍出版社,1999年,第194页。

③ 郝振省:《主题出版的历史性与现实性》,《出版参考》2017年第1期,第1页。

出版工作、引导思想舆论的重要抓手,并在资金支持、媒体推介等方面给予倾斜。作为主题出版动力核心的出版单位,应该创新机制、健全机制,通过机制建设调动编辑的积极性,从选题策划开始,到营销推广,打造完整的主题出版链条。

(二)将主题出版放在国际传播的背景中去理解

"主题出版"概念的提出具有重要意义。对主题出版的思考是伴随着中国经济结构的巨大改变和中国在新的全球格局中角色的认定而逐渐深入的。这就要求出版人思考主题出版的国际传播价值,避免出版内卷化现象的出现。

2003 年,全国新闻出版局长会议正式把出版"走出去"战略作为我国新闻出版业发展的五大战略之一。而直到 2013 年"一带一路"倡议提出后,出版"走出去"才形成高潮。

主题图书是出版"走出去"最重要的图书品类之一。主题出版造就了聚力打造优秀出版物的契机。《习近平谈治国理政》在海外市场销量较好,带动了海外读者对中国模式、中国发展系列话题的讨论,产生了一定的影响力。浙江省有悠久的文化与历史,又具有"三个地"(中国革命红船启航地、改革开放先行地、习近平新时代中国特色社会主义思想重要萌发地)优势,还有国外读者较为关注的麦家、余华等作家,这些都是世界想要了解的内容,可以通过选题策划进行海外传播。浙江省主题出版中,"中国历代绘画大系"使中国传统文化为世界所知;以 G20 为主题的出版物对杭州的展示,为杭州成为国际化大都市做了铺垫。这些都是不错的开端。

出版管理部门要加大引导和支持力度,完善出版企业的战略布局,比如搭建国内外出版企业的交流合作平台,建立一套针对海外主题出版物的"双效"评价机制,激发中国出版"走出去"的动力。"出版企业要跨界合作,与'走出去'的一般性企业、文化传媒公司、媒体等形成合作,产生共振效应。"①

---

① 韩建民、付玉:《新时代主题出版"走出去":现实审视与路径选择》,《出版广角》2022年第 5 期,第 33—38 页。

(三)将主题出版放在泛出版的场景下去理解

第一，要在顶层设计与专业开拓的关系中去理解主题出版。

出版活动必须与党的主张、国家意志保持高度一致，而"主题出版是党的主张、国家意志在出版领域最重要的标志，是中国出版业的灵魂"①，对教育出版、专业与学术出版和大众出版等其他出版领域具有统领性和指导性。"在具体出版活动中，每个出版社均从自身资源、区域特色、历史积累等角度出发，策划出版题材丰富的主题出版精品图书，自觉担负起举旗帜、聚民心、育新人、兴文化、展形象的使命任务。利用自身资源，打造温度与深度并存的主题出版图书。"②在党的十九大之后，浙江省主题出版的分层、分角度现象日益明显。各个出版社要根据自己的资源与特色，对不同类型的主题出版进行积累。不同出版社定位不同、资源不同，策划的方向也不同，随着浙江人民美术出版社及各大学出版社的加入，浙江省主题出版的内容会更加丰富。

第二，要在传统出版与现代技术的维度中去认识主题出版。

"融媒体时代的出版形态发生了很大的变化，不仅包括传统的纸质出版形态，新媒体的出版形态也较多，丰富了主题出版的形式。"③多种出版形态共存的局面，在抗击新冠疫情及建党 100 周年时的出版策划中展现了出来。尤其是在抗击新冠疫情时，浙江出版人不仅采取线上发行的方式，及时发布抗疫知识、心理疏导等内容，而且还先人一步，考虑到复工环节，特别推出了抗"疫"复工特刊"《哈佛商业评论》'微管理'系列"，为疫情后的经济复苏提供建议。

第三，要在专业阅读与大众出版的关系中去理解主题出版。

---

① 张璐：《如何让主题出版温度与深度并存》，《中国新闻出版广电报》2021 年 3 月 22 日，第 4 版。

② 张璐：《如何让主题出版温度与深度并存》，《中国新闻出版广电报》2021 年 3 月 22 日，第 4 版。

③ 林筱芳：《融媒体时代主题出版数字化建设研究》，《新闻传播》2021 年第 3 期，第 67—68、71 页。

在党的十九大之前,主题出版的出版主体相对较少,出版范围相对狭窄。在党的十九大之后,主题出版从政治自觉走向文化自觉。各出版社认识到,主题出版不仅是对时代最强音的解读,是社会道义与社会责任感的体现,更是提升民众文化素养的方式。党的十九大报告指出,中国特色社会主义进入新时代,我国社会主要矛盾已经转化为人民日益增长的美好生活需要和不平衡不充分的发展之间的矛盾。人民的美好生活需要涉及丰富的领域,美好精神生活需要是一个重要方面。在此认识上,"主题出版和全民阅读可谓相辅相成,全社会逐渐养成爱读书、读好书的风气,间接带动了主题出版的繁荣"①。

为了生产更多的精神食粮,主题出版不仅出版主体范围扩大了,而且策划主体也相应增加了。2018年,杭州电子科技大学成立融媒体与主题出版研究院,迄今已经策划了诸如《为了万家灯火:中国共产党百年抗灾史》《坐着高铁寻访革命圣地》等主题出版物。另外,民营出版策划机构的加入拓展了主题出版的选题范畴,迎合了大众市场,使主题出版更接地气。

浙江省主题出版已聚力打造开创了一个局面。真正要把主题出版做得有生气、有市场、有高度,还要进行策划与布局。浙江省主题出版未来发展的重点必须放到开拓大众市场与海外市场上来,避免出版的内卷化与同质化,同时加快出版"走出去"的步伐。

---

① 韩建民、熊小明:《新时代主题出版的八大转变》,《出版广角》2018年第6期,第6—8页。

目　录

1

主题出版的概念界定与历史溯源

在出版界,与"出版主题"或"中心选题"相类似的提法并不是一个新事物。出版按内容大致分为教育出版、大众出版以及专业出版。在专业出版中,将专业出版内容进行细化就隐含着将出版划分出若干主题的努力。专业出版为了更好符合市场要求,往往将选题划分为若干主题,策划为丛书或者书库,以维持出版物的市场占有率,并保证出版物具有更高的关注度。因此,"出版主题"的出现既是出版专业化的要求,也是出版市场化的要求。

1.1 主题出版的相关理论研究

1.1.1 主题出版的概念界定

主题出版是通过将选题核心进行再次确定的方式,突出主题的政治含义与宏观价值,从而将出版与党和国家的重大工作加以联系。这项工作早已有之。1949 年之后,国家出版管理部门就以出版工作计划、出版方针任务等行文形式对出版内容进行了规定。2003 年,主题出版以政策性语言的方式首次出现。2003 年开始,国家出版管理部门每年都会确定一个或几个出版主题,并提供相应支持。之后,出版工作部署中明确各出版单位实施的出版种类和形式,国家出版管理部门以"重点选题""重点图书""重点出版物"

等提法对重大主题出版进行总结。

经周蔚华考证，2008 年 3 月 20 日发布的《新闻出版总署关于纪念改革开放 30 周年有关工作的通知》(新出办〔2008〕330 号)，在正文中使用了"主题出版"的提法。① 原新闻出版总署出版管理部门负责人吴尚之和王志成在 2008 年底合写的《2008 年全国图书音像电子出版管理工作》(即 2008 年年终总结)，其第一部分的标题就是"深入落实科学发展观，大力倡导文化创新，推动四大主题出版，推动图书、音像、电子出版物发展繁荣"。这里所说的"四大主题出版"工作，包括党的十七大文件和学习辅导读物，学习宣传贯彻党的十七大精神、全面阐释科学发展观、中国特色社会主义理论与实践、推动社会主义核心价值体系建设的理论读物和普及读物，庆祝改革开放 30 周年出版物，奥运会重点出版物等方面的出版工作。② 但是作为总结报告，文章并没有对"主题出版"进行界定。但报告突出了以特定"主题"为出版对象、出版内容和出版重点的出版宣传活动的内涵。由此，"主题"抽离于具体的事件之外，成为特殊重点选题集合性称谓。

周蔚华于 2011 年 5 月发表在《中国出版》上的《紧紧围绕大局　做好主题出版》是第一篇对主题出版进行定义和对主题出版特点进行初步分析的文章。"主题出版是围绕国家政治、经济、社会、文化等方面的工作大局，就党和国家发生的一些重大事件、重大活动、重大题材、重大理论问题等主题而进行的选题策划和出版活动。"③这一定义，较之"以特定'主题'为出版对象、出版内容和出版重点的出版宣传活动"有了一些不同，把宣传的意味弱化，回归到正常的出版工作之中。

在不断的探索与丰富中，政府与学者对这一定义进行了完善。2012 年中宣部余声在《中国编辑》发表的《做好主题出版，更好地为党和国家工作大局服务》中提出："主题出版是指围绕党和国家工作大局，就一些重大会议、

---

① 周蔚华：《主题出版若干基本史实辨析》，《出版发行研究》2020 年第 12 期，第 5—9 页。

② 吴尚之、王志成：《2008 年全国图书音像电子出版管理工作》，柳斌杰、于友先、邬书林：《中国出版年鉴 2009》，北京：中国出版年鉴社，2009 年，第 48—49 页。

③ 周蔚华：《紧紧围绕大局　做好主题出版》，《中国出版》2011 年第 9 期，第 37—39 页。

重大活动、重大事件、重大节庆日等主题而进行的选题策划和出版活动。"这一官方的解释较之学界内涵稍显狭窄,仍然有政治宣传的意味。"从 2015 年起,中宣部、国家新闻出版广电总局(2018 年起为'国家新闻出版署')每年都专门发出关于做好主题出版工作的通知。至此,主题出版作为一项常规性重要工作被纳入出版管理和出版活动的日程,并形成了我国独特的'主题出版'业务板块。"①2017 年,时任国家新闻出版广电总局出版管理司司长周慧琳在《努力做好新形势下的主题出版工作》中提出:"主题出版是以特定'主题'为出版对象、出版内容和出版重点的出版宣传活动。具体来说,就是围绕党和国家重点工作和重大会议、重大活动、重大事件、重大节庆日等集中开展的重大出版活动。"②这一说法仍然与前者一脉相承,突出了主题出版的宏观性、全局性与重要性。

学界对"主题出版"的界定则兼具学术立场。比如李建红认为,"主题出版"是服务中国建设与发展的大局、围绕国家工作重点与方向,即时、整体地反映国家意志的内容策划与出版;同时,它也是立足传统中国,回视中国历史,时刻将历史与当下进行扫描与建构的宏观出版活动。③ 袁亚春认为,"主题出版是针对体现党和国家意志,响应时代发展大课题,满足国家重大战略和人民群众精神文化需求的主题,进行的有组织的策划、编辑和出版活动"④。这两种说法加上了历史文化与人民群众两个维度,将主题出版的内涵扩大了。而随着主题出版研究的深入,关于主题出版的内涵与外延、功能与作用等均有了更为具体的讨论。

1.1.2 主题出版的概念理解

党与国家在政治治理、方向把握以及社会建设各层面如何借助主题出版来向大众传递声音、引导思想与指明路径? 如何理解主题出版在政治治

---

① 周蔚华:《主题出版若干基本史实辨析》,《出版发行研究》2020 年第 12 期,第 5—9 页。

② 周慧琳:《努力做好新形势下的主题出版工作》,《出版参考》2017 年第 1 期,第 5 页。

③ 李建红:《中国主题出版研究(2003—2016 年)》,武汉大学博士学位论文,2017 年。

④ 袁亚春:《做好主题出版:大学出版社何为?》,《中国出版》2021 年第 7 期,第 16—20 页。

理、方向把握以及社会建设各层面的作用？如何理解出版事业与主题出版的内在逻辑？笔者认为，要正确认识主题出版，需要在三个背景之下加以理解。

(1)将主题出版嵌入时代发展的语境中去理解

主题出版具有全局指导性和与时俱进的时代性。追溯主题出版的提出语境，在正式出现"主题出版"之前，党围绕出版工作的宏观与全局性的部署一直在进行之中，主题出版也经历着布篇谋局与宏观指导的过程。

2000年10月11日，党的十五届五中全会通过的《中共中央关于制定国民经济和社会发展第十个五年计划的建议》，提出"完善文化产业政策，加强文化市场建设和管理，推动有关文化产业发展"。2000年1月，与原行政管理机关辽宁省新闻出版局彻底脱钩后，辽宁出版集团正式成立，成为我国出版界第一家真正实现政企分开、政事分开，并获得国有资产授权经营的出版产业集团。"在文化领域的改革中，出版率先突破，始终排头，最先接受市场的冲击，最先卷入价值观、精神的矛盾冲突。一边是长期的体制机制束缚松绑了，一边是活力和空间无限的市场机遇，出版在奋力摆脱桎梏的同时有丢掉优良传统的危险，在充分融入市场的同时被纸醉金迷的怪象包裹而有定力不够的危险。"①

从2000年开始，出版机构的转制工作不断推进。但是随着市场的洗礼，出版业陷入新的困境，出版的社会价值逐渐弱化，这时，需要有清醒而明确的声音来阐释出版的意义。"主题出版的提出就是在发出这种声音、提供这股力量，就是在回答出版改革的问题、为出版改革排忧。因此，主题出版是出版改革的产物，也为出版改革指明方向、明确定力、铸就精神。"②2003年之后，主题出版体现出党和政府自上而下做出的出版设计，这体现为国家出版管理机构每年评选出的重点出版项目。

2007年，国务院批准设立国家出版基金。2010年，主题出版被新闻出

---

① 谢清风：《主题出版的提出、发展、问题和展望》，《现代出版》2018年第6期，第38—43页。

② 谢清风：《主题出版的提出、发展、问题和展望》，《现代出版》2018年第6期，第38—43页。

版管理部门纳入重点出版工作,此举旨在针对国家面临的新问题、新局面在意识形态上做出权威、全面以及宏观的阐释。"社会主义的主题出版,就是社会主义的护卫者、歌颂者和激励者。"①自 2012 年起,中宣部将国家出版资金与出版主题密切联系,为重点出版物提供资金上的支持。

在历次五年规划中,对主题出版也有总体规划。

"十二五"时期是中国深化改革、加快转变经济发展方式的攻坚时期,也是中国由出版大国向出版强国迈进的重要战略机遇期。《新闻出版业"十二五"时期发展规划》(2011—2015 年)的指导思想和基本要求如下:

(一)指导思想:以邓小平理论和"三个代表"重要思想为指导,深入贯彻落实科学发展观,高举旗帜,围绕大局,服务人民,改革创新,以科学发展为主题,以转变经济发展方式为主线,以深化改革为动力,着力保障人民群众基本文化权益,着力激发市场主体活力,着力调整产业结构,着力提升行业自主创新能力,着力增强中华文化的传播力和影响力,大力弘扬中华文化优良传统,为实现新闻出版强国目标打下坚实的基础。

(二)基本要求:

——坚持社会主义先进文化的前进方向。牢牢把握正确的舆论导向,弘扬主旋律,坚持三贴近,始终把建设社会主义核心价值体系贯穿到新闻出版工作各个方面,把社会效益放在首位,实现社会效益与经济效益的有机统一,充分发挥新闻出版引导社会、教育人民、推动发展的功能,增强民族凝聚力和创造力。

——坚持加快发展。以科学发展为主题,深化新闻出版体制改革,用改革的办法解决发展中的问题,用发展的成果检验改革的成效,切实解放和发展新闻出版生产力,推动新闻出版业又好又快发展。

——坚持以人为本。以服务人民为根本宗旨,以满足人民群众精神文化需求、促进人的全面发展为根本目的,在满足人民群众

---

① 于殿利:《主题出版的历史与社会逻辑》,《出版发行研究》2022 年第 5 期,第 5—11 页。

精神文化需求、尊重人民群众主体地位、实现人民群众基本利益诉求中推动发展。

——坚持全面协调。将全面协调可持续作为推动新闻出版业发展的基本要求,一手抓公益性新闻出版事业,一手抓经营性新闻出版产业,公益性事业和经营性产业共同发展,强化协作,促进联合,推动新闻出版业结构和布局更加优化,速度与质量、效益更加协调,可持续发展能力进一步增强。

——坚持统筹兼顾。将统筹兼顾作为推动新闻出版业发展的根本方法,正确处理新闻出版建设与经济社会发展、社会效益与经济效益、弘扬主旋律与提倡多样化、民族文化与外来文化、促进繁荣与加强管理、发挥政府作用与调动全社会力量、公有制为主体与多种所有制共同发展等重大关系。

——坚持科技创新。将科技创新作为推动新闻出版业发展的主要支撑,提高自主创新能力,推动产业技术革新,推动传播手段创新,推动新兴业态发展,推动传统出版业的现代化转型。

指导思想与基本要求中体现出政治高度与意识形态的要求。①

原国家新闻出版广电总局副局长吴尚之在 2015 年 11 月的"十三五"国家重点出版物出版规划项目论证会上强调:"国家重点出版物出版规划要体现国家意志,代表国家学术研究和出版水平,必须把握好政治导向、学术导向和文化导向。"会议明确了"十三五"国家重点出版物出版规划十个方面的重点内容:

一是坚持用中国特色社会主义凝聚共识,推出一批深入学习宣传贯彻习近平总书记系列重要讲话精神,深入开展中国特色社会主义和中国梦主题宣传教育活动的出版物,推出一批反映马克

---

① 新闻出版总署:《新闻出版业"十二五"时期发展规划》,2011 年 4 月 21 日,http://www.keyin.cn/library/zcfg/zhzcjjg/201104/21-484012_9.shtm,2021 年 5 月 21 日。

思主义中国化最新成果,用中国理论阐释中国实践的出版物。

二是深入推进社会主义核心价值观建设,推出一批加强社会主义精神文明建设,加强全社会思想道德建设,大力培育和践行社会主义核心价值观的出版物。

三是着力服务党和国家工作大局,推出一批深入宣传阐释"四个全面"战略布局,深刻反映经济、政治、文化、社会、生态文明和党的建设的重要理论与实践成果的出版物。

四是大力弘扬中华优秀传统文化,推出一批展现中华优秀传统文化内容、反映古籍整理重要研究成果的出版物。

五是加强科技创新和文化创新,推出一批反映我国自然科学、工程技术和人文社科等各领域重要研究成果的出版物。

六是积极推动文艺繁荣发展,推出一批反映人民心声、展现时代风貌、弘扬主旋律、传递真善美的优秀文艺出版物。

七是为未成年人健康成长提供更多更好的精神食粮,推出一批提高未成年人道德素质和科学文化素质,有利于德智体美全面发展的出版物。

八是繁荣发展少数民族出版事业,推出一批唱响各民族共同团结奋斗、共同繁荣发展主旋律的出版物。

九是加快提升国家文化软实力,推出一批讲好中国故事、传播好中国声音、不断增强中华文化国际影响力的出版物。

十是精心组织重点主题出版工作,推出一批学习宣传党的十八届五中全会精神,庆祝新中国成立70周年、中国共产党成立95周年等主题出版物。[1]

这十个方面解读了国家关注的出版主题,也成为各个出版机构制订选题计划的基本原则。

---

[1] 《"十三五"国家重点出版物出版规划明确十大重点》,2015年11月11日,http://www.gov.cn/xinwen/2015-11/11/content_5007105.htm,2021年4月12日。

2013 年,新闻出版总署发布《关于制订和报送深入学习宣传贯彻党的十八大精神主题出版重点选题的通知》(新出字〔2013〕47 号),突出了七个方面的重点选题。

《国家新闻出版署关于编制"十四五"国家重点图书、音像、电子出版物出版规划和 2021—2030 年国家古籍规划的通知》(国新出发〔2020〕21 号)提出总体要求:

> 以习近平新时代中国特色社会主义思想为指导,深入贯彻落实党的十九大和十九届二中、三中、四中、五中全会精神,增强"四个意识"、坚定"四个自信"、做到"两个维护",自觉承担举旗帜、聚民心、育新人、兴文化、展形象的使命任务,围绕中心、服务大局,坚持与时代同步伐,坚持以人民为中心,坚持以精品奉献人民,坚持用明德引领风尚,牢牢把握出版业高质量发展要求,坚持把社会效益放在首位、社会效益和经济效益相统一,促进满足人民文化需求和增强人民精神力量相统一,推进社会主义文化强国建设,不断提高国家文化软实力。①

该通知在"规划重点"中指出:"规划要紧紧围绕党和国家中心工作,聚焦统筹推进'五位一体'总体布局和协调推进'四个全面'战略布局,以推动高质量发展为主题,着力与国家重点领域发展目标相衔接,进一步提高原创出版和精品出版能力。"其中的要点有:"推动习近平新时代中国特色社会主义思想研究阐释和宣传普及。大力推进习近平新时代中国特色社会主义思想理论研究,深入透彻阐释习近平新时代中国特色社会主义思想的精神实质、丰富内涵、核心要义、实践要求,用党的创新理论武装全党、教育人民,广泛有效开展宣传普及,不断巩固马克思主义在意识形态领域的指导地位,推

---

① 《国家新闻出版署关于编制"十四五"国家重点图书、音像、电子出版物出版规划和 2021—2030 年国家古籍规划的通知》,2020 年 12 月 4 日,https://www.nppa.gov.cn/nppa/contents/279/75336.shtml,2021 年 4 月 12 日。

出一批有说服力、穿透力的反映马克思主义中国化时代化大众化研究成果的出版物,推出一批阐释解读中国特色社会主义道路、理论体系、制度和文化的出版物。""深化社会主义核心价值观宣传教育,助力培养担当民族复兴大任的时代新人。坚持以社会主义核心价值观引领文化建设,坚守为党育人、为国育才,加强爱国主义、集体主义、社会主义教育,加强社会公德、职业道德、家庭美德、个人品德建设,推出一批以倡导新时代思想观念、精神面貌、文明风尚、行为规范为内容的优秀出版物,推出一批促进人的全面发展、提高未成年人综合素质的少儿读物。"其他要点还包括:"精心组织重要时间节点出版工作""推动中国特色哲学社会科学建设""推进新时代科技创新""弘扬传承中华优秀传统文化""铸牢中华民族共同体意识""提升中华文化影响力""积极打造原创精品力作"。① 国家重点图书、音像、电子出版物出版规划强调出版的核心价值,让出版的重点与侧重都有明确指向。

(2)将主题出版放在国际传播的背景中去理解

主题出版的提出具有重要意义。从实践上看,它从党的重要举措与战略的宣传发展为自觉的文化战略。对主题出版的思考也是伴随着中国经济结构的巨大改变以及在新的全球格局中国家对中国角色的认定而逐渐深入的。

在中国社会经济发展到一个新阶段之后,人民群众对文化产品的需求发生新变化。2015 年,在"十二五"收官之年,习近平总书记做出了"我国经济发展进入新常态,已由高速增长阶段转向高质量发展阶段"的重大判断,并提出创新、协调、绿色、开放、共享的新发展理念。适应新常态、把握新常态、引领新常态,成为谋划和推动"十三五"时期我国经济社会发展、贯穿发展全局和全过程的大逻辑。

什么是"新发展理念"? 根据 2016 年 5 月 10 日《人民日报》发表的习近平《在省部级主要领导干部学习贯彻党的十八届五中全会精神专题研讨班

---

① 《国家新闻出版署关于编制"十四五"国家重点图书、音像、电子出版物出版规划和2021—2030 年国家古籍规划的通知》,2020 年 12 月 4 日,https://www.nppa.gov.cn/nppa/contents/279/75336.shtml,2021 年 4 月 12 日。

上的讲话》进行分析，可得出如下结论：

创新驱动发展，成为摆在第一位的发展新理念。中国"经济发展动力正在从传统增长点转向新的增长点"，即"创新驱动"将代替"要素驱动"，"创新驱动"将成为寻找国家发展新动力的新理念、新思路、新举措。这是我们应对发展环境变化、增强发展动力、把握发展主动权，更好引领新常态的根本之策。抓创新就是抓发展，谋创新就是谋未来。

协调发展，成为第二大发展新理念。下好"十三五"时期发展的全国一盘棋，协调发展是制胜要诀，"一带一路"建设、京津冀协同发展、长江经济带建设，成为三大"壹号国家战略"。

绿色发展，是第三大发展新理念。其要义，是要解决好人与自然和谐共生问题。绿水青山就是金山银山；保护环境就是保护生产力，改善环境就是发展生产力。这一发展新理念的贯彻执行，就是要让中华大地天更蓝、山更绿、水更清、环境更优美，走向生态文明新时代。

对外开放新体制，是第四大发展新理念。要直面经济全球化的时代潮流，不但要发展壮大自己，还要引领世界发展潮流，把经济实力转化为国际制度性权力，争夺全球治理和国际规则制定主导权。

共享发展，是第五大发展新理念。共享理念的实质是坚持以人民为中心的发展思想，体现的是逐步实现共同富裕的要求。其内涵主要有 4 个方面：一是全民共享，这是就共享的覆盖面而言的。二是全面共享，这是就共享的内容而言的。三是共建共享，这是就共享的实现途径而言的。四是渐进共享，这是就共享发展的推进进程而言的。四个方面是相互贯通的，要整体理解和把握。

尤其值得注意的是，在这种新常态下的国家创新驱动战略中，预示着更为开放的胸襟与更为开阔的视野，突破了国家的地理限制，而在世界文明的高度反观一国的发展，而其中"自主创新（知识产权强国）"占据了核心的位置，中国的声音要传出去也成为必然的要求。

从《国家知识产权战略纲要》《深入实施国家知识产权战略行动计划（2014—2020 年）》《关于新形势下加快知识产权强国建设的若干意见》，到《推动共建丝绸之路经济带和 21 世纪海上丝绸之路的愿景与行动》，再到

"十三五"规划纲要中强调推进"一带一路"建设、加快实施自贸区战略等一系列规划发布,表明党和国家打造"知识产权强国"、以"自主知识产权创新"促进经济转型并形成国家发展模式,通过"一带一路"倡议共同打造政治互信、经济融合、文化包容的利益共同体、命运共同体和责任共同体等思路与智慧的"顶层设计"渐成雏形。①

中国企业的生产结构开始是对国外模式的模仿,之后就开始模式创新,这些新模式"是中国贡献给世界的独特的知识体系"②。比如在 B2B 领域中有阿里巴巴,在 C2C 领域中有淘宝等。经济的进步,体现了中国制度的优越性。随着西方体系预势的出现,中国创新模式的价值越来越得到国际的重视。供给侧结构性改革对主题出版赋权,要求从顶层设计中获得 IP 的集成,并获得全媒体的效应,形成超级大 IP,更为迅速地加入世界文化,讲好中国故事,传播好中国声音,阐述好中国特色,介绍好中国经验,掌握文化话语权。

"也就是说,当下全国整个新闻出版业,面临着一个最大最根本的时代需求:如何服务于党和国家'顶层设计'的思路、逻辑和智慧,抓好'超级 IP'这个新闻出版(版权)工作的中心问题和重点战略,从而系统性、科学性、预见性和实践性地解决新闻出版(版权)领域的重大理论、政治和实践问题,重构并提升新闻出版业在整个党和国家治国理政新理念新思路新战略中的新角色、新地位和新作用。"③

(3)将主题出版放在泛出版的场景下去理解

在泛出版的场景下理解主题出版,又分成以下几个层面:

第一,要在长期任务与时代要求的框架下理解主题出版。需要关注国家出版政策的一致性与连续性。1954 年,中央宣传部在《关于改进人民出版社工作状况的报告》中提出,人民出版社首先应集中主要力量出版以下几项书籍:①马克思、恩格斯、列宁、斯大林与毛主席的著作。②中共中央的文

---

① 庄庸、王秀庭:《从"畅销书时代"到"后主题出版时代":互联网＋出版"供给侧改革"战略研究》,福州:福建教育出版社,2017 年,第 36 页。

② 于殿利:《出版是什么》,《中国出版》2016 年第 7 期,第 12—15 页。

③ 庄庸、王秀庭:《从"畅销书时代"到"后主题出版时代":互联网＋出版"供给侧改革"战略研究》,福州:福建教育出版社,2017 年,第 52 页。

件。③苏联共产党的文件。④有关党的建设的读物。⑤阐释和宣传马克思列宁主义理论的读物,此项读物内容主要可有下列两个方面:一是解释马克思、恩格斯、列宁、斯大林的经典著作,解释毛主席的著作;二是解释马克思列宁主义关于各方面的问题,例如马克思列宁主义关于社会主义建设问题、民族和殖民地问题、资本主义总危机问题、农民问题、妇女问题等等的理论。⑥国家的政策法令及其解释。⑦我国的哲学及社会科学著作和苏联的重要学术著作的翻译。① 这就意味着,当时人民出版社承担的出版任务是围绕以上内容展开的。

第二,要在顶层设计与专业开拓的关系中理解主题出版。各个出版社要根据自己的专业分工,对不同类型的主题出版进行积累。20世纪80年代以后,各省的出版机构纷纷完善,在人民出版社之外设文艺、科技、教育、少儿、古籍等多个出版社,各个出版社的业务范围也有明确分工。2011年修订的《出版管理条例》提出:"出版活动必须坚持为人民服务、为社会主义服务的方向,坚持以马克思列宁主义、毛泽东思想、邓小平理论和'三个代表'重要思想为指导,贯彻落实科学发展观,传播和积累有益于提高民族素质、有益于经济发展和社会进步的科学技术和文化知识,弘扬民族优秀文化,促进国际文化交流,丰富和提高人民的精神生活。"②《出版管理条例》指导各个出版机构必须在此大框架下进行组稿、编辑与出版。各个出版社的出版方向虽有差异,但其指导思想是一致的。出版活动必须与党的主张、国家意志保持高度一致,而"党的主张、国家意志是出版领域最重要的标志,是中国出版业的灵魂,对教育出版、专业与学术出版和大众出版等其他出版领域具有统领性和指导性"③。张璐认为:"在具体出版活动中,每个出版社均从自身资源、区域特色、历史积累等角度出发,策划出版题材丰富的主题出版精品图书,自觉担负起举旗帜、聚民心、育新人、兴文化、展形象的使命任务。利用

---

① 中国出版科学研究所、中央档案馆编:《中华人民共和国出版史料:1954》,北京:中国书籍出版社,1999年,第194页。

② 《出版管理条例 音像制品管理条例》,北京:人民出版社,2011年,第14页。

③ 周蔚华:《紧紧围绕大局 做好主题出版》,《中国出版》2011年第9期,第37—39页。

自身资源,打造温度与深度并存的主题出版图书。所以主题出版要'温度与深度并存'。"①

比如言实出版社就发挥自己的资源优势彰显图书特色,以《政府工作报告》的要求为依托,将出版社未来发展分为三个阶段:第一阶段出版浅显解读类书刊,内容主要是对《政府工作报告》的解释说明;第二阶段出版代表反响类书刊,针对"两会"对《政府工作报告》中的各项内容的反馈及建设性意见进行整理统筹,梳理成册;第三阶段出版进一步深化类书刊,主要针对《政府工作报告》中的重点、难点内容,联系国内新形势,做进一步解读。三个阶段层层递进。

第三,要在传统出版与现代技术的维度中认识主题出版。"融媒体时代的出版形态发生了很大的变化,不仅包括传统的纸质出版形态,新媒体的出版形态也较多,丰富了主题出版的形式,包括纸质版、数字版、PC 版、手机版等不同版本,融媒体时代的主题出版形式更为丰富和多样,面对不同版本的主题出版形式,也应区别对待,采取不同的内容生产方式,在具体做法上,要细分受众群体,有针对性地做好主题出版策划工作,根据读者群体的不同,综合文字、图片、动漫、Flash、二维码、VR、AR、AI 等形成融媒体出版物,满足不同受众读者的需要。"②

在具体操作中,为配合"不忘初心、牢记使命"主题教育,更好满足广大干部群众对学习习近平新时代中国特色社会主义思想图书的阅读需求,人民出版社、中央文献出版社、学习出版社、外文出版社等 11 家出版单位出版的 30 种学习习近平新时代中国特色社会主义思想重点图书,于 2019 年 7 月 1 日在"学习强国"学习平台、新华书店网上商城、易阅通、咪咕、掌阅等 14 家网络传播平台上线。30 种重点数字图书包括习近平总书记著作、讲话单行本,以及权威部门等编写的论述摘编、学习读本、思想研究、用语解读、描写习近平总书记工作生活经历的作品,涵盖经济、政治、文化、社会、党建、外交

① 张璐:《如何让主题出版温度与深度并存》,《中国新闻出版广电报》2021 年 3 月 22 日,第 4 版。

② 林筱芳:《融媒体时代主题出版数字化建设研究》,《新闻传播》2021 年第 3 期,第 67—68,71 页。

等领域。咪咕阅读、天翼阅读等 5 家网络传播平台设置了"新时代 新经典——学习习近平新时代中国特色社会主义思想重点电子书专栏"。[①] 人民网等 7 家中央重点新闻网站设置了专栏链接,着力通过互联网推动习近平新时代中国特色社会主义思想深入人心、落地生根,帮助广大干部群众实现理论学习有收获、思想政治受洗礼。

不仅如此,出版业还要在全产业开发中理解 IP 的运作。自 2010 年始,2011—2012 年升温,2013—2014 年呈现旺势,至 2015—2017 年,泛化成娱乐全产业链"超级 IP"热。"IP"这个原义为"知识产权"或"版权"的国际通用法律概念,被转译为泛文化娱乐全产业链故事创意源泉的"版权内容与价值"概念。

从"顶层设计"到"基层探索",当 IP(版权、知识产权)被赋予新内涵时,知识产权管理部门就面临一系列从"知识产权强国"到"超级 IP"宏观战略、理论前沿与重大业务课题。比如当下,当网络文学、影视剧、微电影等网络文艺全产业链渐成时,如何治理管理、扶持与重塑其形态业态和生态,主导其内容创意创新,并掌控其舆论权、话语权和领导权,是一个值得思考的问题。[②]

"在这方面,千万不要狭隘地理解主题出版,应该解放思想转变观念,正确、全面地认识主题出版。要从国家发展、时代的变迁以及社会和文明的演进等视角去挖掘选题资源,以中国的现代化进程为目标,以政治、经济、社会、文化和生态文明建设为内容素材的选题,都属于主题出版。要与最广大的人民群众紧密地联系起来,只有这样,主题出版的路才会越拓越宽,选题资源才会滚滚而来。"[③]而当务之急,就是要创新版权管理机制体制,重塑传统产业链(出版、动漫、游戏、影视、舞台剧、周边衍生产品)、网络文艺新产业链(网络文学、网络音乐、网络剧、微电影、网络演出、网络动漫),以及整

---

① 《学习习近平新时代中国特色社会主义思想重点电子书专栏正式上线》,2018 年 10 月 8 日,http://www.xinhuanet.com/zgjx/2018-10/08/c_137517876.htm,2021 年 2 月 21 日。

② 庄庸、王秀庭:《从"畅销书时代"到"后主题出版时代":互联网＋出版"供给侧改革"战略研究》,福州:福建教育出版社,2017 年,第 36 页。

③ 于殿利:《出版是什么》,《中国出版》2016 年第 7 期,第 12—15 页。

个"互联网＋"时代的泛文化娱乐全产业链,形成新形势下版权强国的产业优势①,并在世界范围内输出中国文化。

第四,要考虑主题出版的社会效益与经济效益的平衡。中国出版集团公司副总裁李岩认为,重大选题图书的内容本身就是热点,很有吸引力,具有畅销的潜质。"现在重大选题图书作者,在写作上也努力亲近读者,风格逐渐变得深入浅出、平易近人,试图把复杂的问题进行简单的表述,而不是板着脸把读者当小学生来教育。""以往是把主题出版项目作为政治任务来完成,现在是把主题出版当作新的市场增长点和提升市场份额、社会影响力的契机来对待。""在社会大变革、大转型时期,读者对重大主题的关注和思考,为主题图书的畅销创造了客观需求。"浙江人民出版社社长何成梁认为,随着出版业市场化程度的提高,无论是作者还是出版社,在主题图书的运作上,读者意识、市场意识逐步增强,不再把主题出版仅仅当成是一项政治任务,从而较好地适应了读者的阅读需求。江苏人民出版社有限公司总经理徐海认为,主题出版提高了出版社声誉,提升了市场影响力,无论是读者还是作者都会对出版社有新的关注度,可以说主题出版热,给出版社带来了新的机遇。②

1.2 主题出版的历史溯源

李建红、李忠梳理了主题出版的发展历程。综合两位学者的研究成果,从 2003 年国家新闻出版主管部门启动主题出版工程算起,截至 2020 年,主题出版的发展走过了 17 年的历程,历经了三个发展阶段:

初创期(2003—2006)。在重要的选题活动中,为主题出版重点出版物开通绿色特殊渠道,在促使主题出版重点出版物按照计划及时完成的同时,

---

① 庄庸、王秀庭:《从"畅销书时代"到"后主题出版时代":互联网＋出版"供给侧改革"战略研究》,福州:福建教育出版社,2017 年,第 52 页。

② 王坤宁:《主题出版新景观:上连"天线" 下接"地气"》,《中国新闻出版报》2014 年 6 月 30 日,第 5 版。

确保其质量;在每年的年度选题报告中,会将本年度筹划开展的主题出版工程,划为制订选题规划的重中之重,指引出版单位提早准备相关材料;除此之外,踊跃协调中央媒体和各行业媒体的工作,紧密围绕重大活动和节假日的时间点,对重点出版物进行大力宣传推广。初创期的主题出版,以纸质出版为主,内容全面配合党和国家工作主题主线。

成长期(2007—2012)。在新闻出版行业体制改革全面推进的背景下,2008 年主题出版达到了第一个高峰期,该时期主题出版图书的销售从线下延伸到了线上,数字出版有了较快发展。自 2012 年起,把国家出版资金与出版主题密切联系,为重点出版物提供资金上的支持。①

快速发展期(2013—2020)。主题出版的内涵进一步明晰,外延进一步拓展,在快速发展的同时,融合发展与产业链延伸、延展的探索也不断向前推进。具体而言,这一时期的主题出版,以用户需求、用户体验为中心,在产品策划上,将纸质书、电子书与音视频等整体统筹,并借助新媒体传播初步形成全网营销体系的整合,推动线上与线下逐步实现深度融合。②

如果将主题出版放在更长的历史时段进行考察,那么可以发现,主题出版与党的出版工作是部分合辙的。主题出版背后是党对出版的使命和任务的认识。如果不拘泥于"主题出版"的概念而考虑其实质,那么自 1921 年党创建之日起,党就开始了通过出版传播革命与马列主义思想的行为,因此,笔者将主题出版的历史回溯到 1921 年。

1.2.1 主题出版的滥觞期

党始终把出版视为政治传播的重要方式。"从 1921 年 7 月中国共产党成立起,党的出版事业就开始了它跌宕起伏、波澜壮阔的发展历程。"③党的一大决议指出:"一切书籍、日报、标语和传单的出版工作,均应受中央执行

---

① 李建红:《中国主题出版研究(2003—2016 年)》,武汉大学博士学位论文,2017 年。

② 李忠:《好雨知时节　当春乃发生——主题出版发展现状与趋势的大数据分析》,《中国新闻出版广电报》2020 年 7 月 13 日,第 8 版。

③ 侯俊智:《关于中国共产党出版史(1921—1949)研究的几个问题》,《中国出版史研究》2019 年第 2 期,第 54—65 页。

委员会或临时中央执行委员会的监督。每个地方组织均有权出版地方通报、日报、周报、传单和通告。一切出版物,不论属于中央的或地方的,均应在党员的领导下出版。任何出版物,无论是中央的或地方的,都不得刊登违背党的原则、政策和决议的文章。"[①]

从 1921 年中国共产党成立到 1949 年中华人民共和国成立,党的出版史可以分为三个阶段:党的地下出版时期(1921—1931)、党的根据地出版时期(1932—1945)以及解放区出版时期(1946—1949)。每个阶段都有明确的主题出版任务。

1921 年,人民出版社成立。据统计,从 1921 年 9 月人民出版社创建,到 1922 年 11 月人民出版社创办人李达离开上海回长沙,人民出版社陆续出版了 16 种新书:"马克思全书"3 种、"列宁全书"5 种、"康明尼斯特丛书"4 种,以及《李卜克内西纪念》《两个工人谈话》《太平洋会议与吾人之态度》《俄国革命纪实》4 种。[②]

1922 年底,人民出版社停办后,党又先后创办过上海书店(1923—1926)、长江书店(1926—1927)、无产阶级书店(1928)、华兴书局(1929—1931)、启阳书店(1931—1932)、北方人民出版社(1931—1932)、江西瑞金中央苏区出版局(1932—1934)、延安解放社(1937—1949)与新华书店编辑部(1937—1950)等一系列出版机构。

瑞金中央苏区时期出版的图书大致为政治类出版物、重视法治建设的出版物、惩治贪污与浪费行为的出版物以及军事、文化、艺术类出版物。[③] 其中出版的马列著作包括《共产党宣言》《三个国际》《国家与革命》《关于我们的组织任务》《论清党》《两个策略》等 14 种图书。

[①]　《中国共产党的第一个决议(俄文译稿)》,中国社会科学院现代史研究室、中国革命博物馆党史研究室编:《"一大"前后:中国共产党第一次代表大会前后资料选编(一)》,北京:人民出版社,1980 年,第 1029 页。

[②]　《第一次国内革命战争时期出版物简目》,张静庐辑注:《中国现代出版史料:甲编》,北京:中华书局,1954 年,第 68 页。

[③]　范军:《中国共产党出版史研究综论(1921—1949)》,武汉:华中师范大学出版社,2015 年,第 56—89 页。

延安时期的解放社和新华书店编辑部（包括国统区的新华日报馆和生活·读书·新知等进步书店）又进行了蔚为大观的马克思列宁主义翻译出版工作①，当时延安还有毛泽东著作的出版等②。这一系列出版，"显示了马克思列宁主义在中国的传播过程中，依托党的出版事业的发展而日益壮大。可以说，新中国成立以前党的出版事业，通过人民出版社及其以后的一系列出版机构，为中国共产党思想上的日益成熟和理论积淀做出了巨大的贡献，有力地推动了马克思主义的中国化、时代化、大众化，并进一步推动了全党马克思主义理论水平的提高，为全党在战争年代各个历史时期的工作指明了方向"③。

1.2.2 主题出版的探索阶段

1949 年中华人民共和国成立之后，出版成为重要的传播阵地。1949 年，出版总署密集地召开了一系列出版委员会议，对中华人民共和国的出版工作进行布局。在之后的出版会议中，出版总署一方面对出版的方针以及出版格局进行规划，另一方面开始系统地出版一系列作品。比如 1950 年对鲁迅的作品出版工作进行了布置。1950 年《发展人民出版事业总方针》中提出："为实施关于文化教育政策的共同纲领，中华人民共和国应建立并发展人民出版事业，以提高人民文化水平，肃清封建的、买办的、法西斯主义的思想，发展为人民服务的思想，特别是在工农兵、青年、妇女、学生群众中间，普及并提高政治认识和科学知识，准备迎接即将到来的新民主主义的文化高潮。"1954 年《中共中央批发出版总署党组关于 1953 年出版工作情况和今后方针任务的报告》中明确指出："出版工作是党对人民群众进行社会主义教育的最重要的工作之一，各级党委和各部门党组必须注意加强领导，以充分

---

① 侯俊智：《关于中国共产党出版史（1921—1949）研究的几个问题》，《中国出版史研究》2019 年第 2 期，第 54—65 页。

② 常紫钟、林理明主编：《延安时代新文化出版史》，西安：陕西人民出版社，2001 年，第 187 页。

③ 侯俊智：《关于中国共产党出版史（1921—1949）研究的几个问题》，《中国出版史研究》2019 年第 2 期，第 54—65 页。

发挥它在思想领导、国家经济建设和文化建设中的作用。"①1954 年《出版总署关于 1953 年出版工作和 1954 年方针任务的报告》中提到："马克思、列宁主义书籍的出版有了很大增长。在 1953 年,第一次出版了《斯大林全集》一卷。马克思《资本论》订正本出了二卷。《毛泽东选集》第三卷也出版了。马克思、恩格斯、列宁、斯大林著作的各种版本,共出版 124 种,为 1952 年这类书籍出版种数的 590%;共出版 8869454 册,为 1952 年这类书籍出版册数的434%。此外大量出版了学习苏联共产党历史和关于国家在过渡时期总路线的各种参考书籍,在宣传马克思、列宁主义科学理论,向全国人民进行社会主义教育上,起了重要的作用。"②这段文字是放在出版概况之中的,与之并列的是教材出版、科技出版、文学出版等。《出版总署关于 1953 年出版工作和 1954 年方针任务的报告》中还提到了当时出版的不足之处:"虽然所谓通俗读物充斥市场,而真正适合工农群众和基层干部阅读的具有思想教育意义的图书十分缺乏,这与国家向广大人民群众宣传社会主义和计划建设的要求不相适应。"③这表现出当时与国家宏观层面相关的内容策划与出版还不够充分。1954 年《出版总署审核中央一级出版社出版计划的意见》中提出:各出版社有必要做"一个比较长期的选题计划,如三年的选题计划",对反映社会主义生产与建设的出版内容要落实、具体,如"青年出版社应当多选适合青年特点、教育与动员青年建设社会主义祖国的书籍"等。1954 年《出版总署关于通俗读物出版社方针任务的通报》中指出:"通俗读物出版社的工作方针是:……组织著作力量,编辑、出版通俗书籍和期刊,进行马克思列宁主义的启蒙教育,国家政策、法令的教育,普及文化知识的教育,提高人民群众的思想觉悟、政治水平和文化水平,为国家逐步地实现工业化和农业

---

① 中国出版科学研究所、中央档案馆编:《中华人民共和国出版史料:1954》,北京:中国书籍出版社,1999 年,第 1 页。

② 中国出版科学研究所、中央档案馆编:《中华人民共和国出版史料:1954》,北京:中国书籍出版社,1999 年,第 4 页。

③ 中国出版科学研究所、中央档案馆编:《中华人民共和国出版史料:1954》,北京:中国书籍出版社,1999 年,第 8 页。

集体化、逐步地过渡到社会主义社会服务。"①从当时对通俗读物的出版方针中,也能够清晰地看出出版中重大主题的体现。

为了加强社会主义教育,反映社会主义建设的新风尚,除了中央一级出版社,还增设了地方出版社。在 1949 年到"文化大革命"发动之前,各出版社还相继组织生产了一大批具有明显导向性的理论与文艺出版物。除马列主义毛泽东思想理论书籍外,"各种反映抗日战争、解放战争的'红色书籍'也层出不穷,大量适合各个阶层阅读的红色连环画,也成为各地出版机构的热门"②。1956 年底,广受读者欢迎的《共产党宣言》印行 25.6 万册,《资本论》三卷本印行近 40 万册。《马克思恩格斯全集》(39 卷)出版了第一卷,《列宁全集》(39 卷)出版了 3 卷,《斯大林全集》(13 卷)出版了 11 卷。毛泽东著作共出版 48 种,印行 6200 万册,其中《毛泽东选集》第一卷、第二卷、第三卷共印行 1000 万册。③另外,还有为数不少的反映土改、新中国建设方面的出版物。在 17 年(1949—1966)中,红色小说的出版扩大了主题出版的范围。以中长篇小说和报告文学、回忆录等纪实文学为主,如小说《保卫延安》《青春之歌》《林海雪原》《上海的早晨》《三家巷》《野火春风斗古城》《红日》《红岩》等广受大众喜爱,《红旗谱》《星火燎原》《红旗飘飘》等纪实文学对年轻人产生的教育意义显著。④

"文化大革命"时期,整个出版业受到冲击,但是主题出版还是有着一定的成就。1966 年 8 月,中共中央发出"加速大量出版毛主席著作"的决定,《毛泽东选集》等理论书籍的出版普及。据 1968 年初统计,《毛泽东选集》第一卷至第四卷合计出版 9211 万部,《毛主席语录》出版 3.7 亿册。⑤

---

① 中国出版科学研究所、中央档案馆编:《中华人民共和国出版史料:1954》,北京:中国书籍出版社,1999 年,第 152—153 页。

② 杨先凤:《浅析新中国成立 70 年以来主题出版的主要成就、特点及前景》,《传播与版权》2020 年第 8 期,第 79—81 页。

③ 崔波:《政治、技术、社会维度下新中国成立 70 年来的中国主题出版》,《编辑之友》2019 年第 9 期,第 40—43 页。

④ 崔波:《政治、技术、社会维度下新中国成立 70 年来的中国主题出版》,《编辑之友》2019 年第 9 期,第 40—43 页。

⑤ 崔波:《政治、技术、社会维度下新中国成立 70 年来的中国主题出版》,《编辑之友》2019 年第 9 期,第 40—43 页。

从 1949 年中华人民共和国成立到 1977 年,主题出版经历了探索阶段。在这一阶段,除马列主义外,对社会主义的探索与建设成为主题出版的另一个重要主题。

1.2.3　主题出版的发展与繁荣阶段

1977 年后,中国转入以经济建设为中心,开启改革开放的新阶段。主题出版进入了发展期。这一时期,马列主义、毛泽东思想著作的出版工作持续进行,"1985 年将《马克思恩格斯全集》50 卷本全部出齐,次年展开了第二版的编译工作;1984 年开始《列宁全集》第二版的修订工作,1990 年将 60 卷本全部出齐;1977 年出版《毛泽东选集》第五卷,1991 年 7 月《毛泽东选集》一卷至四卷第二版出版发行;1983 年出版发行了《邓小平文选》两卷本"[①]。除此之外,大批文学经典著作得以出版。改革创新、戍边卫国的精品力作有《乔厂长上任记》《我们这一代年轻人》《高山下的花环》等作品。1996—2000年,邓小平理论相关著作达到 100 余种,发行超亿册,其中"邓小平理论研究书系"达 34 种。配合中国工农红军长征胜利 60 周年、改革开放 20 周年、新中国成立 50 周年等重大活动,各大出版社策划出版了众多重点出版物。

进入 2003 年以后,根据每年出版部署,针对一些代表性主题进行策划与出版,如:

2004 年,邓小平诞辰 100 周年、甲午海战 110 周年;2008 年,改革开放30 周年、汶川地震、北京奥运会;2011 年,建党 90 周年、辛亥革命 100 周年、西藏和平解放 60 周年;2012 年,中国梦、"学雷锋"、"十八大"、社会主义核心价值体系建设;2013 年,学习宣传贯彻党的十八大精神、"一带一路"策划;2014 年,"培育和践行社会主义核心价值观";2015 年,世界反法西斯战争胜利 70 周年、中国人民抗日战争胜利 70 周年、遵义会议召开 80 周年;2019年,中华人民共和国成立 70 周年、改革开放 41 周年;2020 年,"抗美援朝"70周年;2021 年,建党 100 周年。

---

① 崔波:《政治、技术、社会维度下新中国成立 70 年来的中国主题出版》,《编辑之友》2019 年第 9 期,第 40—43 页。

每年初,中央宣传部办公厅和原国家新闻出版广电总局办公厅都会就当年的主题出版进行介绍。近几年来的主题出版论述如下:

2013年新闻出版总署《关于制订和报送深入学习宣传贯彻党的十八大精神主题出版重点选题的通知》要求各级出版部门:

一、深入学习宣传贯彻党的十八大精神主题出版工作,要紧紧围绕党的十八大主题主线,突出以下7个方面的重点选题:一是关于中国特色社会主义道路、中国特色社会主义理论体系、中国特色社会主义制度的选题。二是关于中国特色社会主义的总依据、总布局、总任务,夺取中国特色社会主义新胜利的基本要求的选题。三是关于科学发展观的历史地位、指导意义、科学内涵和实践要求的选题。四是关于全面建成小康社会、全面深化改革开放目标和要求,实现民族复兴"中国梦"的选题。五是关于推进中国特色社会主义事业总体部署和主要任务的选题。六是关于全面提高党的建设科学化水平的选题。七是关于推进社会主义核心价值体系建设,加强理想信念教育,以及弘扬民族精神和时代精神、深入宣传"三个倡导",加强社会公德、职业道德、家庭美德、个人品德教育,弘扬雷锋精神的选题。

二、深入学习宣传贯彻党的十八大精神重点选题,要坚持正确的出版导向,注重内容与形式的统一,思想性、学术性与艺术性、可读性的统一,既要有理论研究著作,也要有通俗读物;既要有适合成年人阅读的读物,又要有适合未成年人阅读的青少年读物;既要有适合少数民族读者阅读的民文版读物,也要有适合海外读者需要的读物,在增强作品的针对性、实效性上下功夫。报送的选题数量不限,选题类型不限,既可以是图书,也可以是音像制品、电子出版物。①

---

① 新闻出版总署:《关于制订和报送深入学习宣传贯彻党的十八大精神主题出版重点选题的通知》,2013年2月25日,https://www.zjcb.com/index.php? process＝news&news ID＝6144,2021年4月15日。

主题出版重点选题申报工作于 2013 年 2 月下旬启动,由各省级新闻出版广电局和主管部门审核同意后上报新闻出版总署出版管理司。

2014 年 2 月 28 日国家新闻出版广电总局发布《关于开展培育和践行社会主义核心价值观主题出版活动的通知》,确定 2014 年的主题出版内容:

为深入贯彻落实党的十八大、十八届三中全会精神和习近平总书记系列讲话精神,贯彻落实中共中央办公厅《关于培育和践行社会主义核心价值观的意见》,国家新闻出版广电总局决定开展培育和践行社会主义核心价值观主题出版活动,在 2012 年、2013 年推出社会主义核心价值体系建设"双百"出版工程重点选题的基础上,2014 年将组织出版界推出一批重点选题。现将有关事项通知如下:

一、重点选题要突出培育和践行社会主义核心价值观,紧紧围绕坚持和发展中国特色社会主义这一主题,紧紧围绕实现中华民族伟大复兴中国梦这一目标,紧紧围绕"三个倡导"这一基本内容,推出一批倡导富强、民主、文明、和谐,倡导自由、平等、公正、法治,倡导爱国、敬业、诚信、友善的重点选题。

二、重点选题要坚持质量,注重创新,着重推出一批深入浅出,情理交融,可信可学,群众爱看爱读的优秀通俗读物。要尽量做到接地气,用小故事讲述大道理,用群众身边事感化教育人的方式,增强群众对社会主义核心价值观的认同感。尤其是要推出一批面向基层干部群众、面向青少年读者的优秀通俗读物。

三、重点选题要做到形式多样,体裁丰富,可以是理论读本,也可以是小说、诗歌、散文等文学读物,可以是图书,也可以是音像制品、电子出版物,要让不同类型的出版物都成为弘扬社会主义核心价值观的生动载体。①

---

① 国家新闻出版广电总局:《关于开展培育和践行社会主义核心价值观主题出版活动的通知》,2014 年 2 月 28 日,https://rms. zjcb. com/index. php? process＝news＆newsID＝6223,2021 年 4 月 15 日。

重点选题报送工作于 2014 年 2 月下旬启动,各出版单位将各省(区、市)新闻出版广电局和主管部门审核通过的申报材料统一报送至国家新闻出版广电总局出版管理司。

2015 年的主题出版重点出版物选题集中于关于中国特色社会主义与中国梦的选题、关于社会主义核心价值观的选题、关于"四个全面"战略布局和经济新常态的选题以及关于庆祝新疆维吾尔自治区成立 60 周年、西藏自治区成立 50 周年的选题。①

2016 年 2 月 4 日,中央宣传部办公厅和国家新闻出版广电总局办公厅联合下发了《关于做好 2016 年主题出版工作的通知》,要求围绕以习近平同志为核心的党中央治国理政新理念新思想新战略、中国特色社会主义和中国梦、经济发展新常态和结构性改革、社会主义核心价值观、中国共产党成立 95 周年和红军长征胜利 80 周年五个方面,认真组织做好出版工作,推出一批重点出版物,为"十三五"时期开好局起好步提供有力思想舆论支持。通知下发后,全国共申报了符合参评条件的选题 1791 种(其中,图书 1486 种,音像电子出版物 305 种)。经过专家论证和相关部门审核,最终确定 2016 年主题出版重点出版物选题 120 种(其中,图书 96 种,音像电子出版物 24 种)。

《关于做好 2017 年主题出版工作的通知》要求全国各有关出版单位围绕深化党中央治国理政新理念新思想新战略、深化理想信念教育、深化社会主义核心价值观宣传阐释、纪念建军 90 周年等选题部署出版工作。

《关于做好 2018 年主题出版工作的通知》确定了深入宣传阐释习近平新时代中国特色社会主义思想、深入宣传阐释党的十九大精神、做好中国特色社会主义和中国梦选题出版、深化社会主义核心价值观宣传阐释、庆祝改革开放 40 周年等选题重点。同时,通知要求规划好新中国成立 70 周年、全面建成小康社会、中国共产党成立 90 周年等之后几年重要时间节点选题出

---

① 中国出版传媒商报网:《2015 年主题出版重点出版物选题公布》,2015 年 10 月 30 日,http://www.nationalreading.gov.cn/ReadBook/contents/6270/267718.shtml,2021 年 4 月 15 日。

版工作。

《关于做好 2019 年主题出版工作的通知》明确了 2019 年主题出版五方面重点:抓好首要政治任务,加强习近平新时代中国特色社会主义思想的研究阐释;聚焦聚力工作主线,为庆祝新中国成立 70 周年营造浓厚氛围;紧紧围绕宣传阐释中央精神和重大决策部署,推动经济社会改革发展;牢牢扭住培养担当民族复兴大任的时代新人这一重要职责,深化社会主义核心价值观宣传阐释;充分展示真实立体全面的中国,不断提升中华文化影响力。

《关于做好 2020 年主题出版工作的通知》明确了六方面选题重点:着眼为党和国家立心,加强习近平新时代中国特色社会主义思想的研究阐释;聚焦聚力工作主线,营造全面建成小康社会、打赢脱贫攻坚战的浓厚氛围;大力弘扬科学精神,普及科学知识,加强健康安全和生态保护教育,培育公民文明习惯;紧紧围绕宣传阐释党中央精神和决策部署,唱响中国经济光明论;立足培养担当民族复兴大任的时代新人,深化社会主义核心价值观宣传阐释;提早谋划、提前启动,认真组织做好庆祝中国共产党成立 100 周年选题编写出版工作。

《关于做好 2021 年主题出版工作的通知》提出主题出版工作要以习近平新时代中国特色社会主义思想为指导,深入贯彻党的十九大精神,全面贯彻党的基本理论、基本路线、基本方略,增强"四个意识"、坚定"四个自信"、做到"两个维护",聚焦举旗帜、聚民心、育新人、兴文化、展形象的使命任务……打造更多培根铸魂、启智增慧的出版精品。[①]

由于主题出版的布局全面、重要性日益突显,出版单位的出版力度也在逐年加大。有学者总结道:"根据中国版本图书馆 CIP 数据中心提供的数据,从选题数量分析,主题出版选题从 2003 年的 489 种,到 2019 年的 2800 余种,增长了近 5 倍,整体实现了高速增长。2008 年与 2015 年,在北京奥运会与纪念中国人民抗日战争暨世界反法西斯战争胜利 70 周年等重

---

① 孙海悦:《中宣部办公厅印发通知　明确 2021 年主题出版五方面选题重点》,《盐都日报》2021 年 2 月 25 日,第 3 版。

大事件的影响下,主题出版选题两次达到峰值——2008 年为 1532 种,
2015 年为 4750 种,体现了主题出版回应社会关切、彰显时代精神的使命
与特点。"①

当前,主题出版具有以下特色:

(1)从管理层顶层设计到基层的出版自觉

主题出版改变了之前管理又实施的方式,形成了管理层与出版基层的
良好互动。在一年一度的主题出版通知中,明确规划了该年度的重大选题。
而出版单位结合自身特点,主动对接国家战略,选题范围更加广泛。主题出
版的选题从最初集中于政治读物,逐步扩展至关注党、国家和社会的核心问
题,以及满足国家重大战略需求,涉及政治、经济、社会和文化发展等方方面
面。数据显示,在 2019 年主题出版 2800 余种选题中,宣传理论类占比为
27%,展现重大历史节点类占比为 42%,"一带一路"建设类占比为 31%。
2020 年主题出版重点选题方向包括:习近平新时代中国特色社会主义思想
的研究阐释;全面建成小康社会,打赢脱贫攻坚战;弘扬科学精神、普及科学
知识,健康安全和生态保护教育,公民文明习惯培育;宣传阐释党中央精神
和决策部署,唱响中国经济光明论;培养时代新人,宣传社会主义核心价值
观;提早谋划庆祝中国共产党成立 100 周年等。②

从参加程度来看,中央级出版单位依然有出版优势,而地方出版社也能
因地制宜,发挥自身优势。如浙江人民出版社利用浙江"三个地"(中国革命
红船启航地、改革开放先行地、习近平新时代中国特色社会主义思想重要萌
发地)的独特优势,打造了一批主题出版物,如《之江新语》《红船精神问答》
《中国改革开放全景录·浙江卷》《读懂"八八战略"》等。③ 大学出版社也纷
纷加入主题出版,2012 年,北京大学出版社出版了《科学与中国》,全面展

---

① 李忠:《好雨知时节　当春乃发生——主题出版发展现状与趋势的大数据分析》,
《中国新闻出版广电报》2020 年 7 月 13 日,第 8 版。

② 李忠:《好雨知时节　当春乃发生——主题出版发展现状与趋势的大数据分析》,
《中国新闻出版广电报》2020 年 7 月 13 日,第 8 版。

③ 叶国斌:《不仅会做主题出版,这家地方人民社如何靠好书养活自己?》,2019 年 1 月
16 日,http://www.sohu.com/a/289501947_211393,2021 年 4 月 15 日。

现我国科技界各领域所取得的成果。近年来,众多大学出版社有多部作品被列为年度主题出版重点出版物,如:《对话中国》(中国人民大学出版社)、《四十年与四百年:中国再崛起全面影响全球》(北京大学出版社)、《大国治道:中国特色社会主义战略布局的理论视域》(复旦大学出版社)、《通向世界的丝绸之路》(北京师范大学出版社)等。2016—2020 年,全国出版单位入选中宣部主题出版重点出版物的共 513 项,大学出版社入选了 27 项,占比在 5.3% 左右,而大学出版社数量占全国出版社总数的比例是近 20%。①

(2)从市场份额较少到占有较大的出版市场份额

2016—2019 年的相关数据表明,主题出版展现出日趋强大的力量格局。以"十三五"期间为智库考察的时间坐标(不含 2020 年),在主题出版的整体建设中,中宣部主题出版重点出版物选题、"十三五"国家重点图书出版规划、全国大学出版社主题出版选题等项目规划起到了明显的引擎带动作用,出版行业对主题出版的重视程度日益提升,主题出版物的品质和影响力持续增强。2019 年度"中国好书"评选结果分布,当代中国出版社《新中国 70 年》,上海人民出版社、学林出版社《细节的力量:新中国的伟大实践》,上海科学技术文献出版社《70 年邮票看中国》等 6 种主题出版类图书榜上有名,占全部获奖图书的 16.2%。主题出版社会效益与市场效益不断提高。比如,中宣部 2018 年主题出版重点出版物图书单品种平均印数 27.8 万册,较 2017 年增长 3.1 倍,是当年图书单品种平均印数的 18.6 倍。《2018 年新闻出版产业分析报告》显示,单品种累计印数达到或超过 100 万册的一般图书有 90 种,其中主题图书 35 种,占 38.9%,较 2017 年提高了 9.6 个百分点。主题图书在弘扬主旋律、传播正能量、满足人民群众精神文化需求方面的积极作用进一步凸显。②

① 袁亚春:《做好主题出版:大学出版社何为?》,《中国出版》2021 年第 7 期,第 16—20 页。

② 李忠:《好雨知时节 当春乃发生——主题出版发展现状与趋势的大数据分析》,《中国新闻出版广电报》2020 年 7 月 13 日,第 8 版。

(3)从多数参与到形成主题出版的头部单位群

从主题出版选题在出版社的分布情况分析,"十三五"期间,呈现出资源向头部出版社倾斜、强者愈强的主题出版行业格局。数据显示,2016—2019年,"十三五"国家重点图书出版规划中,入选最多的前 5 家出版社,入选总量占总数的近 1/5;中宣部主题出版重点出版物选题中,超过 10 种选题的 3家出版社,入选总量占总数的近 1/10;全国大学出版社主题出版选题中,中国人民大学出版社、厦门大学出版社、陕西师范大学出版总社、江西高校出版社、北京师范大学出版社等 5 家出版社 4 年的入选总量都在 30 种以上,占入选总数的近 30%。① 中宣部公布了 2020—2022 年主题出版重点出版物选题,人民出版社每年均有 10 个以上选题;2020 年,安徽教育出版社的选题有8 项。各省市的人民出版社选题占有率较高。

(4)从纸质形态到多种形态相结合

主题出版的形式更加丰富,表现于从单纯的纸质出版到融媒体出版,从单一的书籍内容策划到 IP 的延展策划。

2017 年当当网推出重点主题出版物的版面进行重点介绍,如图 1-1 所示。2018 年,人民出版社、中央文献出版社、学习出版社、外文出版社、党建读物出版社等 16 家出版单位出版的 111 种学习习近平新时代中国特色社会主义思想重点电子书,在咪咕阅读、天翼阅读、掌阅、京东阅读、当当阅读等 5 家电子书传播平台正式上线。

作为权威的发声平台,人民网设立了"新时代　新经典:学习习近平新时代中国特色社会主义思想重点数字图书专栏",在作品栏目分列"著作集""单行本""读本类""论述摘编""思想研究、案例选""语言典故""工作生活"等栏目。②

在著作集栏目中有《习近平"一带一路"国际合作高峰论坛重要讲话》《习近平金砖国家领导人厦门会晤重要讲话》《论坚持推动构建人类命运共

---

① 李忠:《好雨知时节　当春乃发生——主题出版发展现状与趋势的大数据分析》,《中国新闻出版广电报》2020 年 7 月 13 日,第 8 版。

② http://theory.people.com.cn/GB/68294/427900/,2023 年 4 月 4 日。

图 1-1　当当网 2017 年重点主题出版物介绍页面

（资料来源：http://book.dangdang.com/20170904_kfqg。）

同体》《习近平谈"一带一路"》《论坚持全面深化改革》《摆脱贫困》《干在实处
走在前列——推进浙江新发展的思考与实践》《做焦裕禄式的县委书记》
等作品，其中包括浙江人民出版社的《之江新语》。

在单行本栏目，收集了《在第二届"一带一路"国际合作高峰论坛开幕式
上的主旨演讲》《在金砖国家领导人非正式会晤上的发言》《青年要自觉践行
社会主义核心价值观——在北京大学师生座谈会上的讲话》《在博鳌亚洲论
坛 2018 年年会开幕式上的主旨演讲》《在中国共产党第十九次全国代表大

会上的报告》《在十八届中共中央政治局第一次集体学习时的讲话》《在和平共处五项原则发表60周年纪念大会上的讲话》《在巴西国会的演讲》《在上海合作组织成员国元首理事会第十八次会议上的讲话》《在博鳌亚洲论坛2013年年会上的主旨演讲》《在首届中国国际进口博览会开幕式上的主旨演讲》《在二十国集团领导人第十次峰会第一阶段会议上关于世界经济形势的发言》等。

在读本类栏目中列有《习近平总书记系列重要讲话读本（2016年版）》《习近平总书记在文艺工作座谈会上的重要讲话学习读本》《习近平新时代中国特色社会主义思想三十讲》等。

在论述摘编栏目中有《习近平扶贫论述摘编》《习近平关于"三农"工作论述摘编》《习近平关于实现中华民族伟大复兴的中国梦论述摘编》《习近平关于党的群众路线教育实践活动论述摘编》《习近平关于全面深化改革论述摘编》《习近平关于党风廉政建设和反腐败斗争论述摘编》《习近平关于全面依法治国论述摘编》《习近平关于协调推进"四个全面"战略布局论述摘编》《习近平关于严明党的纪律和规矩论述摘编》《习近平关于科技创新论述摘编》《习近平关于全面建成小康社会论述摘编》《习近平关于全面从严治党论述摘编》等。

在思想研究、案例选栏目中有《历史是最好的教科书——学习习近平同志关于党的历史的重要论述》《新时期文艺道路的光辉指南——学习习近平文艺工作座谈会重要讲话》《习近平新时代中国特色社会主义思想学习丛书》《统一思想和推进工作的科学指南——学习习近平总书记一系列重要讲话文章选》《奋力谱写共筑中国梦的新篇章：学习习近平总书记一系列重要讲话文章选》《指导新时期宣传思想文化工作的纲领性文献：学习习近平总书记在全国宣传思想工作会议上的重要讲话文章》《开启新征程的科学指南：学习贯彻习近平总书记系列讲话精神交流会文集》《习近平重要论述学习笔记》《党委中心组学习贯彻习近平总书记系列重要讲话精神座谈会文集》《走向生态文明新时代的科学指南：学习习近平同志生态文明建设重要论述》《学习习近平总书记文艺工作座谈会重要讲话：作家艺术家体会文章摘编》《全面从严治党的行动指南——学习习近平总书记党的建设论述》等。

在语言典故栏目中有《习近平用典》(第一辑)、《习近平用典》(第二辑)、《习近平讲故事》《习近平讲故事》(少年版)、《平易近人——习近平的语言力量》、《平易近人——习近平的语言力量》(外交卷)、《平易近人——习近平的语言力量》(军事卷)、《平"语"近人——习近平总书记用典》等。

在工作生活栏目中有《习近平在正定》《梁家河》《习近平的七年知青岁月》《朋友——习近平与贾大山交往纪事》等。

除了数字图书专栏,人民网另辟有习近平系列重要讲话数据库,分门别类地将各种数据进行综合,通过搜索查询,实现了资源的调用,如图 1-2 所示。

图 1-2　人民网学习专栏中的数据库查询方式

人民网·中国共产党新闻网的"学习有声"栏目,对重点讲话进行了原声传递,带读者进入现场。目前,收录了 20 多段现场录音,内容包括习近平总书记在各个时期、各种场合的演讲与报告等,如图 1-3 所示。

数字化主题出版在 2020 年初的抗疫中发挥了突出的作用。"疫情发生后,各地出版机构主动作为、多措并举,调度生产经营工作,履行社会责任。为做好疫情防控知识普及,引导读者克服恐慌情绪,增强自我防范意识和防护能力,一批出版机构在上级部门的指导下,与地方卫健委、疾控中心携手,迅速推出专业、权威的新型冠状病毒感染防护手册和宣传海报、挂图,千万阅读量'刷屏'转发,为大众健康保驾护航。"①

疫情发生后,广东科学技术出版社、湖北科学技术出版社、浙江教育出

---

① 田红媛:《抗击疫情,出版界担当有为》,《中国出版传媒商报》2020 年 2 月 4 日,第 1 版。

图1-3　人民网·中国共产党新闻网"学习有声"栏目

版社、江苏凤凰科学技术出版社、天津科学技术出版社、人民卫生出版社、中国中医药出版社、陕西人民教育出版社、辽宁科学技术出版社、山东人民出版社、江西人民出版社等组织经验丰富的传染病防治专家、病原生物与免疫专业研究学者以及临床一线专家,紧急编写出版了《新型冠状病毒肺炎预防手册》《新型冠状病毒感染的肺炎预防手册》《新型冠状病毒感染的肺炎防护手册》《天津市民新型冠状病毒肺炎防控指南》《新型冠状病毒感染的肺炎防治知识问答》《新型冠状病毒肺炎防护知识读本》等出版物。部分图书电子版、有声版还陆续在"学习强国"学习平台、新华书店网上商城、咪咕阅读、喜马拉雅等约20家网络传播平台和数字阅读平台上线并免费提供。

同时,针对疫情防控的心理图书、绘本、诗集,以及相应的少数民族语言版本相继上线发布。四川大学华西医院与四川科学技术出版社合作出版《新型冠状病毒大众心理防护手册》电子版,陕西师范大学出版总社编写推出《新型冠状病毒感染的肺炎疫情下心理健康指导手册》,聚焦疫情防控心理健康指导和心理防护,等等。不少图书先发行电子版,有的还供免费阅读。

2

主题出版的主题分析

2.1 对主题出版内涵的认识的发展过程

主题出版涉及的主题与国家重大活动事项、重大方针政策、重大理论问题相关,主题出版担负着引领出版方向和舆论方向、教育民众、推动发展的重任。因此,主题出版要"紧扣热点,立足现实;围绕中心,服务大局;从高处立,向宽处行"①。

2.1.1 在出版实践中加深对主题出版内涵的认识

对主题出版的内容也有不断深化认识的过程。

在主题出版的滥觞期,主要是出版传播马克思列宁主义的文献,指导中国革命的实践。而在不断的实践中,随着革命事业的深入,需要解决和面对的理论与实际问题越来越多,也越来越需要提炼革命的智慧,指引前进的方向,学习先进的文化。

在主题出版的探索阶段,出现了对中国革命进行阶段性总结的出版物,

---

① 罗小卫、别必亮:《例析主题出版的策划与营销》,《中国出版》2014 年第 21 期,第 9—12 页。

也有对传统文化、革命文化进行自觉总结的作品。1951年,胡乔木对出版进行了认定,"要宣传马克思主义,也要出版一切对人民有益、为人民所需要的东西,这是思想战线上极繁重的工作"①,意味着对出版主题的扩大。20世纪60年代文化部提出:出版社的基本任务就是宣传马克思列宁主义、毛泽东思想;宣传党的路线、方针、政策;普及各种文化科学知识、教育人民,要使知识成为全体人民的武器;提高理论和学术水平,积累文化,促进科学、文化的发展、繁荣。②

主题出版进入发展与繁荣阶段后,由于国家的经济状况更加复杂,所处的世界环境更加开放,面临的困难与未来的任务也更加艰巨,亟须全面地反映、总结科技、历史、文化、社会的发展经验,增加文化自信,所以,主题出版的内容不断增加。

1983年发布的《中共中央、国务院关于加强出版工作的决定》指出:"我国的出版事业,与资本主义国家的出版事业根本不同,是党领导的社会主义事业的一个组成部分,必须坚持为人民服务、为社会主义服务的根本方针,宣传马克思列宁主义、毛泽东思想,传播一切有益于经济和社会发展的科学技术和文化知识,丰富人民的精神文化生活。"③

2011年修订的《出版管理条例》提出:"出版活动必须坚持为人民服务、为社会主义服务的方向,坚持以马克思列宁主义、毛泽东思想、邓小平理论和'三个代表'重要思想为指导,贯彻落实科学发展观,传播和积累有益于提高民族素质、有益于经济发展和社会进步的科学技术和文化知识,弘扬民族优秀文化,促进国际文化交流,丰富和提高人民的精神生活。"④

周蔚华以中国共产党领导的中华民族伟大复兴中国梦这一重大主题包

---

① 中国出版科学研究所、中央档案馆编:《中华人民共和国出版史料:1951》,北京:中国书籍出版社,1996年,第245—248页。

② 中国出版科学研究所、中央档案馆编:《中华人民共和国出版史料:1962—1963》,北京:中国书籍出版社,2009年,第51页。

③ 新闻出版总署图书出版管理司编:《图书出版管理手册》,北京:中国法制出版社,2006年,第159页。

④ 《出版管理条例 音像制品管理条例》,北京:人民出版社,2011年,第14页。

含的几个层面来说明主题出版的核心与拓展层面:"第一个层面也是最核心的层面,指导思想的层面,即马克思主义及马克思主义中国化的创新性成果;第二个层面是党和国家的价值主张,即社会主义核心价值体系;第三个层面是对马克思主义及马克思主义中国化创新性成果的宣传阐释解读等;第四个层面是中国共产党在不同时期根据国内外形势变化而做出的重大决策、政策主张、会议精神及不同阶段的重点工作的宣传贯彻;第五个层面是党和国家的各项重大活动的宣传,包括一些重大节庆、节点、纪念日活动的宣传;第六个层面是运用马克思主义及马克思主义中国化创新性成果的立场、观点和方法解释和分析国内外现实中遇到的重大理论和实践问题。主题出版就是围绕上述六个层面的重大主题而进行的出版选题策划和出版实践活动。因此,主题出版也可以说是出版业服务于党和国家中心工作,围绕党和国家的一些重大理论与现实问题、重大事件和重大活动(会议、节庆日等)而进行的出版活动。"①

　　主题出版的主题是围绕一个核心向外扩散的。有学者总结出"主题出版"的抽象定义与具体落实的类型,比如,李建红提出:"就主题出版本身来说,我们认为应该根据出版物'主题'方向的关系决定进行划分,即根据主题出版物的内容与'主题'方向的远近划分类别。具体可以分为:党建出版物、思政类出版物、时政出版物、重大活动类出版物、民俗文化类出版物。"她又认为:"主题出版的主题和内容选择根据党和国家工作主线而确定,并不局限于当年的重大事件,尤其是一些我们无法预测的突发性事件。主题内容和主题性是主题出版和其他出版活动能够区分开来的一个重要标识,在装帧设计、编辑文案、选题策划等环节都要紧贴主题内容,根据主题内容开展推进工作,不能偏离主题内容,不能脱离主题核心。"②因此,主题出版的主题和内容可以划分出事先确定的重大事件内容策划与突发重大事件内容策划两个板块。

---

① 周蔚华:《主题出版及其在当代中国出版中的地位》,《编辑之友》2019 年第 10 期,第 23—28 页。

② 李建红:《中国主题出版研究(2003—2016 年)》,武汉大学博士学位论文,2017 年。

中国出版集团原副总裁潘凯雄认为:主题出版归根结底,是独特而深刻地反映时代的最强音。主题出版的场域非常宽广,但凡是与时代同呼吸、与国家共命运、与民族前途心连心的内容,都可以被选入其中。[①] 只有策划体现时代精神风貌的主题,出版体现时代精神、反映当代价值的作品,才是应有之义,也只有在把握和挖掘主流思想导向与读者普遍兴趣所在的前提下,才能做好主题出版工作。这一结论将出版人的策划与主题出版物策划联系起来,呼吁编辑以当代的思维特征为基础,将出版与国家发展联系起来。

2.1.2　不同出版主体对主题出版内涵的认识

李忠分析,进入"快速发展期"(2013—2020)的主题出版,呈现出以下几个方面的整体趋势:

其一,选题数量稳定化。党的十八大以来,除个别年份,主题出版选题数量逐步稳定在 2000 个左右,更加注重质量优化与提升。

其二,选题类型复合化。在党史、国史、军史及重大节庆等传统题材之外,中华优秀传统文化类、当代中国现实与治国理政类等复合型选题增多。

其三,出版理念大众化。积极进行内容创新,以小切口、微观视角,贴近大众读者,更加接地气。

其四,开发形式多元化。以图书出版为源头,通过音频、视频,撬动产业链开发。

其五,产品呈现融媒化。比如,"学习强国"学习平台、党员小书包等。

其六,出版策划长远化。围绕主题出版,各出版机构制定长远战略,向纵深挖掘出版资源与选题,精耕细作。[②]

---

① 王彦:《主题出版是成功出版企业的天命,更是须正视的富矿——向世界讲好中国共产党的历史》,《文汇报》2016 年 8 月 18 日,第 1 版。

② 李忠:《好雨知时节　当春乃发生——主题出版发展现状与趋势的大数据分析》,《中国新闻出版广电报》2020 年 7 月 13 日,第 8 版。

　　"选题类型复合化""出版理念大众化""出版策划长远化"充分说明了主题出版的全面参与性、选题立体性以及深具规划性。相较之前的顶层部署实施,2012 年以后,国家出版基金与主题出版相结合,设立了重点主题出版的出版基金,顶层设计、基层发挥智慧落地实施主题出版已成为自觉的方式。主题出版汇集中央、地方以及大学出版社的力量,从宏观、中观以及微观处着眼,都能找到主题出版的入口。比如,在党的十八大主题出版中,商务印书馆推出的《微观西藏》,在写作方法上选择了大众喜爱的微博体,简单明了,语言生动,篇篇可读,在选材方面选取最基层群众的日常生活片段,以小见大,以"微"见"著",即是一例。①

　　在诸多出版社中,中央级出版社在出版资源、人才实力等各方面都具有先天优势。中国出版集团原副总裁潘凯雄认为,在具体选题的操作过程中,要将重大主题出版方向与地方优势、地方特色结合,深入挖掘本地的主题出版资源,打造本单位的主题出版优势。

　　专业出版社、地方出版社要依据自身优势进行主题出版的策划。张璐立足于研究出版社的"研究"本位,认为"要借助优势,形成特色"。"根据目前主题出版的形势,只要与时代相关,各个领域的专题研究其实都可以称为主题出版。因此,'创新''不雷同'才是主题出版的主要方向。"②"科技出版成为主题出版的重要内容,而且许多科技主题出版物开始走向国际市场,并取得了可喜的业绩。"③浙江人民出版社社长叶国斌认为,在进行主题出版策划时有一种误区,就是"认为各地方党委、政府中心工作的选题不属于主题出版","主题出版要上接天线,也要下接地气。地方社的主题出版,必须服务地方党委、政府中心工作,这也是出版业者的政治担当和政治责任"。④

---

　　① 范军:《主题出版的"意义"与"意思"》,《出版科学》2017 年第 3 期,卷首页。

　　② 张璐:《如何让主题出版温度与深度并存》,《中国新闻出版广电报》2021 年 3 月 22 日,第 4 版。

　　③ 郝振省、韩建民:《主题出版的历史与内涵》,《出版与印刷》2021 年第 1 期,第 28— 33 页。

　　④ 叶国斌:《主题出版,要"叫好"更要"叫座"——谈主题出版物的市场化运作》,《出版参考》2019 年第 6 期,第 9—10,13 页。

袁亚春认为,大学出版社在主题出版中大有可为。"一家有追求、有责任意识的大学出版社,必须在认真梳理已有条件和出版成果的基础上,创新主题出版选题思路和手段,强化主题出版工作的主动性、计划性、系统性和持续性,不断拓展主题出版的深度和广度,努力形成对国家重大发展主题及时、准确响应的选题开发能力和机制,持续开发出版一批传播正能量、弘扬优秀传统文化,体现社会主义核心价值观,反映改革开放和社会主义建设成就,讲好中国故事,满足广大人民群众健康高尚精神需求的主题出版系列出版物,形成以主题出版和重大项目带动出版品质整体提升的良好局面。"[1]大学出版社的作者优势与知识内核,为主题出版的内容策划添彩增色。

2.2　主题出版的主题分析

党的十九大报告指出,"中国特色社会主义文化,源自中华民族五千多年文明历史所孕育的中华优秀传统文化,熔铸于党领导人民在革命、建设、改革中创造的革命文化和社会主义先进文化"[2],这对主题出版工作有重要指导意义。新闻出版署前署长柳斌杰在对大学生所做的演讲中指出,中国优秀文化包括四个层面:一是中华民族传统的文化,二是在不断的融合过程中产生的融合文化,三是革命文化,四是社会主义先进文化。这对主题出版工作具有启发意义。有学者认为:"在新时代提出主题出版具有非常重大的意义,主要体现在:第一,有利于巩固中国共产党执政地位和指导思想,全方位传播党和国家的目标、意志、施政理念和中国特色社会主义核心价值观;第二,有利于党和政府指导思想、施政理念的理论创新与发展,做到与时俱进;第三,有利于人民群众加深对党和政府相关方针政策的理解,凝聚民心;第四,有利于传承文明,弘扬中华优秀传统文化;第五,有利于布局中华民族

---

[1]　袁亚春:《做好主题出版:大学出版社何为?》,《中国出版》2021年第7期,第16—20页。

[2]　习近平:《决胜全面建成小康社会　夺取新时代中国特色社会主义伟大胜利》,《人民日报》2017年10月28日,第1版。

伟大复兴战略,让国外读者充分理解中国发展道路、发展模式。"①这几重意义中,实际上已经论及主题出版对受众的作用。

结合新中国成立以来的出版历史经验及学界对主题出版的讨论,我们可以把主题出版分成以下专题:

以社会主义理论为主题的出版活动;

以国家重大事件(会议、活动)为主题的出版活动;

以社会生活中重大事件为主题的出版活动;

配合重大活动挖掘历史题材的出版活动;

以区域政治经济生活重大事项为主题的出版活动。

在国家层面,除以社会主义理论为主题的出版活动之外,将以国家重大事件(会议、活动)为主题的出版活动、以社会生活中重大事件为主题的出版活动、配合重大活动挖掘历史题材的出版活动纳入主题出版活动的范畴之中,既是对以往"重点出版"内容的扩充,也是对主题出版常态化的确认。

2.2.1　以社会主义理论为主题的出版活动

目前,中国已经开启了谱写实现中华民族伟大复兴中国梦的历史新篇章。因此,在出版的任务中,应该将习近平新时代中国特色社会主义思想作为指导思想,作为马克思主义中国化的最新成果纳入其中。同时,习近平总书记的重要著作及对习近平新时代中国特色社会主义思想宣传阐释的选题,应是当前最重要的出版任务。另外,理论出版还需要阐释中国的重要战略等,比如社会主义核心价值体系建设、"一带一路"倡议、脱贫战略等。

下面主要以近些年来国家新闻出版署官网发布的消息进行说明。

2.2.1.1　社会主义建设理论及国家战略主题出版

党的十八大以来,最重要的理论成果就是创立了习近平新时代中国特色社会主义思想。习近平总书记的重要著作及对习近平新时代中国特色社

---

① 郝振省、韩建民:《主题出版的历史与内涵》,《出版与印刷》2021年第1期,第28—33页。

会主义思想宣传阐释的出版成为重要内容之一。① 这些作品,根据内容可分成著作类、论述类、摘编类、研究类以及纪实类等。下面是按照国家新闻出版署官网的内容整理的重要作品,大致按时间顺序排列。

社会主义核心价值体系建设"双百"出版工程:2012 年,新闻出版总署组织实施社会主义核心价值体系建设"双百"出版工程,计划分 3 年推出优秀理论读物、优秀通俗读物各 100 种。"双百"出版工程采取"自上而下"和"自下而上"相结合的方式:一方面将策划部分重点选题,面向学术界征集优秀作品;另一方面将面向全国出版界征集作品。新闻出版总署将组织评审专家对上报的选题和书稿进行审核,评议出优秀选题和书稿列入"双百"出版工程计划,并根据《国家出版基金资助项目管理办法》的有关规定遴选资助。计划 2012 年先推出优秀理论读物和优秀通俗读物各 50 种,2013 年、2014 年再推出 100 种。

在具体实施中,主要推出 6 个方面的重点出版物。推出一批反映马克思主义中国化、时代化、大众化的研究成果,坚持以马克思主义基本原理和基本方法,研究解决改革开放和社会主义现代化建设新课题,解答当前社会现实和热点问题的优秀理论读物与通俗读物;推出一批系统阐释中国特色社会主义理论体系,有助于广大干部群众深入理解中国特色社会主义理论体系的内容和精髓,有助于推动学习实践科学发展观的优秀理论读物和通俗读物;推出一批突出中国特色社会主义共同理想,反映党领导人民进行革命、建设、改革的历史,深入开展形势政策教育、国情教育的优秀理论读物和通俗读物;推出一批进行改革开放教育,宣传改革创新精神,体现爱国主义、集体主义、社会主义思想,有利于激发广大干部群众爱国热情和民族自尊心、自信心、自豪感的优秀理论读物和通俗读物;推出一批广泛宣传社会主义荣辱观,进行革命传统教育,社会主义、共产主义思想道德教育,弘扬中华民族传统美德,倡导爱国、敬业、诚信、友善等各类道德规范和道德楷模的优秀理论读物和通俗读物;推出一批适应未成年人思想道德教育、大学生思想

---

① 本节内容主要依据国家新闻出版署官网发布的消息进行整理,分主题以时间次序排列。

政治教育、社会主义法制宣传教育和反腐倡廉教育需要的优秀理论读物和通俗读物。①

《习近平谈治国理政》第一卷,外文出版社,2014年。党的十八大以来,以习近平同志为核心的党中央,带领全党全国各族人民积极应对前进道路上的困难和挑战,坚定不移深化改革开放,大力推进国家治理体系和治理能力现代化建设,凝聚起实现中华民族伟大复兴中国梦的强大力量,开启了中国改革开放和现代化建设的新征程。在中国共产党领导下,中国人民正在奋力开拓中国特色社会主义更为广阔的发展前景。国际社会越来越多地把目光投向中国、聚焦中国。当代中国将发生什么变化,发展的中国将给世界带来什么影响,越来越成为国际社会广泛关注的问题。

习近平作为党和国家的最高领导人,围绕治国理政发表了大量讲话,提出了许多新思想、新观点、新论断,深刻回答了新的历史条件下党和国家发展的重大理论和现实问题,集中展示了中共新一届中央领导集体的治国理念和执政方略。为回应国际社会关切,增进国际社会对中国发展理念、发展道路、内外政策的认识和理解,中国国务院新闻办公室会同中共中央文献研究室、中国外文出版发行事业局编辑了《习近平谈治国理政》一书。

该书收录的是习近平在2012年11月15日至2014年6月13日这段时间内的重要著作,共有讲话、谈话、演讲、答问、批示、贺信等79篇。针对国际社会对当代中国问题的主要关注点,该书将所选篇目分为18个专题,每个专题内容按时间顺序编排。为便于读者阅读,进一步增进对中国社会制度和历史文化的了解,该书在编辑时做了必要的注释,附在篇末。该书还收录习近平各个时期特别是中共十八大以来的图片45幅,以帮助读者了解他的工作和生活。

《习近平谈治国理政》第二卷(中、英文版),外文出版社,2017年。该卷由中央宣传部(国务院新闻办公室)会同中央文献研究室、中国外文出版发行事业局编辑。《习近平谈治国理政》第二卷中文版全书共569页,分为17

---

① 新闻出版总署:《社会主义核心价值体系建设"双百"出版工程启动》,2012年3月16日,http://www.gov.cn/govweb/gzdt/2012年3/16/content_2093566.htm,2021年4月15日。

个专题,每个专题内容按时间顺序编排,收录了习近平在 2014 年 8 月 18 日
至 2017 年 9 月 29 日期间的重要著作,共有讲话、谈话、演讲、批示、贺电等
99 篇。为了便于读者阅读,编辑时作了注释,附在篇末。该书还收录习近平
的图片 29 幅。

"习近平新时代中国特色社会主义思想学习丛书"(共 12 卷),中国社会
科学出版社,2019 年。该丛书由中国社会科学院组织专家学者编写,是国家
社会科学基金"十八大以来党中央治国理政新理念新思想新战略研究专项
工程项目'习近平治国理政新思想研究'"的成果,历经 3 年多的修改完善,
总共约 300 万字,由近百位专家学者通力合作完成。这套丛书是中国社会
科学院学习研究习近平新时代中国特色社会主义思想的重要成果,在一定
程度上集中展示了中国社会科学院的马克思主义研究能力和学术水平。①

《将改革开放进行到底》,新华出版社,2019 年。这是深入宣传贯彻落实
习近平总书记在庆祝改革开放 40 周年大会上的重要讲话精神的通俗理论
读物。在收录习近平总书记在庆祝改革开放 40 周年大会上的讲话、《中共
中央国务院关于表彰改革开放杰出贡献人员的决定》的基础上,全书分"中
国改革再扬帆""将改革开放进行到底""中国改革开放宣言的世界回响"三
章。第一章"中国改革再扬帆"从小岗精神、深圳发展奇迹、浦东启示录、博
鳌亚洲论坛等方面记录了中国改革开放 40 年的发展历程,对以习近平同志
为核心的党中央引领改革开放取得的伟大成就进行了梳理;第二章"将改革
开放进行到底"收录了新华社学习贯彻习近平总书记在庆祝改革开放 40 周
年大会上的重要讲话精神的 7 篇评论员文章;第三章"中国改革开放宣言的
世界回响"反映了国际社会对中国进一步深化改革扩大开放充满信心。"附
录"部分则收录了《实践是检验真理的唯一标准》《在武昌、深圳、珠海、上海
等地的谈话要点》两篇经典文献。②

《为实现民族伟大复兴推进祖国和平统一而共同奋斗》,人民出版社,

---

① 李婧璇:《"习近平新时代中国特色社会主义思想学习丛书"出版座谈会举行》,《中
国新闻出版广电报》2019 年 4 月 11 日,第 1 版。

② 新华社:《〈将改革开放进行到底〉出版发行》,2019 年 1 月 9 日,http://www.
xinhuanet. com/politics/2019 年 1/24/c_1124036292. htm,2021 年 4 月 13 日。

2019 年。这是中共中央总书记、国家主席、中央军委主席习近平在《告台湾同胞书》发表 40 周年纪念会上的讲话。

《习近平关于"三农"工作论述摘编》,中央文献出版社,2019 年。实施乡村振兴战略,是以习近平同志为核心的党中央从党和国家事业全局出发、着眼于实现"两个一百年"奋斗目标、顺应亿万农民对美好生活的向往做出的重大决策,是新时代做好"三农"工作的总抓手。该书收录 286 段论述,摘自习近平同志在 2012 年 12 月至 2019 年 3 月期间的讲话、报告、指示、贺信等 70 多篇重要文献。其中许多论述是第一次公开发表。

《习近平谈"一带一路"》(中、英、法文版),中央文献出版社,2019 年。"一带一路"倡议是一项伟大的创举,是中国贡献给世界的一项共同繁荣发展的方案和广受欢迎的国际公共产品。在第二届"一带一路"国际合作高峰论坛举办前夕,出版《习近平谈"一带一路"》英、法文版为国际社会了解中国提供了一个重要视角。《习近平谈"一带一路"》中文版由中共中央党史和文献研究院、中央文献出版社编辑出版,收录习近平总书记在 2013 年 9 月至 2018 年 7 月这段时间内关于"一带一路"建设的重要文稿 42 篇,深刻阐述了"一带一路"倡议的指导原则、丰富内涵、目标路径等。

《习近平新时代中国特色社会主义思想学习纲要》,学习出版社、人民出版社,2019 年。阐释了习近平新时代中国特色社会主义思想,是党和国家必须长期坚持的指导思想。

《在"不忘初心、牢记使命"主题教育总结大会上的讲话》,人民出版社,2020 年。为中共中央总书记、国家主席、中央军委主席习近平在"不忘初心、牢记使命"主题教育总结大会上的讲话。

《习近平庆祝中华人民共和国成立 70 周年重要讲话》(中、英文版),外文出版社,2020 年。2019 年是中华人民共和国成立 70 周年,习近平总书记出席系列重大庆典并发表重要讲话。习近平总书记的重要讲话,深刻阐述了新中国 70 年来披荆斩棘、筚路蓝缕的壮阔历程,唱响了中国人民百折不挠、团结拼搏的奋进凯歌,彰显了新时代中国人民"重整行装再出发"的壮志豪情,宣示了中国坚定不移走和平发展道路、推动构建人类命运共同体的坚定决心,极大激发了中国人民的爱国热情,极大振奋了党心军心民心,极大增强了海内外中华儿女的自信心自豪感,在国际社会引起高度关注和热烈反响。《习近平庆祝中华人民共和国成立70周年重要讲话》一书,收录了习近平总书记在庆祝大会、国家勋章和国家荣誉称号颁授仪式、国庆招待会上发表的重要讲话3篇。

《习近平关于中国特色大国外交论述摘编》,中央文献出版社,2020年。党的十八大以来,在以习近平同志为核心的党中央坚强领导下,面对国际形势风云变幻,我国开创性推进中国特色大国外交,我国对外工作砥砺前行、波澜壮阔,取得了历史性成就。习近平总书记深刻把握新时代中国和世界发展大势,在对外工作上进行一系列重大理论和实践创新,形成了习近平外交思想。习近平外交思想,是习近平新时代中国特色社会主义思想的重要组成部分,对于坚持党对外事工作的集中统一领导,统筹国内国际两个大局,牢牢把握服务民族复兴、促进人类进步这条主线,坚定维护国家主权、安全、发展利益,推动构建人类命运共同体,努力开创中国特色大国外交新局面,具有十分重要的指导意义。《习近平关于中国特色大国外交论述摘编》共分10个专题:坚持以维护党中央权威为统领加强党对对外工作的集中统一领导;坚持以实现中华民族伟大复兴为使命推进中国特色大国外交;坚持以维护世界和平、促进共同发展为宗旨推动构建人类命运共同体;坚持以中国特色社会主义为根本增强战略自信;坚持以共商共建共享为原则推动"一带一路"建设;坚持以相互尊重、合作共赢为基础走和平发展道路;坚持以深化外交布局为依托打造全球伙伴关系;坚持以公平正义为理念引领全球治理体系改革;坚持以国家核心利益为底线维护国家主权、安全、发展利益;坚持以对外工作优良传统和时代特征相结合为方向塑造中国外交独特风范。书中收录504段论述,摘自习近平总书记在2012年12月至2019年11月期间的讲话、谈话、报告、演讲、文章、贺信等190多篇重要文献。其中部分论述是第一次公开发表。

《论坚持推动构建人类命运共同体》(日文版),中共中央党史和文献研究院翻译,中央编译出版社,2020年。《论坚持推动构建人类命运共同体》收录习近平同志论述坚持推动构建人类命运共同体的重要文稿85篇。该书日文版和此前出版的英文、法文版,对于国外读者深入了解构建人类命运共同体理念,深刻理解习近平外交思想的丰富内涵和我国外交方针政策具有重要意义。

《习近平关于力戒形式主义官僚主义重要论述选编》,中共中央党史和文献研究院编辑,中央文献出版社,2020年。中共中央将2019年作为"基层减负年",着力解决困扰基层的形式主义问题,取得明显成效。2020年我国发展面临的风险挑战上升,再叠加疫情影响,做好经济社会发展工作难度更大,更加需要以优良作风狠抓工作落实。中共中央办公厅印发通知,强调持续解决困扰基层的形式主义问题,为决胜全面建成小康社会提供坚强作风保证。这部《习近平关于力戒形式主义官僚主义重要论述选编》的出版发行,对于全党深入学习贯彻习近平有关重要论述,巩固拓展"不忘初心、牢记使命"主题教育成果,筑牢克服形式主义、官僚主义的思想政治根基,具有十分重要的意义。该书以习近平在"不忘初心、牢记使命"主题教育总结大会上的讲话为开卷篇,分9个专题,收录有关重要论述182段,摘自习近平在2012年11月15日至2020年4月23日期间的讲话、报告、指示、批示等70多篇重要文献。其中许多重要论述是首次公开发表。

《习近平谈治国理政》第三卷(中、英文版),外文出版社,2020年。《习近平谈治国理政》第三卷收录了习近平总书记在2017年10月18日至2020年1月13日期间的报告、讲话、谈话、演讲、批示、指示、贺信等92篇,分为19个专题。为了便于读者阅读,该书作了必要注释。该书还收录习近平总书记这段时间内的图片41幅。《习近平谈治国理政》第三卷生动记录了党的十九大以来以习近平同志为核心的党中央,着眼中华民族伟大复兴的战略全局和世界百年未有之大变局,不忘初心、牢记使命,统揽伟大斗争、伟大工程、伟大事业、伟大梦想,团结带领全党全国各族人民推动党和国家各项事业取得新的重大进展的伟大实践,集中展示了马克思主义中国化的最新成果,充分体现了我们党为推动构建人类命运共同体贡献的智慧方案,是全面系统反映习近平新时代中国特色社会主义思想的权威著作。

《在企业家座谈会上的讲话》,人民出版社,2020年。中共中央总书记、国家主席、中央军委主席习近平《在企业家座谈会上的讲话》单行本,由人民出版社出版,在全国新华书店发行。

　　《中国制度面对面》,中共中央宣传部理论局编写,学习出版社、人民出版社,2020 年。为深化党的十九届四中全会精神的学习宣传贯彻,帮助人们更好理解坚持和完善中国特色社会主义制度、推进国家治理体系和治理能力现代化的各项决策部署,中共中央宣传部理论局组织编写了通俗理论读物《中国制度面对面》。该书是"理论热点面对面"系列的最新读本,秉承其一贯特点和风格,集中回答干部群众普遍关心的重大问题。该书以习近平新时代中国特色社会主义思想为指导,紧密联系新时代中国特色社会主义制度建设实际,紧密联系干部群众思想实际,进行了深入浅出的解读阐释,力求做到观点权威准确、语言通俗易懂、文风清新简洁、形式活泼多样,可作为干部群众、青年学生进行理论学习和开展形势政策教育的重要辅助读物。

　　《习近平新时代中国特色社会主义思想学习问答》,学习出版社、人民出版社,2020 年。为把学习贯彻习近平新时代中国特色社会主义思想不断引向深入,中央宣传部组织编写了《习近平新时代中国特色社会主义思想学习问答》一书。《习近平新时代中国特色社会主义思想学习问答》紧跟实践发展步伐,聚焦理论热点难点,回应干部群众关切,以问答体的形式全面系统、深入浅出阐述了习近平新时代中国特色社会主义思想的基本精神、基本内容、基本要求,有助于广大党员干部群众更加深入学习领会党的创新理论,更加自觉用以武装头脑、指导实践、推动工作。《习近平新时代中国特色社会主义思想学习问答》共分 7 个板块、100 个问题,内容丰富、形式新颖,图文并茂、通俗易懂,是深入学习贯彻习近平新时代中国特色社会主义思想的重要辅助读物。该书提纲挈领,以点带面,深入阐释了习近平新时代中国特色社会主义思想的丰富内涵、核心要义和鲜明特色,不仅充分彰显了当代中国马克思主义的理论特色,而且精准采撷了当代中国马克思主义的原创性新成果,同时也多维度提供了当代中国马克思主义的学理支撑,为读者领会这一理论蕴含的战略思想搭建了登高望远的阶梯。该书聚焦基本理论和重大实践问题,深刻回答了习近平新时代中国特色社会主义思想"是什么""何以产生",学习这一思想"学什么""怎么用"等问题,是以学理明思想,用学术讲政治,推进学思用贯通、知信行统一的重要读物。

《崇德向善的引领》《守正创新的践行》,人民出版社,2020 年。^① 为深入学习贯彻习近平总书记关于道德建设的重要论述,推动《新时代公民道德建设实施纲要》宣传阐释和贯彻落实,中宣部宣教局组织编辑了《崇德向善的引领》和《守正创新的践行》两本图书。两书主要收录 2019 年 10 月纲要印发以来,中央主要新闻媒体刊发的相关评论员文章、理论解读文章和工作实践体会,共计近 50 篇文章。这些文章坚持以社会主义核心价值观为引领,充分运用我国公民道德建设的历史成果,聚焦落实新时代公民道德建设目标任务,从坚定理想信念、弘扬民族精神和时代精神、传承中华传统美德、推动道德认知实践、加强网络空间道德建设、发挥制度保障等方面,深入阐释公民道德建设的重大意义、丰富内涵和实践要求。特别是联系 2020 年以来全国人民团结一致、众志成城,取得防控新冠肺炎疫情重大战略成果的奋斗实践,生动展现了理想信念、爱国主义、集体主义的伟大力量。两书是纲要颁布实施以来新时代公民道德建设实践发展和理论认识的总结,具有较高的思想性、实践性和指导性,便于广大读者和实际工作者学习借鉴,对于深入推进新时代公民道德建设必将发挥积极作用。

《人民当家作主:人民代表大会制度的运行和发展》,人民出版社,2020 年。该书紧扣"人民当家作主"这一主题主线,围绕习近平总书记关于坚持和完善人民代表大会制度的重要思想,结合人民代表大会制度建立、发展、完善的历程和实践,特别是党的十八大以来人大制度和人大工作取得的新成就新进展,系统阐释人民代表大会制度的历史必然、核心要义、特点优势,深入挖掘人民代表大会制度的民主内涵,深刻揭示实现人民当家作主是人民代表大会制度的初心使命、价值追求,全面展现人民当家作主如何通过一整套科学制度体系及其有效运行,具体地、现实地落实到国家政治生活和社会生活之中。

《在决战决胜脱贫攻坚座谈会上的讲话》,人民出版社,2020 年。这是中共中央总书记、国家主席、中央军委主席习近平在决战决胜脱贫攻坚座谈会

---

① 《〈崇德向善的引领〉和〈守正创新的践行〉出版发行》,《人民日报》2020 年 7 月 9 日,第 7 版。

上的讲话。

《精准扶贫的故事》，人民出版社，2020 年。该书以全国 100 个精准扶贫先进案例为蓝本，从产业扶贫、就业扶贫、易地搬迁扶贫、健康扶贫和农村危房改造、综合保障性扶贫，以及贫困残疾人脱贫等多视角和多层面，遴选出 36 个精准扶贫的故事。该书力求通过这些生动、励志的故事，进一步激发脱贫群众奋斗致富的精气神，为脱贫攻坚一线党员干部提供参考借鉴，更好助推如期实现现行标准下农村贫困人口全部脱贫、贫困县全部摘帽。

《习近平在厦门》，中共中央党校出版社，2020 年。1985 年 6 月，习近平同志从河北省正定县来到改革开放前沿城市福建厦门，担任市委常委、常务副市长。在这片充满激情的开发开放热土上，他与经济特区广大建设者并肩奋斗，探索推出了一系列在全省甚至在全国具有开创性和前瞻性的改革举措并取得丰硕成果。《习近平在厦门》一书共 13 篇采访实录，通过习近平同志当年的同事、接触过的干部群众的真实讲述，再现了他在厦门的工作经历和领导风范，充分展现了他深入把握经济特区发展科学规律的远见卓识、切实解决群众所想所急所盼的为民情怀。

《习近平在宁德》，中共中央党校出版社，2020 年。1988 年 6 月至 1990 年 4 月，习近平同志任福建宁德地委书记。刚满 35 岁的他来到这个"老少边岛穷"的沿海欠发达地区，以深入调研起步，提出"弱鸟先飞"理念，倡导"滴水穿石"精神，带领闽东干部群众踏实稳步脱贫。该书共 19 篇采访实录，从不同角度回忆了习近平同志在宁德的工作经历，生动讲述了三进下党、"四下基层"、搞"经济大合唱"、颁布"公务接待 12 条"、整治干部违规私建住宅等攻坚克难的故事。

这两部采访实录，为深入学习领会习近平新时代逻辑和实践逻辑提供了鲜活教材，对引导党员、干部更好践行初心和使命具有重要教育示范意义。

《习近平在福州》，中共中央党校出版社，2020 年。1990 年 4 月，习近平同志从闽东的宁德地委书记调任省会城市福州市委书记，在这里工作了 6 年整。他在深入调研基础上对福州发展做出系统谋划和整体设计，全力推进改革开放，广泛开展内引外联，推动福州实现跨越式发展。采访实录共 23 篇，从不同角度记述了习近平同志在福州工作的主要经历，讲述了他领导和推动打造"闽江口金三角经济圈"、建设"海上福州"、保护城市文脉、进行旧城改造、真诚关注民生、指导干部下访、倡导"马上就办"等生动故事,全面展现了习近平同志着眼长远、胸怀全局的战略思维,大刀阔斧、科学决策的领导艺术,脚踏实地、严谨务实的工作作风,心系人民、情暖民心的赤诚之心。历史记录着福州的沧桑巨变,也记录着习近平同志的领导风范。党员、干部学习该书,可以从书内故事中读出大道理,从家国情怀中感受大担当,从奋斗历程中汲取大智慧,从众人口述中洞察大时代,深入学习领会习近平新时代逻辑和实践逻辑,增强践行初心和使命的自觉性与坚定性。

《习近平关于网络强国论述摘编》,中共中央党史和文献研究院编辑,中央文献出版社,2021年。党的十八大以来,以习近平同志为核心的党中央进行了具有许多新的历史特点的伟大斗争。于此出发,重视互联网、发展互联网、治理互联网,统筹协调涉及政治、经济、文化、社会、军事等领域网络安全和信息化重大问题,做出一系列重大决策、实施一系列重大举措,推动我国网信事业取得历史性成就,走出一条中国特色治网之道。习近平同志围绕网络强国建设发表一系列重要论述,提出一系列新思想新观点新论断,为新时代网信事业发展提供了根本遵循。认真学习习近平同志关于网络强国的重要论述,对于我们做好网络安全和信息化各项工作、推进网络强国建设,开启全面建设社会主义现代化国家新征程、实现中华民族伟大复兴的中国梦具有十分重要的意义。《习近平关于网络强国论述摘编》分9个专题,共计285段论述,摘自习近平同志在2013年3月4日至2020年11月23日期间的讲话、报告、演讲、指示、批示、贺信等100篇重要文献。其中许多论述是第一次公开发表。

《习近平关于注重家庭家教家风建设论述摘编》,中共中央党史和文献研究院编辑,中央文献出版社,2021年。家庭是社会的基本细胞,家庭的前途命运同国家和民族的前途命运紧密相连。党的十八大以来,以习近平同志为核心的党中央高度重视家庭文明建设,积极回应人民群众对家庭建设的新期盼新需求,推动社会主义核心价值观在家庭落地生根,推动形成社会主义家庭文明新风尚。习近平同志围绕注重家庭、注重家教、注重家风建设发表的一系列重要论述,立意高远,内涵丰富,思想深刻,对于动员社会各界广泛参与家庭文明建设,努力使千千万万个家庭成为国家发展、民族进步、社会和谐的重要基点,把实现个人梦、家庭梦融入国家梦、民族梦之中,汇聚起全面建设社会主义现代化国家、实现中华民族伟大复兴中国梦的磅礴力量,具有十分重要的意义。《习近平关于注重家庭家教家风建设论述摘编》分7个专题,共计107段论述,摘自习近平同志在2012年11月15日至2020年12月28日期间的报告、讲话、谈话、说明、答问等60多篇重要文献。其中部分论述是第一次公开发表。

2.2.1.2 脱贫攻坚主题出版

《习近平扶贫故事》,商务印书馆,2020年。《习近平扶贫故事》以习近平总书记的扶贫思想和实践发展为主线,遴选了67篇既脍炙人口又发人深省的感人故事,深情记录了在长达半个世纪的时间内习近平总书记帮扶贫困地区与困难群众、带领干部群众脱贫攻坚的点点滴滴。《习近平扶贫故事》内容丰富、形式新颖、好读易懂,生动地展现了习近平总书记的思想力量、人格力量、语言力量,使人真切感受到习近平总书记"小康路上一个都不能掉队"的最深牵挂,"我将无我,不负人民"的使命情怀。

《习近平调研指导过的贫困村脱贫纪实》,人民出版社,2021年。该书由17篇调研报告和3集电视专题片视频二维码组成。党的十八大以来,习近平总书记走遍全国14个集中连片特困地区,先后深入河北省阜平县骆驼湾村和顾家台村等24个贫困村调研指导,推动脱贫攻坚战如火如荼地开展起来。这组调研报告和电视专题片,是在对这些贫困村深入调研回访基础上形成的,生动反映了这些村在习近平总书记关怀指导下打赢脱贫攻坚战的可喜成就和宝贵经验。《习近平调研指导过的贫困村脱贫纪实》的出版发行,对于广大干部群众进一步学习领会习近平总书记关于扶贫工作的重要思想,真切感受脱贫攻坚的伟大意义,凝聚起万众一心奋进新时代的磅礴力量,具有重要意义。①

---

① 新华社:《〈习近平调研指导过的贫困村脱贫纪实〉出版发行》,《人民日报》2021年1月4日,第1版。

2.2.1.3 "一带一路"主题出版

《习近平谈"一带一路"》,文献出版社,2018 年。该书收入习近平同志在 2013 年 9 月至 2018 年 7 月这段时间内关于"一带一路"建设的重要文稿 42 篇。

2.2.2 以国家重大事件(会议、活动)为主题的出版活动

国家重大事件(会议、活动)是国家层面政治生活中的重大会议与重大活动。从 2008 年开始,原新闻出版总署明确使用"主题出版"一词对与党和国家重大事件、重大活动、重大会议、重大理论成果等相关的出版工作进行部署。

党的十八大召开,推出了《中国触动:百国视野下的观察与思考》《党代会现场:99 个历史深处的细节》《信仰——我们的故事》《国家大势》《辩证看务实办——理论热点面对面·2012》《中国和平崛起与发展》等上百种重点图书。人民出版社就有献礼图书 60 余种。

围绕党的十九大策划的主题出版重点出版物选题有 97 种,其中包含《十八大以来治国理政新成就》《全面从严治党这五年》等图书 77 种、《红色家书》《中国故事》等音像电子出版物 20 种。

党的二十大召开,2021 年主题出版重点出版物选题有 170 种,其中图书选题 145 种、音像电子出版物选题 25 种。各省、区、市都组织策划主题出版物,浙江省总共推出百余种主题出版物,江苏省集中推出 40 种重点主题出版物。

2.2.3 以社会生活中重大事件为主题的出版活动

社会生活中发生的一些重大事件,例如战争、自然灾害(海啸、地震、飓风和洪水等)和社会经济制度的重大变革等,会直接或者间接地影响国人的生活。比如 2008 年北京奥运会、汶川地震,2016 年 G20 杭州峰会,新冠肺炎疫情等,都对中国社会的发展有着巨大影响。相关主题出版物记录下了社会生活中重大事件的发展过程及相关资料。

2.2.3.1　北京奥运会主题出版

北京申奥成功的历史意义是：曾经遭受百年屈辱的中国，曾经被帝国主义列强侮辱为"东亚病夫"的中国人，如今终于实现了多年来的夙愿，获得了奥运会的主办权，在全世界面前证明了自己的实力。这必将和香港、澳门回归一起成为中国洗雪百年屈辱、实现民族伟大复兴和崛起为世界大国的重要标志。

2008 年团结出版社出版的图书《中国式申奥》，是中国奥申委多媒体总策划黄克俭所著。他以个人经历为叙述框架，以鲜为人知的内幕故事为主体，讲述了申奥的紧张时刻和精彩瞬间。让读者如置身其中，亲临倍感刺激的申奥现场。不同于其他北京奥运会主题书籍的是，《中国式申奥》关注的是促使申奥成功的细节。正如杨澜在推荐语中说的那样："任何伟大的时刻都是由无数细节组成的。时隔七年，奥运即将举办之时，我要再一次感谢黄克俭大量精细的工作使得当年奥运陈述得以完美呈现。"①

人民出版社 2008 年 7 月版《何振梁申奥日记》摘录了中国奥委会原名誉主席、国际奥委会原副主席、北京两次申奥过程中非常重要的人物之一何振梁先生的私人日记中与北京两次申奥有关的内容，从他的独特视角、真切感受，讲述了大量鲜为人知的工作过程，真实地记录了北京申奥的整个曲折、艰辛的历史进程及他本人的心路历程。②

中国社会科学出版社出版《申奥纪实——亲历中国重返奥运和两次申奥》一书，作者张清从事体育外事工作 30 多年，此书揭秘了申奥的细节。

---

① https://baike.baidu.com/item/％E4％B8％AD％E5％9B％BD％E5％BC％8F％E7％94％B3％E5％A5％A5/6417441? fr＝aladdin，2021 年 4 月 15 日。

② 洪琼：《"申奥功臣"何振梁出版日记，揭秘申奥艰辛历程》，2008 年 7 月 17 日，https://www.baidu.com/link? url＝DCjHe0TfSHq1WbYbwYasqMRO4tonQ6cgaw7VXAx-vQjKpdzKeGAOdqWsnSgWEodIImzSFI-vKE2XwPCamWMNimq＆wd＝＆eqid＝fb84b2670-00f28df00000004609e24d0，2021 年 4 月 15 日。

2.2.3.2　汶川地震主题出版

2008 年 5 月 12 日 14 时 28 分 04 秒,四川省阿坝藏族羌族自治州汶川县映秀镇发生地震。截至 2008 年 9 月 25 日,"5·12"汶川地震共计造成 69227 人遇难、17923 人失踪、374643 人不同程度受伤、1993.03 万人失去住所,受灾总人口达 4625.6 万人。汶川地震是中华人民共和国成立以来破坏性最强、波及范围最广、灾害损失最重、救灾难度最大的一次地震。[①] 地震发生后,各大媒体及时报道,全国人民密切注意事态的发展,并投入人力、物力进行救灾。出版机构从各个角度来反映记录这一事件。

天地出版社和教育科学出版社分别出版了《"5·12"地震灾后师生心理重建"德阳模式"研究》和《"5·12"汶川特大地震灾后师生心理援助应急机制研究》,介绍国内外灾后心理援助的经验,阐明开展灾后师生心理援助工作的必要性、紧迫性,从灾后师生心理危机预警、应急决策与动员、行动模式、人才机制等方面,探讨了灾后援助应急机制的各种要素。

四川人民出版社的《让我们铭记——"5·12"汶川地震四川灾后文物抢救保护纪实》,以纪实文学的形式,展现了 3 年来四川灾后文化遗产的抢救保护工作,记录了文化遗产工作者在大灾大难面前的真情与沉稳、坚强与勇敢、执着与坚持,也展示了四川在灾后文化遗产抢救保护工作中取得的主要成果。兰州大学出版社的《情系尔玛——首届中国羌族非物质文化遗产与灾后重建研讨会论文集》,收录了与会专家学者针对汶川大地震灾后重建中羌族传统文化遗产保护的诸多建议。大象出版社的《李白纪念馆援建工程报告》《李白故居援建工程报告》以及《李白纪念馆李白故居援建工程纪念册》三部图书,则全面记录了河南省古代建筑保护研究所援建这三个工程的艰辛历程。[②]

---

① https://baike.baidu.com/item/5％C2％B712％E6％B1％B6％E5％B7％9D％E5％9C％B0％E9％9C％87/11042644? fromtitle＝％E6％B1％B6％E5％B7％9D％E5％9C％B0％E9％9C％87&fromid＝2452700&fr＝aladdin,2021 年 4 月 15 日。

② 《人间大爱"书"不尽——汶川地震 3 周年相关图书出版综述》,2011 年 5 月 10 日,http://culture.ifeng.com/2/detail_2011_05/10/6281070_1.shtml,2021 年 4 月 15 日。

凤凰出版社于 2013 年出版的《汶川地震 168 小时》,主要记录了汶川地震的震中映秀,在地震前后发生的一系列事件。作者张良从 2008 年 8 月开始深入映秀进行实地调查,采访了数百位相关人士,从他们的口中记录下震后 7 天,即 168 小时内的真实经历。该书整体上通过时间顺序进行记录,采用了多线并行的描述方式,通过同一时间、不同空间、不同视觉角度的记录,还原出一个较为完整、全面而又真实的震中映秀。

2.2.3.3　G20 主题出版

2016 年,G20 峰会在中国杭州召开,国际专家指出,定于 9 月召开的二十国集团(G20)杭州峰会将对促进世界经济增长、完善全球经济治理发挥重要作用。

"G20 与中国"国际研讨会暨 G20 研究系列智库专著发布会在中国人民大学重阳金融研究院举办。中国人民大学重阳金融研究院撰写的《2016:G20 与中国》中英文双语版本、《G20 与全球治理——G20 智库蓝皮书 2015—2016》中英文双语版本等 8 部 G20 研究系列智库专著集体面世,全面阐述并探讨 G20 与中国贡献。[①]《2016:G20 与中国》从"历史"的角度介绍了 G20 的前世今生,全面论述了 G20 的起源与作用、议程设置、机制建设、主要使命以及 G20 体系面对的国际形势,并通过对"全球经济治理"这个根本大背景的思考,探讨"G20 的全球治理工作"以及"2016 年 G20 与中国关系"。书中另有附录介绍 G20 各国国情、历届峰会公报、G20 的政策承诺与落实情况、G20 的组织架构,以及对 G20 一些专门术语的解释和国际智库对 2016 年中国 G20 峰会的建言。

《G20 问与答》(五洲传播出版社,2016 年)一书以问答形式回答了 20 个 G20 相关问题,该书为中英文双语对照版,对广泛普及 G20 相关知识,以及传播中国 G20 峰会主题理念具有重要作用。类似的知识普及性读物还有《G20 知识中学生读本》(浙江教育出版社,2016 年)、《G20 知识小学生读本》

---

① 《史上最大规模 G20 研究系列著作出版》,2016 年 7 月 29 日,https://www.guancha.cn/culture/2016_07_29_369340.shtml,2021 年 4 月 15 日。

（浙江教育出版社，2016 年）。①

　　有关 G20 的主题出版物中，学术研究性著作种类最为丰富，其中不乏有分量的佳作。比如：《谁来治理新世界——关于 G20 的现状和未来》（社会科学文献出版社，2014 年）一书中，来自 20 个国家和地区的智库代表对金融危机及构建更加有效稳定的金融体系进行了探讨，研究完善全球经济治理的对策，共同探讨促进世界经济平稳健康发展的问题，为各国领导人提供经济治理的意见；《大金融与综合增长的世界——G20 智库蓝皮书 2014—2015》（中国经济出版社，2014 年）收集了来自 G20 国家智库的主要代表以及世界银行、IMF（国际货币基金组织）和联合国的代表，就全球治理及经济增长等重大国际问题发表的最新研究成果；《G20 与全球治理——G20 智库蓝皮书2015—2016》（中信出版集团，2016 年）一书从 G20 各国政商界专家的视角，着重研究在全球秩序的新格局中，G20 的现状与发展前景，探讨未来全球经济与中国经济可能的变化，指出世界对 2016 年中国 G20 杭州峰会的期待；《中国与二十国集团：新兴市场国家与全球经济治理》（上海人民出版社，2015 年）汇集了该领域的多位中外专家的不同观点，通过多个案例研究，总结大国间经济关系的新模式；《选择：中国与全球治理》（中国人民大学出版社，2015 年）的作者为国务院侨务办公室原副主任、外交部前副部长何亚非，该书深入分析了 2008 年国际金融危机爆发以来世界战略格局和国际关系的发展变化，是近年来国内少有的系统论述全球治理问题的著作，作者在书中提出只有将中国利益与国际社会共同利益有机融合，才能实现民族复兴之梦；《中国 G20——同舟共济，合作共赢》（五洲传播出版社，2016 年）一书指出，全球治理体系将进入 G20 时代，中国将同各成员一道解决问题、处理风险、创新理念、共同行动，共同引领世界经济发展方向；《全球治理的中国贡献》（机械工业出版社，2016 年）一书全面梳理了全球治理的理论框架和历史沿革，重点论述了中国在全球治理体系各领域内的作用和贡献，并就进一步加强中国作用给出了途径和建议；《世界金融新秩序》（中信出版社，

---

　　①　郑杨：《G20 主题图书出版助力中国走向世界》，《中国出版传媒商报》2016 年 9 月 6日，第 9 版。

2016 年)中 60 余位掌握全球话语权的经济学家、政府官员解读国际金融体系新趋势、新变化,引发读者思考;《中国与 G20——全球经济治理的高端博弈》(中国经济出版社,2016 年)分析各成员国之间的利益博弈和中国的议题策略,探讨中国应如何建设性地参与 G20 框架,并提出优化中国国际经济金融布局的战略选择等一系列重大问题,是近年来研究和介绍 G20 的权威之作。

2.2.3.4　抗疫主题出版

2020 年初,新冠肺炎疫情暴发,这是影响全国人民健康的大事。全国的出版机构出版图书,反映全国上下一致、众志成城、全力抗疫的立体场景。出版业往往是打组合拳,各个渠道、各个机构同时出手。

卫生与科技出版社首先行动起来,出版了一系列防疫读物,如:

《新型冠状病毒感染的肺炎公众防护指南》融媒体图书、电子书、网络版读物,中国疾病预防控制中心编著,人民卫生出版社,2020 年 3 月出版。

《新型冠状病毒感染的肺炎防控知识手册》,中国科技出版传媒股份有限公司(科学出版社),2020 年 3 月出版。

《新型冠状病毒肺炎预防手册》,湖北科学技术出版社,2020 年 3 月出版。

《新型冠状病毒感染的肺炎防护手册》网络电子版,南京鼓楼医院感染病学科专家编撰,江苏凤凰科学技术出版社,2020 年 3 月出版。

《新型冠状病毒感染的肺炎防治知识问答》,天津市委网信办、微医互联网总医院联合中国中医药出版社共同编写,中国中医药出版社,2020 年 3 月出版。此书兼具"科普＋问诊"两项功能,读者只需扫码便能进入微医互联网总医院抗击新冠肺炎疫情义诊专区询问相关问题。

《新型冠状病毒感染防护》,广东省卫生健康委与广东省疾控中心联合组织编写,广东科技出版社,2020 年 3 月出版。

《新型冠状病毒大众心理防护手册》,四川科学技术出版社,2020 年 3 月出版。该书是第一本针对疫情的心理防护图书。

这些读物大多为网络电子版,聚焦公众关心的个人与家庭防护、居家医学观察、理性就医、心理疏导等防控细节,以问答、图片等形式,向读者讲述新型冠状病毒感染的肺炎有效防控问题。

各地区出版集团打起组合拳。

天津出版传媒集团及各出版单位积极行动,通过多种形式为广大群众提供抗击疫情的科普知识和文化产品。天津科学技术出版社组织社内骨干力量精心编写《天津市民新型冠状病毒感染的肺炎防控指南》,该书电子版已陆续在"学习强国"学习平台、津云新媒体、掌阅、得到等20多家网站和数字阅读平台上线,供读者免费阅读。天津科技翻译出版有限公司约请中医专家撰写中医调养和防护知识,运用"津版健康"App平台推送,帮助市民调理和增强体质,达到未病先防的目的。同时,天津出版传媒集团的多家出版社还通过各种方式,号召广大读者齐心协力科学防疫。新蕾出版社积极开展寒假公益阅读活动,为少年儿童提供优秀电子出版物;新蕾出版社旗下《艺术启蒙》杂志编辑部发起了"艺起战'疫'"活动。天津人民出版社旗下的《红领巾报》通过微信公众号向全国小读者发出抗击疫情倡议书。天津人民美术出版社《中国漫画》杂志的微信公众号上,多张以"众志成城战疫情"为主题的漫画作品收获众多网友点赞。百花文艺出版社开放其网页上全部电子书和有声书。天津人民出版社不仅上线了"小书虫·每日听书",还为此开展了征稿活动。①

上海出版界也是全员动员,抗"疫"出书。其中,上海科学技术出版社紧急推出《张文宏教授支招防控新型冠状病毒》一书,数字版于2020年2月2日开始在网上发布,纸质版在一周后出版发行。上海音乐出版社于2020年2月底推出音像制品《加油武汉,加油中国——抗击疫情优秀歌曲选》及全媒体图书《出征,出征——抗击疫情优秀歌曲集》。上海科学技术出版社还推出《抗疫·安心——大疫心理自助救援全民读本》,分别以医务人员、疫区群众、病人及家属、普通大众等为对象阐述特殊情况下的心理防护。为帮助广大中小学生正确应对疫情,上海科技教育出版社邀请专业人士编写了《新型

---

① 韩萌萌:《多媒体出版物助力战"疫"》,《中国新闻出版广电报》2020年2月5日,第2版。

冠状病毒感染的肺炎防护学生读本》，确保在本市中小学开学前完成出版。①

湖南出版界也策划了近 20 种疫情防控类图书，其中，《新型冠状病毒感染的肺炎防控知识问答》等 5 种图书正式出版。② 湖南科技出版社的《新型冠状病毒感染的肺炎防控知识问答》，由湖南省疾病预防控制中心编写，为复工、开学后的疫情防控提供详细、专业、方便的操作指南。电子书已于 2020 年 2 月 2 日在 Kindle、QQ 阅读、京东读书等 11 个平台上架，有声读物也由音熊联萌演播、懒人听书独家播出。中南大学出版社于 2020 年 2 月 4 日、5 日先后推出《新型冠状病毒肺炎大众防护与心理疏导》《新型冠状病毒感染肺炎防控知识 100 问》2 种电子书，系统全面地解答大众最关心的、存在疑问的基础常识、就医诊疗、日常预防、心理健康等问题，在中南大学官网及微信公众号、《潇湘晨报》等 17 个平台发布。服务疫情防控的主题类出版物则有湖南人民出版社的《战"疫"湘军》《烈焰青春》等。

多种民族文字出版物纷纷出版。截至 2020 年 2 月下旬，民族出版单位共出版各类介质的民族文字防疫图书 39 种。"其中翻译类 34 种、编写 5 种（含民族医药类汉文图书 1 种）。这些防疫系列读物，以图书、宣传折页等多种形式向民众积极普及疫情防控、心理自助和疏导的相关知识。"③"如贵州民族出版社和贵州省少数民族语言文字办公室编译制作的苗语、布依语、侗语、彝语 4 个版本的新型冠状病毒防疫须知，已通过视频 MV、H5 等多种新媒体形式进行传播；广东教育出版社、喀什维吾尔文出版社联合出版的《写给孩子的新型冠状病毒科普绘本》（汉维对照版）由喀什电视台制作成自媒体转发，同时制作成电视栏目，每周一、三、五用维吾尔语播放，二、四、六用汉语播放；延边人民出版社出版的《新型冠状病毒感染防护》（朝汉双语版）电子版、有声版先后通过新华网（朝文）、中央人民广播电台（朝文）、《吉林朝

① 金鑫：《上海出版界抗"疫"出书总动员》，《中国新闻出版广电报》2020 年 2 月 6 日，第 2 版。
② 刘蓓蓓：《湖南出版界策划近 20 种疫情防控类图书》，《中国新闻出版广电报》2020 年 2 月 12 日，第 2 版。
③ 范燕莹：《近 40 种民族文字防疫图书出版》，《中国新闻出版广电报》2020 年 3 月 5 日，第 1 版。

鲜文报》《延边日报》等多个朝鲜文新闻媒体平台广泛传播,成为抗疫第一线广大朝鲜族干部群众科学防控疫情的指导书。"①西南地区有重庆出版社出版了《新型冠状病毒肺炎公众应知50问》(藏汉双语)。该书为问答形式,藏汉双语对照,服务于西藏高原地区的居民,指导公众理性认识、科学防护。全书通俗易懂,简洁明了,内容涵盖新型冠状病毒肺炎相关知识、个人防护基本知识、接触新型冠状病毒感染者的处理知识、居家防控知识、公共场所防控知识、疫情期间医疗需求相关知识等6个方面的内容,旨在最大限度地满足西藏高原地区的居民的防疫需求,宣传新型冠状病毒肺炎有效防护知识,向有需要的居民提供及时周到的咨询与服务。另外,还有四川民族出版社出版了《新型冠状病毒感染防护》(汉彝版)等。

有关新冠肺炎疫情这一事件的出版物类型非常多,在京东书城相关图书可以分为:普及防疫知识类,如清华大学出版社《新型冠状病毒肺炎防控知识题集》,人民卫生出版社《新型冠状病毒肺炎防控知识题集》;关注防疫期心理健康类,如上海交通大学出版社《新型冠状病毒肺炎疫情公众心理援助操作手册》,陕西师范大学出版总社有限公司《新型冠状病毒感染的肺炎疫情下心理健康指导手册》②;专供儿童阅读类,如四川民族出版社《科学开开门:给小朋友们的新型冠状病毒感染防护绘本》(彝汉双语版)、人民卫生出版社《新型冠状病毒肺炎学生防控读本》等。这类书多以电子书形式推出,在疫情暴发期间发行,多数供免费阅读,体现了出版机构的社会责任感。

除此之外,还有一些有关新冠肺炎疫情的出版物,如:

(1)重要指示与讲话

习近平《在统筹推进新冠肺炎疫情防控和经济社会发展工作部署会议上的讲话》单行本,人民出版社,2020年。③

---

① 范燕莹:《近40种民族文字防疫图书出版》,《中国新闻出版广电报》2020年3月5日,第1版。

② 孙海悦:《英、俄文版防疫心理健康指导手册面世》,《中国新闻出版广电报》2020年3月4日,第2版。

③ 《习近平〈在统筹推进新冠肺炎疫情防控和经济社会发展工作部署会议上的讲话〉单行本出版》,《人民日报》2020年2月26日,第1版。

习近平《携手抗疫　共克时艰——在二十国集团领导人特别峰会上的发言》单行本,人民出版社,2020 年。①

(2)非虚构类纪实文学作品

《中国疫苗百年纪实》(电子书),人民出版社,2020 年。② 该书在"学习强国"学习平台、中国移动、掌阅、亚马逊及人民出版社读书会等多家著名数字平台同步上线,免费供公众阅读。《中国疫苗百年纪实》是第一部以纪实文学方式写成的中国百年抗疫史,由著名军旅作家、《解放军报》原副总编江永红撰写。该书以 1919 年北洋政府成立"中央防疫处",现代医学进入中国防疫史为开端,生动讲述了现代中国在"防疫战场"上的代表性重大事件与人物,从一个特殊角度展现了中华民族坚强不屈、百折不挠的奋斗精神,对于今天的读者特别是广大党员干部具有重要启迪意义,对于当下的我们正确把握疫情,科学应对,汲取经验教训,树立信心决心,打赢防疫阻击战也具有重要的参考意义。

《最美逆行者》,人民出版社,2020 年。③ 该书采用图、文、视频相结合的融媒体图书形式,展现了"最美逆行者"——全国各地医护人员驰援湖北、抗击疫情的英雄形象。在抗击新冠肺炎疫情的战役中,全国各地医务工作者"逆行"驰援湖北,同时间赛跑,与病魔较量,用实际行动践行"敬佑生命、救死扶伤、甘于奉献、大爱无疆"的崇高精神,被誉为"最美逆行者"。为及时弘扬他们的崇高精神,鼓舞斗志,增强全国人民战胜疫情的决心和信心,国家卫生健康委员会宣传司与人民出版社共同组织编写了该书。该书以人物记述为主,分出征、战斗、心声三部分,为读者勾勒出了防控新冠肺炎疫情阻击战中医务工作者的英雄群像,其中既有钟南山、李兰娟等著名医学专家,也

---

① 《习近平〈携手抗疫　共克时艰——在二十国集团领导人特别峰会上的发言〉单行本出版》,2020 年 4 月 16 日,http://news.cnr.cn/native/gd/20200416/t20200416_5250561-43.shtml,2021 年 4 月 14 日。

② 欧莉:《增强战"疫"信心——人民出版社提前出版〈中国疫苗百年纪实〉电子书》,《浦东时报》2020 年 2 月 4 日,第 7 版。

③ 李子木:《人民社出版〈最美逆行者〉》,《中国新闻出版广电报》2020 年 2 月 17 日,第 1 版。

有诸多默默无闻的医护工作者。全书生动展现了他们的初心使命、铁的担当与家国情怀,有助于我们进一步坚定信心、振奋精神、凝聚力量,坚决打赢疫情防控的人民战争。

《金银潭抗疫纪事》,新华出版社,2020年。全书真实记录了以院长张定宇为代表的武汉市金银潭医院医护人员坚守岗位、不忘初心、勇担使命的家国情怀。金银潭医院是武汉最早集中收治新冠肺炎患者的医院,也是重症患者定点救治医院。作为这场全民抗疫之战最早打响的地方,从最早收治确诊患者、查找病毒来源到研究治疗方案,金银潭医院始终走在抗击疫情阻击战的最前沿,成为疫情中的"风暴眼"。该书由新华社湖北分社三位资深记者编著,是目前国内唯一一部记录新冠肺炎疫情"风暴眼"金银潭医院的图书,也是一部收录中国防疫抗疫"大事记"的图书。书中忠实反映了金银潭医院作为疫情"风暴眼"所经历的系列事件,映射出武汉人民、湖北人民、中国人民抗击疫情生动、典型、真实的面貌。该书通过人物、事件讴歌了医护工作者的崇高职业精神及其用实际行动书写的对党和人民的忠诚。同时也展现了金银潭医院在疫情防控、救治机制以及社区联动等方面做出的探索和努力。[①]

《武汉战"疫"——最美一线英雄》,人民出版社、湖北人民出版社,2020年。该书以弘扬抗击新冠肺炎疫情一线英雄的崇高精神,及时记录这些时代英雄的身影,增强全国人民战胜疫情的决心和信心。全书分为国家院士、白衣"战士"、人民军队、八方驰援、基建"狂魔"、基层社区、城市保障、志愿"后勤"等八大板块,讲述了战斗在武汉疫区最前线的诸多抗疫工作者真实而生动、温暖而感人、平实而伟大的故事,勾勒出了体现当代中华民族精神的英雄群像。[②]

(3)画册

《战"疫"中国:全国美术作品选》,中国美术家协会、人民出版社与雅昌

[①]　王坤宁:《〈金银潭抗疫纪事〉出版发行》,《中国新闻出版广电报》2020年4月16日,第1版。

[②]　雷萌:《〈武汉战"疫"——最美一线英雄〉出版》,《中国新闻出版广电报》2020年4月9日,第1版。

文化集团共同策划,中国美术家协会组织编选,人民出版社,2020 年 6 月。
该书精选 250 件艺术作品汇编而成。书中作品内容涉及抗疫一线、八方驰
援、物资转运、社区防控、复工复产乃至海外援助等抗疫战场的各个方面;艺
术形象既有钟南山、李兰娟等院士专家,又有普通医护人员、生产建设者、武
警公安战士、消防卫生人员、社区工作者、志愿者、快递小哥等各类战"疫"群
体。该书艺术形式多样,包括中国画、油画、水彩水粉、漫画、连环画、版画、
漆画、宣传画、速写等诸多种类;作者既有冯远、范迪安、徐里、吴为山等当代
名家,也有中青年艺术家,他们共同用艺术手段讲好中国抗疫故事,为时代
英雄立像。①

(4)版权输出

《习近平关于统筹疫情防控和经济社会发展重要论述选编》(英文版),
中共中央党史和文献研究院翻译,中央文献出版社,2020 年 12 月。《习近平
关于统筹疫情防控和经济社会发展重要论述选编》中文版,已于 2020 年 10
月由中央文献出版社出版,收录习近平同志有关重要文稿 43 篇。为便于国
外读者阅读和理解,英文版增加了注释和索引。该书英文版的出版发行,有
助于国外读者全面深入了解习近平同志关于把人民生命安全和身体健康放
在第一位、构建人类卫生健康共同体的重要论述和实践,了解以习近平同志
为核心的党中央团结带领全国各族人民成功应对新冠肺炎疫情、快速实现经
济社会恢复和发展付出的艰辛努力、取得的显著成效,对于国际社会正确认识
中国制度巨大优势和深刻理解构建人类命运共同体丰富内涵具有重要意义。

《新冠肺炎防治手册》(葡萄牙语版),线上免费发布,2020 年 4 月。由浙
江大学医学院编写的《新冠肺炎防治手册》葡萄牙语版在巴西以 pdf 格式免
费线上发布。参与编译的巴西医生马西奥·洛佩斯认为,该手册从中国抗
疫一线医护人员的角度,分享了防控管理、诊疗和护理三个方面的经验,为
巴西医疗机构提供了具有参考价值的救治方案和临床经验,这将有助于巴
西医护人员学习中国在应对新冠肺炎疫情过程中的临床经验,为患者提供

① 李子木:《人民社推出〈战"疫"中国:全国美术作品选〉》,《中国新闻出版广电报》
2020 年 6 月 10 日,第 1 版。

更有针对性的救治方案。《新冠肺炎防治手册》中文版由浙江大学医学院附属第一医院联合马云公益基金会、阿里巴巴公益基金会共同出版,由浙江大学医学院的专家们基于 100 多例新冠肺炎患者临床治疗经验编写完成。葡萄牙语版由巴西华夏文化传媒公司邀请多位巴西抗疫一线医生参与翻译、校对和注释,以 pdf 格式免费在线发布。①

《中国疫苗百年纪实》《最美逆行者》《战"疫"日记》(英文版)。人民出版社与美国圣智学习集团盖尔公司和加拿大皇家柯林斯出版集团分别签订《中国疫苗百年纪实》《最美逆行者》及《战"疫"日记》三部图书的英文版输出版权协议。三部图书均为人民出版社出版的纪实类作品。《中国疫苗百年纪实》记录了中国百年来特别是新中国成立 70 年来的防疫史,梳理了中国公共卫生事业从无到有、由弱到强的历史脉络,以及新中国如何通过疫苗造福人民的发展历程;《最美逆行者》由国家卫生健康委宣传司主编,通过一系列感人故事,勾勒出疫情防控阻击战中医务工作者的英雄群像;《战"疫"日记》跟进式展现了广大医务工作者、社区工作人员以及武汉人民为阻止疫情蔓延做出的巨大牺牲与奉献。美国圣智学习集团盖尔公司和加拿大皇家柯林斯出版集团有关负责人表示,中国抗疫图书英文版可以帮助全球读者通过"中国故事"了解借鉴中国经验。②

《新型冠状病毒感染的肺炎疫情下心理健康指导手册》(英文版、俄文版)。陕西师范大学出版总社有限公司还组织专家翻译推出了《新型冠状病毒感染的肺炎疫情下心理健康指导手册》英文版、俄文版,以满足不同国籍读者的防疫需求。

2.2.4 配合重大活动挖掘历史题材的出版活动

为重大活动挖掘历史的主题出版早已有之。如为庆祝新中国成立 10 周年,当时分管出版工作的文化部在 1958 年发出通知,要求"各出版单位应

---

① 《〈新冠肺炎防治手册〉葡萄牙语版在巴西免费线上发布》,2020 年 4 月 4 日,http://www.xinhuanet.com/world/2020-04/04/c_1125815126.htm,2021 年 4 月 15 日。

② 史竞男:《人民出版社输出三种抗疫图书版权》,《中国新闻出版广电报》2020 年 3 月 18 日,第 1 版。

有计划有重点地在国庆十周年节日前出版一批具有高度思想艺术水平和学术价值的书籍"。1959 年,经中央批准,由国务院外事办公室副主任廖承志主持,成立编辑小组与出版小组,编辑出版大型画册《中国》,在有关方面共同协作下,画册于 1959 年 10 月由外文出版社出版。画册"主要反映中国今天的面貌,尤其着重反映我国工业、农业、国防、文化科学事业的面貌,表现我国各族人民丰富多彩的生活,同时也适当地回顾我国悠久的文化历史,也要体现出我国河山的秀丽多娇"①。同时,中宣部还编辑出版《中华人民共和国成立十周年纪念文集》,反映 10 年来的建设面貌。之后,每遇到中华人民共和国成立逢十的整数年,出版界都会集中策划相关宣传图书。

在内容上,庆祝中华人民共和国成立、中国共产党成立以及回顾改革开放成就等是重要的主题。通过顶层的设计,汇聚专业出版的优势,促成主题出版物的集体亮相。

每次党的代表大会之后,国家也组织出版界进行文献汇编、文献学习、会议精神宣讲方面的系列图书出版。为纪念 1993 年毛泽东诞辰 100 周年,中宣部、新闻出版署在 1992 年 3 月专门发文,就组织出版一批研究和宣传毛泽东思想的优秀理论著作、通俗读物和其他有关图书进行部署。之后,中宣部和新闻出版署还就纪念抗日战争暨世界反法西斯战争胜利 50 周年、纪念红军长征胜利 60 周年、庆祝改革开放 20 周年、庆祝新中国成立 50 周年等重大时间节点和纪念日的选题与出版活动进行部署。但在 2003 年之前,这项工作并没有形成每年必做的惯例。《2011 年新闻出版工作要点》中提出精心策划组织重大主题出版,推出一大批庆祝中国共产党成立 90 周年、纪念辛亥革命 100 周年和西藏和平解放 60 周年等重大主题出版物。在 2014 年以后,年度工作要点中对于重点出版的解说中会根据具体情况,做好国家重大事件(会议、活动)的出版动员。从 2015 年起,中宣部、国家新闻出版广电总局(2018 年起为"国家新闻出版署")每年都专门发出关于做好主题出版工

---

① 中国出版科学研究所、中央档案馆编:《编辑建国十周年纪念画册的座谈会纪要(1959 年 1 月—5 月)》,《中华人民共和国出版史料:1959》,北京:中国书籍出版社,1999 年,第 1 页。

作的通知。比如为庆祝中国共产党成立 90 周年推出重点主题出版物 80 种,中共党史出版社、中央文献出版社、中共中央党校出版社、人民出版社、军事科学出版社等多家出版社精心打造出版物。浙江文艺出版社《向延安》、浙江摄影出版社《主义之花》名列其中。为纪念辛亥革命 100 周年,新闻出版总署推出 20 种重点主题出版物。

下文仅以几个例子作为代表。

2.2.4.1　纪念抗日战争胜利 75 周年主题出版

2003 年以后,挖掘重大历史题材成了各个出版社的策划重点,比如为纪念抗日战争胜利 75 周年,仅江苏省,就有凤凰出版传媒有限公司推出“抗日战争专题史研究丛书”(100 卷)和“抗日战争老兵口述史系列”。江苏人民出版社重装推出“侵华日军南京大屠杀史料集”(72 卷),之前出版的《拉贝日记》《历史与言说:南京大屠杀研究》《中国抗日战争正面战场作战记》等重印多次。南京大学出版社出版《李顿调查团档案文献集》第一辑,共 14 卷,690 余万字,这是目前学术界规模最大的李顿调查团专题资料集。该文献集自 2016 年 6 月开始筹划,到由南京大学出版社正式出版,其间得到了国家社科基金抗日战争研究专项工程的立项与滚动资助,团队分两批前往瑞士日内瓦搜集资料,派专人搜集英国、美国、日本外交档案以及中国台湾“国史馆”藏档,同步整理了报刊资料,在此基础上进行分类整理和翻译。江苏凤凰少年儿童出版社出版了报告文学《1937 年,南京记忆》,以及儿童小说《野蜂飞舞》《铜哨声声》等以抗日战争为背景的儿童文学作品。其他,如中国社会科学出版社策划出版了“阅读历史、读懂中国”“纪念抗日战争胜利 70 周年研究丛书”“中国南方侵华日军细菌战研究丛书”“鼓楼史学”等图书,涵盖抗战时期的历史事件研究、历史人物研究、文献资料研究、文艺创作研究、当代价值研究等方面内容,涉及政治、经济、外交、文化教育等诸多领域。上海交通大学出版社推出“东京审判出版工程”,由东京审判核心文献和专著的出版向亚太地区 BC 级战犯审判文献和专著的出版延伸,在此基础上海交通大学出版社计划与上海电视台纪录片频道共同策划出版《二战后 BC 级日本战犯审判口述影像实录》(电子出版物)、《亚太地区对日战争审判实录》(可视化图书,结合 VR、二维码技术)等。大型史料文献如《远东国际军事法庭庭审记录》等获得 7 期国家出版基金资助。策划做到主题全覆盖,在学术性、权威性、普及性各个方面都有布局。①

2.2.4.2　庆祝中华人民共和国成立 70 周年主题出版

为庆祝中华人民共和国成立 70 周年,出版界积极策划推出了《新中国发展面对面》、《中华人民共和国简史(1949—2019)》(中、英文版)、《辉煌 70 年——新中国经济社会发展成就(1949—2019)》、《新中国极简史:1949 至 2019 的年度故事》、《新中国农业发展 70 年》、《我看中国新时代》、《如何看中国》、《星火燎原》(精选本)、"新中国 70 年 70 部长篇小说典藏"丛书、"中华人物故事汇"丛书等一批重点主题图书。

其中,《新中国发展面对面》是"理论热点面对面"系列的最新读本,从理论与实践、历史与现实、国内与国际的结合上,对新中国 70 年的历史中 12 个重大问题做出了深入浅出的解读阐释。《中华人民共和国简史(1949—2019)》(中、英文版)突出体现了新中国发展历程中取得的理论成果和巨大成就,积累的宝贵经验,具有鲜明的国史特色。《辉煌 70 年——新中国经济社会发展成就(1949—2019)》是从统计视角勾勒经济腾飞之势,展现社会和谐之韵,描绘人民生活之美。《新中国极简史:1949 至 2019 的年度故事》以编年体为形式,以年份主题词为着眼点,以讲故事、述历史为叙述方式,全景式描绘新中国 70 年的伟大历程。《新中国砥砺奋进的七十年》(手绘插图本)共用 100 多幅图画,通过图文并茂的形式展现新中国成立 70 年来的重大事件和砥砺奋进的壮阔历程。《细节的力量:新中国的伟大实践》通过细致刻画新中国历史上"大事件"中的"小细节",深刻揭示了中国共产党带领人民从"站起来""富起来"到"强起来"的成功密码。《新中国农业发展 70 年》以新中国农业发展与改革历程为主线,梳理"三农"发展脉络,反映农业发展成果与改革全貌,描画实施乡村振兴战略的宏伟布局和壮丽前景,展望

---

① 李婧璇、王坤宁、张君成:《主题图书彰显抗战精神》,《中国新闻出版广电报》2020 年 9 月 3 日,第 1 版。

农业科学技术发展的未来趋势。《中国科技发展70年:1949—2019》详细记述了新中国成立以来,我国科技事业从"向科学进军"到"科学技术是第一生产力",从实施科教兴国战略到建设创新型国家,从实施创新驱动发展战略到开启建设世界科技强国新征程的历史进程。"中华人民共和国史研究丛书"共6卷,分为政治史、经济史、文化史、社会史、外交史以及国史研究的理论与方法,是新中国史研究领域一套厚重的专史著作,具有较强创新性。《大国新征程:从经济大国走向经济强国》着眼于"两个一百年"奋斗目标,全面阐释了中国从经济大国迈向经济强国的丰富内涵和重大意义,并从发展理念、重大任务、主攻方向、科学布局、改革重点等方面对中国经济发展战略进行了深入分析,清晰勾画了一条新时代经济强国的实现路径。

除宏观阐释新中国发展规律的图书外,还有不少图书从其他角度展开。曾任德国统一社会党总书记、民主德国国务委员会主席的埃贡·克伦茨所撰写的《我看中国新时代》,以独特的视角介绍了中国共产党十九大和新时代中国发展蓝图,展示了当代中国发展进步的画卷,为世界"读懂中国"打开了一扇明亮的窗户。《如何看中国》以小丛书的形式,用通俗易懂的故事和语言,向海内外读者表达中国的观点立场,用鲜活的事例和客观数据说明中国的世界贡献。《对话中国》邀请中外知名学者围绕中国发展主题进行探讨和交流,从不同视角向国内外读者介绍中国的发展理念和经验,充分展示新中国成立70年来的辉煌成就。《印记·征程——我们这70年》将地图、文字、图片和数据有机结合,多角度、全方位地展现了新中国一步步走向富强的历史和成就。《账本里的中国》通过一个个真实的账本故事,折射新中国70年来的大变革大发展,讲述新中国70年来的账本经济史。《70年邮票看中国》共收录新中国邮票2000余枚,在方寸之间展现我国经济、政治、科技、文化等方面日新月异的变化。"'创新报国70年'大型报告文学丛书"讲述中国科学家在科学攀登过程中竭蹶奋斗、开拓奉献的感人故事,礼赞新中国重大科技发展成就,弘扬科学家科技报国的高尚情操和无私奉献的爱国情怀。

主题出版物形式多样,除文字书外,还有图册;除供成人阅读的图书外,还有适合少年儿童阅读的图书。大型画册《中国》在开本和版式上均仿照

1959 年版《中国》,收录 500 多幅精美的摄影作品,以艺术作品的感性力量呈现新中国的发展历程、精神气质和实践经验。《一条大河波浪宽:1949—2019 中国治淮全纪实》以翔实丰富的历史资料、生动典型的人物形象、精彩曲折的故事情节,再现了新中国治理淮河的历史画卷,歌颂了中华儿女不屈不挠的改革意识和改天换地的奋斗精神。"新中国 70 年 70 部长篇小说典藏"丛书集中梳理和展示了新中国 70 年来的重点长篇小说,反映了新中国改革发展的光辉历程,反映了新中国 70 年文学的重大成就,反映了在人民群众中产生广泛影响的文学记忆。《乡村国是》《心无百姓莫为官——精准脱贫的下姜模式》《海边春秋》《经山海》《战国红》等一批现实主义文学作品,聚焦新时代脱贫攻坚、乡村振兴,反映百姓心声,弘扬中国力量,有思想、有温度、有故事,展现了伟大的时代精神和风貌。《星火燎原》(精选本)从 2009 年出版的《星火燎原全集》中精选部分文章,按照铁心向党、信念如磐、骁勇善战、创新制胜、作风优良、鱼水情深六个方面重新编排,用壮怀激烈、惊天动地的革命故事,生动阐释革命先辈坚定的理想信念、崇高的革命精神和优良的作风纪律,系统呈现我党我军的"红色家谱"。为方便读者研读,该书为每篇文章编配了导读,补充完善了部分作者信息,增加了一些新发现的档案资料、历史遗迹等图片,配套制作了一系列融媒体产品。读者在阅读纸质书的同时,可以通过扫描二维码倾听原文、观看微视频,欣赏沙画、动漫,体验 H5、AR,全方位品读这部红色经典。"中华人物故事汇"丛书分"中华先锋""中华先烈""中华先贤""中华传奇人物"系列,分辑分类介绍中华民族杰出人物的光辉事迹、伟大思想、崇高精神、可贵品质,引导广大读者特别是青少年把社会主义核心价值观融入学习生活中,传承发展中国特色社会主义文化。①

在第 26 届北京国际图书博览会期间,新中国成立 70 周年精品出版物展成功举办。"该展集中展示了一批富有思想性、艺术性、可读性的主题出版物,展览设置了精品图书展、精品期刊展、进出口精品出版物展、新中国图

---

① 《一批庆祝新中国成立 70 周年重点主题出版物推出》,《光明日报》2019 年 9 月 25 日,第 9 版。

书版本展四个板块,共展览展示图书 4000 余册、期刊 1000 余种。"①

为贯彻落实中共中央办公厅、国务院办公厅《关于隆重庆祝中华人民共和国成立 70 周年广泛组织开展"我和我的祖国"群众性主题宣传教育活动的通知》和中央宣传部关于组织开展庆祝中华人民共和国成立 70 周年主题出版活动的要求,经中国编辑学会批准,中国编辑学会科技读物编辑专业委员会和中国出版协会科技出版工作委员会组织评选中华人民共和国成立 70 周年科技出版 10 件大事。同时,于 2019 年 12 月 1 日举行百种科技新书发布会。

这 100 种科技图书是从全国科技出版单位推荐的 147 种科技图书中,经过严密的遴选程序产生的。它们有些共同特点,都是 2019 年 1—9 月出版的科技图书,都是列入中宣部 2019 年主题出版重点出版物、国家"十三五"重点出版规划和国家出版基金资助项目的科技图书,都是优中选优的科技出版精品力作。2019 年出版的百种科技新书共分为学术专著、技术专著、科普读物、工具书四大类别,包括科学出版社出版的"战略性新兴产业发展重大行动计划研究丛书"、机械工业出版社出版的《高端锻压装备及其智能化》、江苏凤凰科学技术出版社出版的《绿水青山的国家战略、生态技术及经济学》等 55 种学术专著,人民交通出版社出版的交通运输科技丛书"特大型桥梁防灾减灾与安全控制技术丛书"(5 册)、人民卫生出版社出版的《实用新生儿学》(第五版)等 28 种技术著作,人民邮电出版社出版的"科技改变中国系列"丛书(6 册)、电子工业出版社出版的"互联网口述系列"丛书等 10 种科普读物,中国电力出版社出版的《电力工程设计手册》(31 册)、化学工业出版社出版的《化学工程手册》(第三版)等 7 种工具书。② 其中,江苏凤凰科学技术出版社的《绿水青山的国家战略、生态技术及经济学》是围绕着青山绿水战略进行宏观阐释的作品。

---

① 陈雪:《铅字铭记七十年——记新中国成立七十周年精品出版物展》,《光明日报》2019 年 8 月 24 日,第 9 版。

② 《中华人民共和国成立 70 周年科技出版十件大事暨 2019 年出版百种科技新书发布》,2019 年 12 月 3 日,https://www.sohu.com/a/358033223_488898,2021 年 4 月 16 日。

3

浙江省主题出版的主体与类型

浙江省的主题出版,是在中共浙江省委宣传部的部署下稳步推进与实施的。从主题出版的内容策划到编辑出版、推广营销这一整条出版链来看,浙江省主题出版的主体可以细分为出版主体与策划主体、营销主体。其中,出版主体与营销主体大致重合。策划主体比较多样,包括出版职能部门与单位、浙江省出版机构以及社会出版力量。

从出版类型来看,主题出版的传统类型有图书与画册两种,均为纸质出版物,而随着出版形式的多样化发展,出版类型也日益丰富,除纸质出版物外,还有音频出版物、视频出版物、网络出版物(微信出版以及电子书),以及运用 AR/VR 技术的融媒体出版物等。

3.1　浙江省主题出版的出版主体

浙江省目前有 17 家出版社,其中电子音像出版社 4 家,另有具备出版资质的出版公司以及其他出版机构的分支。浙江省出版单位中除浙江人民出版社外,还有多家专业出版社、地方出版社与大学出版社等。

3.1.1　浙江人民出版社

浙江人民出版社是一家综合性社科类出版社,主要出版哲学、政治、法律、经济、历史、文化等研究著作和相关的辞书、工具书,以及通俗理论读物、生活实用类图书和地方志。① 它在浙江省主题出版中占有重要地位。

3.1.2　专业出版社

专业出版社指主要承担某项专业的出版任务的出版社,如美术出版社、教育出版社、文艺出版社等。1958 年,浙江日报社设美术编辑室,为浙江人民美术出版社之雏形。20 世纪 80 年代,其他专业出版社陆续成立。

浙江人民美术出版社于 1980 年 1 月 18 日在原浙江日报社美术编辑室和工农兵画报社的基础上组建而成,属中型专业出版社。自 1980 年以来,先后在年画、连环画、画册等领域出版了一批具有开创性、高质量的美术读物,共 2400 余种,其中获全国性图书奖的出版物共 76 种。②

浙江教育出版社成立于 1983 年 9 月,是一家地方教育专业出版社。全社下设教材、文教图书、大众读物三个出版分社,幼儿教育出版、职业教育出版、图书编辑、营销四个中心以及理论图书编辑部、数字出版部、审校与质检部、办公室、总编办、财务中心、印务部等部门。按照集团化发展的目标,2014 年以来,又先后在杭州成立了混合所有制的浙江新之江教育文化有限公司(合作出版中心),在金华成立了金华浙教中南教育文化传播有限公司(浙中分社),在北京成立了北京浙教教育科技有限公司(北京出版中心)。③

浙江文艺出版社成立于 1983 年,是一家以出版文学艺术类书籍为主的专业出版社,以出版高品位、高格调、高档次、高质量的中外文学名著、

---

①　https://baike.baidu.com/item/％E6％B5％99％E6％B1％9F％E4％BA％BA％E6％B0％91％E5％87％BA％E7％89％88％E7％A4％BE/10676641? fr＝aladdin,2021 年 4 月 15 日。

②　https://www.baidu.com/s? tn＝98012088_6_dg&ch＝16&word＝％E6％B5％99％E6％B1％9F％E4％BA％BA％E6％B0％91％E7％BE％8E％E6％9C％AF％E5％87％BA％E7％89％88％E7％A4％BE,2021 年 4 月 15 日。

③　https://baike.baidu.com/item/％E6％B5％99％E6％B1％9F％E6％95％99％E8％82％B2％E5％87％BA％E7％89％88％E7％A4％BE/9542764? fr＝aladdin,2021 年 4 月 15 日。

理论学术著作而为广大读者所熟知,尤以出版中国现当代优秀散文作品享誉出版界和读书界,成为中国地方文艺出版社中的佼佼者。历年来,主要的精品工程有:《博尔赫斯全集》《世界经典戏剧全集》、"外国文学名著精品"丛书、"中国现代经典作家诗文全编书系"、"学者散文"丛书、"中国文化经典直解"丛书、"中国文化国宝"丛书、"二十五史随笔"丛书、《普希金全集》、"世界优秀童话寓言全集"丛书、"大科学家文丛"、"茶人三部曲"、仿古线装本中国古典名著、中外美术名作鉴赏辞典、"金手指"科幻小说丛书等。①

浙江少年儿童出版社成立于 1983 年,2005 年底由事业单位转制为国有企业,系浙江出版联合集团全资子公司,是一家以少年儿童为主要读者对象的专业出版社,主要出版适合少年儿童阅读的低幼启蒙读物、儿童文学作品、文教助学读物、绘画本、科普百科读物、游戏益智读物、家庭教育读物等。据北京开卷零售图书市场销售监测,自 2003 年起,浙江少年儿童出版社连续 11 年保持国内少儿读物市场占有率第一。作为少儿出版领域的领头羊,经过多年不断的创新积累,浙江少年儿童出版社围绕时尚与经典、原创与引进、常销与畅销三大维度六大基本面,在原创儿童文学、科普百科知识、学前低幼启蒙等领域打造了许多品牌书系。如"中国第一少儿畅销书"《冒险小虎队》系列、"动物小说大王沈石溪品藏书系"、"淘气包马小跳"系列、"查理九世"系列。②

浙江古籍出版社成立于 1983 年,是以中国古代文化典籍整理与学术研究成果出版为主要业务方向,在全国有一定影响的专业出版社。由浙江出版联合集团出资设立,注册名称为浙江古籍出版社有限公司。2011 年起,浙江古籍出版社自主策划推出大型文献编纂出版项目——"浙江文丛"。该丛书的编纂出版,不仅是对浙江古代优秀文化的集中展示,更是对中国文化遗

---

① https://baike. baidu. com/item/％E6％B5％99％E6％B1％9F％E6％96％87％E8 ％89％BA％E5％87％BA％E7％89％88％E7％A4％BE,2021 年 4 月 15 日。

② https://baike. baidu. com/item/％E6％B5％99％E6％B1％9F％E5％B0％91 ％E5％B9％B4％E5％84％BF％E7％AB％A5％E5％87％BA％E7％89％88％E7％A4％BE/ 4335979? fr＝aladdin,2021 年 4 月 15 日。

产的充实、丰富。①

浙江科学技术出版社成立于 1980 年初，是一家以出版高水准科学专著、应用技术读物和大众读物为主旨的综合性地方科技出版社。2004 年底转制为企业，是全国最早的文化体制改革试点单位之一。②

浙江摄影出版社成立于 1984 年，主要出版摄影、旅游、文化三类出版物，并编辑出版综合性期刊《浙江画报》。摄影类图书作为浙江摄影出版社的主体，出版范围遍及整个摄影领域，如摄影器材、摄影技术技法、摄影艺术、摄影文化、摄影教材等。浙江摄影出版社出版了大批高层次、高质量的摄影类图书。《中国摄影 50 年》荟萃中华人民共和国成立 50 周年来的摄影精品，见证了中国历史的发展；"北京电影学院摄影专业系列教材"则标志着国内摄影专业教材出版的最高水平，多种教材入选普通高校"十一五"国家教材规划。在旅游文化类图书方面，浙江摄影出版社长期以来致力于传承优秀文化传统，积累了大量优秀读物。③

西泠印社出版社成立于 1978 年，以美术类图书为核心，延伸拓展相关收藏和教育培训领域，立足西泠印社的文化内涵，与西泠印社新的产业发展互动，形成"专、精、特、新"的出版特色的发展目标；专注于非物质文化遗产、联合国人类非物质文化遗产"篆刻艺术"的传承，编辑出版篆刻、书法、绘画等出版物。④

---

① https：//baike. baidu. com/item/％E6％B5％99％E6％B1％9F％E5％8F％A4
E7％B1％8D％E5％87％BA％E7％89％88％E7％A4％BE,2021 年 4 月 15 日。

② https：//baike. baidu. com/item/％E6％B5％99％E6％B1％9F％E7％A7％91％
E5％AD％A6％E6％8A％80％E6％9C％AF％E5％87％BA％E7％89％88％E7％A4％BE,
2021 年 4 月 15 日。

③ https：//baike. baidu. com/item/％E6％B5％99％E6％B1％9F％E6％91％84％E5％
BD％B1％E5％87％BA％E7％89％88％E7％A4％BE/627812? fr＝aladdin,2021 年 4 月 15 日。

④ https：//baike. baidu. com/item/％E8％A5％BF％E6％B3％A0％E5％8D％B0％
E7％A4％BE％E5％87％BA％E7％89％88％E7％A4％BE,2021 年 4 月 15 日。

3.1.3　大学出版社

浙江大学出版社成立于 1984 年 5 月,由浙江大学主办,教育部主管。1999 年,与原杭州大学出版社合并成立新的浙江大学出版社。2001 年 2 月,新闻出版总署同意浙江大学出版社以"浙江大学音像出版社"名称开展音像制品出版经营业务。2002 年 3 月,新闻出版总署经审核,同意浙江大学出版社增加电子出版物出版业务。2003 年 1 月,浙江大学音像出版社正式更名为浙江大学电子音像出版社。2009 年 12 月完成转企改制,更名为浙江大学出版社有限责任公司,简称浙江大学出版社。浙江大学出版社是中国一级图书出版单位,2009 年荣膺"中国百佳图书出版单位"称号,2010 年被授予"首届中国新闻出版行业文明单位"称号;2011 年获新闻出版总署授予的"十一五"国家重点出版规划出版工作先进单位称号;是"中国图书对外推广计划"工作小组正式成员。[①]

中国美术学院出版社成立于 1985 年 3 月,由中国美术学院主办。中国美术学院出版社以学院优势为依托,立足美术,面向艺术,已出版了一大批艺术系列教材,是中国艺术教育的出版基地之一。中国美术学院出版社主要编辑出版美术系列教材和设计系列教材,在注重教材出版的同时,还编辑出版了《中国美术学院画库》以及一批具有较高史料价值和学术价值的艺术学名著。[②]

浙江工商大学出版社于 2008 年 5 月正式挂牌成立,由浙江省教育厅主管、浙江工商大学主办,是浙江省第三家大学出版社。浙江工商大学出版社是以出版经济管理学、文史、外语类出版物为主的专业性大学出版社。[③]

---

① https://baike.baidu.com/item/％E6％B5％99E6％B1％9F％E5％A4％A7％E5％AD％A6％E5％87％BA％E7％89％88％E7％A4％BE,2021 年 4 月 15 日。

② https://baike.baidu.com/item/％E4％B8％AD％E5％9B％BD％E7％BE％8E％E6％9C％AF％E5％AD％A6％E9％99％A2％E5％87％BA％E7％89％88％E7％A4％BE,2021 年 4 月 15 日。

③ https://baike.baidu.com/item/％E6％B5％99E6％B1％9F％E5％B7％A5％E5％95％86％E5％A4％A7％E5％AD％A6％E5％87％BA％E7％89％88％E7％A4％BE,2021 年 4 月 15 日。

3.1.4　地方出版社

杭州出版社成立于 1995 年,一直以整理、发掘、出版杭州地方特色的书籍为己任,全面记录杭州的历史形成和发展变迁,忠实反映杭州的人文建设和文化建设,展示杭州作为国际风景旅游城市和生活品质之城的无限风光与美丽画卷,让世界了解杭州,使杭州走向世界。2009 年 12 月 18 日转企改制为杭州出版集团。近年来,出版了"西湖丛书""杭州文化丛书""杭州运河丛书""杭州西溪丛书""白马湖丛书""钱塘江丛书""杭州佛教丛刊"等数百种杭版图书,为杭州的经济、文化、社会发展鼓与呼,受到了各级领导和社会各界的充分肯定。①

宁波出版社成立于 1993 年 11 月,是一家兼具城市出版社和媒体出版社双重特色的综合性出版社。2008 年,宁波出版社获"抗震救灾表现突出出版社"荣誉称号(中共浙江省委宣传部、省新闻出版局联合发文),《现在,我该怎么办?——在危机中学会成长》《战冰雪——2008 年宁波抗击冰雪灾害纪实》及《大爱感动中国——汶川大地震纪实》获优秀抗震救灾出版物嘉奖,《温暖在第二故乡》《行走的新闻——宁波:30 个村庄的 30 年》及《新农村工程建设管理基础》获浙江省新闻出版局"三农"图书嘉奖。②

3.1.5　电子音像出版社

浙江省有浙江音像出版社、浙江文艺音像出版社、浙江电子音像出版社、浙江大学电子音像出版社。浙江音像出版社有限公司于 1990 年 5 月 30 日成立,是浙江出版联合集团全资子公司,是首批经新闻出版总署批准的电子音像出版单位之一,近年来在主题出版中成果卓然。浙江文艺音像出版社创建于 1988 年,是集音像制品制作、编辑、复制加工和出版发行于一体的文艺类专业音像电子出版单位。浙江电子音像出版社隶属浙江广播电视集

---

① https://baike.baidu.com/item/%E6%9D%AD%E5%B7%9E%E5%87%BA%E7%89%88%E7%A4%BE,2021 年 4 月 15 日。

② https://baike.baidu.com/item/%E5%AE%81%E6%B3%A2%E5%87%BA%E7%89%88%E7%A4%BE,2021 年 4 月 15 日。

团,成立于 1983 年 12 月;1991 年加入世界 IFPI(国际唱片业协会)组织;1992 年加入中国音像协会,现任常任理事;1999 年被文化部认定为全国第一批可以从事音像制品进口出版业务的单位之一;现为全国颇具影响的十大专业音像出版社之一。

3.1.6　其他出版社

近几年来,一些出版社纷纷在浙江成立分支机构,如商务印书馆、红旗出版社、光明出版社等。杭州汉书数字出版传播有限公司隶属杭州日报报业集团。

3.2　浙江省主题出版的策划主体

由于主题出版的策划需要宏观的视野、特殊的资源渠道,因此其策划主体相对复杂,包括出版职能部门与单位、浙江省出版机构以及社会出版力量。

3.2.1　出版职能部门与单位

中共浙江省委宣传部、浙江省社会科学院、浙江省文联、中共浙江省委党史和文献研究室等职能部门与相关部门致力于策划主题图书,反映浙江生活现实。

3.2.1.1　中共浙江省委宣传部及各级宣传部门

中共浙江省委宣传部(浙江省人民政府新闻办公室、浙江省精神文明建设委员会办公室、浙江省新闻出版局、浙江省版权局、浙江省电影局)是浙江省主题出版的推动与管理单位。

浙江省改革开放 30 年之际,中共浙江省委宣传部编写了《潮起东方看浙江:浙江省改革开放三十年典型事例 100 例》,反映在党的十一届三中全会吹响改革开放的号角下,浙江人民率先冲破樊篱,奏响改革开放的时代最强音的事迹。

在迎接党的十八大主题重点选题计划中,中共浙江省委宣传部申报了《前行的旗帜:社会主义核心价值体系建设在浙江》《地质之魂——浙江省第七地质大队先进事迹图集》。①

2018 年,中共浙江省委宣传部组织编写了《红船精神问答》,该书针对当前党员干部和理论工作者需要了解和学习的有关红船精神的知识点,分为20 个问题进行解答和阐释,每个回答为三四千字的篇幅,有利于读者更好理解红船精神,并以此指导自己的实践。同年,在中共浙江省委宣传部的部署下,浙江省地方志办公室组织编纂《浙江省改革开放 40 年大事记》(红旗出版社),全面、系统、客观地记述了改革开放 40 年来浙江的发展历史。此书上溯至 1978 年 12 月,下限为 2018 年 9 月。全书遵循事而有据、详今略远、述而不论等史志编纂原则,注重彰显习近平新时代中国特色社会主义思想在浙江的萌发和引领发展过程,突出"干在实处、走在前列、勇立潮头"的浙江精神。

2019 年,由中共浙江省委宣传部、浙江省社科联组织,各市委宣传部、市社科联牵头编写的献礼改革开放 40 周年的又一力作——《浙江改革开放 40 年研究系列·地方篇》问世。2019 年出版的"画说初心"系列丛书是浙江省委宣传部和中国美术学院出版社共同策划、推出的重点主题图书。丛书结合"不忘初心、牢记使命"主题教育活动,以中华人民共和国成立以来,国家委托杰出艺术家们创作的"国家重大历史题材"经典美术作品为载体,将"不忘初心"的精神用画的形式进行阐述和表现,高质量地展现中国共产党领导下的新中国时期文艺工作的丰硕成果。选题策划具有新意,体现了对创新表达主题出版的积极探索。书中收录的画作大多为中国美院著名艺术家的作品,收藏在国家博物馆和国家军事博物馆,具有较大的社会影响力。"画说初心"系列丛书入选中宣部 2019 年主题出版重点出版物、2019 年国家出版基金项目及 2018 年浙江省重点主题出版项目,可见中国美术学院不仅在

---

① 参见浙江省新闻出版局《关于实施迎接党的十八大重点选题出版计划的通知》(浙新出发〔2012〕16 号)。

"国家重大历史题材"美术创作工程中形成了一支"国家队",在国家重点主题出版方面也取得了十分瞩目的成绩。[①]

在中共浙江省委宣传部管理下,浙江省文化精品扶持工程每年进行评选。工程主要以扶持和推动优秀精神文化产品的创作、生产、传播为目的,以邓小平理论和"三个代表"重要思想为指导,认真落实科学发展观,坚持以科学的理论武装人、以正确的舆论引导人、以高尚的精神塑造人、以优秀的作品鼓舞人,贴近实际、贴近生活、贴近群众,不断推出文化精品,进一步满足广大人民群众的精神文化需求。扶持的项目包括社会科学类理论文章、哲学社会科学著作,也包括新闻出版类的图书、音像出版物、电视专题片、媒体品牌栏(节)目等。在此文化精品工程中,多种出版物同时也获得省、市"五个一工程"奖。

3.2.1.2 浙江省社会科学院

浙江省社会科学院成立于 1984 年,其前身是 1958 年成立的中国科学院浙江分院哲学社会科学研究所和 1979 年成立的浙江省社会科学研究所,为省政府管理的公益一类事业单位,是全省哲学社会科学研究的综合学术机构,是为省委、省政府提供决策咨询服务的重要思想库和智囊团。

浙江省社会科学院自建院以来,坚持以马克思列宁主义、毛泽东思想、邓小平理论、"三个代表"重要思想、科学发展观、习近平新时代中国特色社会主义思想为指导,按照"建设马克思主义坚强阵地、新型高端智库、'浙学'研究高地"的功能定位,立足浙江、研究浙江、服务浙江;坚持"改革活院、人才兴院、创新强院"的办院思路,坚持"贴近决策、贴近热点、贴近学术前沿"的科研理念,坚持"强化应用研究、突出对策研究、重视基础研究"的科研方针,坚持培育和弘扬"崇尚真理、勤学善思、鼓励创新、和谐包容、奋发有为"

---

① 《中国美院"画说初心"图片文献展开幕仪式暨丛书新书发布会隆重举行》,2019 年 11 月 29 日,https://mp. weixin. qq. com/s? src＝11&timestamp＝1680593311&ver＝4447& signature＝MMpKfLQ9G4IH-lGDiUpkIsFKyvGqDQSvwJ4mzEmEvsjdZliRQ3HVzdh-w92a-EB0gfRBQ-Br9GXmqsgvqeNczxBtq0ZHyez7qf7w＊zanoJHFjUHKQnjcAv2mJ3QVKxB9&new ＝1,2021 年 4 月 16 日。

的良好院风,积极优化科研资源配置,努力改进科研组织方式,不断探索应用对策研究的新领域、新途径,在推进浙江经济社会发展、促进浙江经济发展方式转变等方面取得了重要的成果,为省委、省政府决策提供了重要的理论支撑。浙江省社会科学院现设有经济研究所、社会学研究所、法学研究所、政治学研究所、哲学研究所、历史研究所、文学研究所、公共政策研究所、智库建设和舆情研究中心九个研究部门及副厅级建制的浙江省人民政府地方志办公室(浙江省地方志编纂委员会办公室);设有《浙江学刊》《观察与思考》编辑部和图书馆。

浙江省社会科学院在中国特色社会主义理论、浙江历史文化、浙江经济社会发展战略、法治浙江建设和乡村振兴等研究领域具有特色与优势。2017 年 11 月,中国社会科学评价研究院发布《中国智库综合评价 AMI 研究报告》,浙江省社会科学院作为地方省级社会科学院综合智库入选核心智库榜单和"中国智库索引(CTTI)"首批来源智库。2018 年,发展战略和公共政策研究院成功入选浙江省首批新型重点专业智库。为推动科研成果转化,浙江省社会科学院先后打造了《智库报告》《浙江蓝皮书》等成果宣传报送平台。① 另外,打造了《浙江经验与中国发展》,共 6 卷,分别为总报告卷、经济卷、社会卷、文化卷、政府管理卷、党建卷,集理论性与资料性于一体,从多重角度深入分析了浙江经济社会成功发展的基本经验以及对全国的借鉴意义。

3.2.1.3 中共浙江省委党史和文献研究室、中共浙江省委党校等

中共浙江省委党史和文献研究室,是中国共产党历史研究部门,又是省委主管党史业务的工作部门。中共浙江省委党史和文献研究室前身为成立于 1980 年 6 月的浙江地方党史资料征集小组。1990 年 2 月更名为中共浙江省委党史研究室。2019 年 10 月改为现名。

中共浙江省委党史和文献研究室致力于征集、整理浙江新民主主义革命时期、社会主义革命和建设时期、改革开放和社会主义现代化建设新时期

---

① 参见浙江省社会科学院官方网站,https://sky.zj.gov.cn/。

的党史资料及浙江现代史、当代史资料;进行党史、国史研究,编写浙江地方党史、浙江革命史、浙江当代史,编辑出版重要党史书刊;组织党史、国史理论和重要党史、国史专题研究工作,为改革开放和社会主义现代化建设提供历史借鉴;会同有关部门运用党史、国史资料和研究成果,对人民群众,特别是青少年进行爱国主义、社会主义、集体主义和革命传统教育;规划、组织、协调省级有关部门、大专院校等进行各地的党史、国史资料征集、研究,并举办一些重大纪念活动;完成省委交办的各项任务,以及中央党史研究室、中央文献研究室、当代中国研究所下达的征集研究任务;指导市县(市、区)党史部门开展工作;指导浙江中共党史学会和浙江省当代史学会的工作;负责浙江省毛泽东思想研究中心日常工作。

30 多年来,在中共浙江省委的直接领导和上级业务部门的悉心指导下,中共浙江省委党史和文献研究室紧紧围绕省委的中心任务,不断深化党史研究,全面推进党史各项工作,取得显著成绩。代表性的党史著作有:《中共浙江党史:第一卷》《中共浙江党史大事记:1919—1949》《中国共产党浙江历史大事记:1949—1993》《当代浙江简史:1949—1998》《浙江改革开放史》《浙江省中国共产党志》《江华传》等。①

为迎接党的十八大,中共浙江省委党史研究室主编了《创业富民 创新强省——中共浙江省第十二次代表大会以来》。为迎接建党 100 周年,浙江省委党史和文献研究室编写了《信仰的力量——浙江英烈七十人》,搜集整理了新民主主义革命、社会主义建设以及改革开放时期浙江大地上涌现出来的 70 位优秀共产党员的生平事迹材料,展现了浙江作为中国革命红船启航地、改革开放先行地、习近平新时代中国特色社会主义思想重要萌发地的时代风采。

中共浙江省委党校创建于 1949 年 9 月,自 1983 年正规化办学以来,学校先后开办了马克思主义哲学、政治经济学、科学社会主义、中共党史和党的建设、马克思主义理论教育、行政管理、经济管理、现代企业管理等专业的理论本科班和大专班,开办了马克思主义哲学、政治经济学、区域经济学、党

---

① 参见中共浙江省委党史和文献研究室官方网站,http://www.zjds.org.cn/。

的学说和党的建设、政治学、行政管理、工商管理、文化学等专业的研究生班。中共浙江省委党校组织编写了《八八战略》。浙江作为中国革命红船启航地、改革开放先行地、习近平新时代中国特色社会主义思想重要萌发地，必须自觉地担负起"'八八战略'再深化、改革开放再出发"的光荣使命。2017年6月，浙江省第十四次党代会确立了"坚定不移沿着'八八战略'指引的路子走下去"的主题主线，明确了"高水平全面建成小康社会，高水平推进社会主义现代化建设"的总目标和"富强浙江、法治浙江、文化浙江、平安浙江、美丽浙江、清廉浙江"的具体目标，突出"改革强省、创新强省、开放强省、人才强省"的工作导向。"八八战略"就是管方向、管全局、管长远的大战略，是引领浙江发展的总纲领、推进浙江各项工作的总方略。"八八战略"把马克思主义基本原理同浙江具体实际结合起来，把落实中央的要求和发挥浙江的主观能动性相统一起来，运用马克思主义立场、观点、方法，全面客观分析了浙江的优势和短板，在省域层面具体地回答了"怎样建设社会主义""怎样建设党""怎样实现发展"等基本理论和实践问题，开辟了中国特色社会主义在浙江生动实践的新境界。中共浙江省委党校还编著了《制度自信与浙江实践》《文化自信与浙江实践》《道路自信与浙江实践》《理论自信与浙江实践》《勇立潮头　走在前列的浙江样本》等一系列主题出版物。

3.2.1.4　浙江省、市各级社科联

浙江省、市各级社科联组织实施文化工程项目，深入阐释地方文化。自2005年浙江省社科联启动浙江文化研究工程以来，从阐发浙江文化中国意义的战略高度出发，工程全面深入研究浙江文明的历史渊源、发展脉络、基本走向。多年来，工程相继启动一期、二期，八成立项课题聚焦浙江优秀传统文化，已出版和即将陆续出版的学术成果累计达2000部（册），力争打造一部新时代的浙江人文历史百科全书。"浙江改革开放40年研究系列"丛书既是集全省社科研究力量谋划推进的一个重大研究项目，又是浙江文化研究工程（第二期）的一项大型研究成果。

另外，《浙江通史》《浙江藏书史》《浙江民国史研究》《浙江学术编年》

《浙江海外交流史研究》《浙江儒学通史》《浙江古代文献总目》《浙江书法研究大系》等课题成果，或深刻蕴含浙江古代先哲的思想智慧，或精准阐释浙江文化的历史渊源和发展脉络，或娓娓述说浙江人文历史长河中的动人篇章，为人们更深入地认识浙江乃至中华优秀传统文化提供了新的视角和途径。[1]

其他如绍兴社科联推出"绍兴酒文化"工程项目，宁波社科联推出"特色文化研究"工程项目，等等。

3.2.2　浙江省出版机构

党的十八大以来，浙江出版联合集团围绕党和国家重点工作与重大会议、重大活动、重大事件、重大节庆等集中开展主题出版的热度与日俱增。自 2017 年始，集团就不断从顶层设计上发力，以前瞻性和时效性为着力点，引导出版单位做好主题出版的项目规划和储备工作，其中建党百年作为重大主题一直得到强调。出版集团重视主题出版，积极进行部署，多次召开主题会议。2017 年 3 月 1 日，童健总裁主持召开集团主题出版工作务虚会，他强调，加强主题出版，唱响主旋律，传播正能量，是国有出版企业的重要使命和重大责任，是集团和各出版单位长期的重要任务。他要求，立足浙江、放眼全国，使主题出版图书有特色、有分量、有影响；注重质量、追求精品，争取主题出版图书有市场，能获奖；把牢导向、杜绝犯错，在出版导向上一定要守住底线，不碰高压线；落实制度、健全机制，做到层层把关，层层负责，建立健全全过程质量保障体系，把制度真正落到实处，把责任明确到人。[2]

2017 年 3 月 16 日下午，浙江省新闻出版广电局单烈副局长一行到教育集团就主题出版工作进行调研。教育集团是省内出版单位领头羊，近年来在体制机制改革创新方面成效突出，发展基础良好，在工作上更应高标准、

---

① 李月红：《钩沉浙学文脉　熔铸浙江精神》，《文化交流》2018 年第 7 期，第 16—19 页。

② 《集团召开主题出版工作务虚会》，2017 年 3 月 1 日，https://www.zjcb.com/index.php? process＝news&newsID＝1986，2021 年 4 月 25 日。

严要求。单烈副局长指出,2017 年要重点围绕一个中国梦、两个一百年、三带一路、四个自信和四个全面、五位一体、五个现代化和五大理念、反腐倡廉等做好主题出版和重点出版工作。要把握重要时间节点,重点落实好社会主义核心价值观、爱国主义、家国情怀、传统美德等,要把原创、独创放在重要位置,讲好浙江故事,体现浙江精神,为党的十九大和省第十四次党代会提供坚强的理论保障,营造良好的舆论氛围和文化环境。①

　　2017 年 5 月 9 日,集团召开主题出版和库存管理专题工作会。集团领导对主题出版工作提出六方面要求:一是要提高认识,担起责任。做好主题出版工作,首先是党和政府交给我们的重大政治任务,更是出版人责无旁贷的文化使命,也应该成为我们的内在要求和自觉行动。必须以更加积极主动的精神、更加扎实有效的措施,高质量做好主题出版工作。二是要优化选题,抓住重点。要深入领会中宣部、国家新闻出版广电总局关于主题出版工作的要求,围绕中心、突出重点,着力在前瞻性和重大纪念活动上再下功夫,在原创性和现实题材上再下功夫,在专业性和地方特色上再下功夫,让重点选题规划变得更为丰满、更有价值。三是要提高质量,打造精品。关键是要把好关口,把各项质量保障制度真正落实到位。要不断增强"四个意识",全面准确领会中央精神,及时掌握意识形态领域动向,始终保持高度政治敏感性,把正确政治导向贯穿主题出版全流程、各环节。四是要加强营销,扩大传播。推出时间要更加精准,营销手段要更加丰富,传播途径要更加多样,不断提高主题出版物的传播力和影响力,实现社会效益和经济效益相统一。尤其要适应融合发展趋势,加强数字化传播,适应走出去战略,推进国际化传播。五是要加大扶持,有效激励。通过不断完善扶持机制、奖励机制和考核机制,既要让出版社在主题出版工作中没有资金上的后顾之忧,又要让主题出版取得实绩的班子和责任人获得精神、物质上的双重奖励,充分调动做好主题出版工作的积极性、创造性。六是要落实责任,一抓到底。重点项目

---

① 《浙江省新闻出版广电局单烈副局长到教育集团调研指导主题出版工作》,2017 年 3 月 21 日,https://www.zjcb.com/index.php? process＝news&newsID＝2001,2021 年 4 月 25 日。

的责任领导要切实负起应有的责任,从组稿开始,全程跟踪,一抓到底,确保项目质量和进度。集团出版业务部要充分发挥服务、管理、协调、督查功能,全面掌握重点项目实施进度,有效推进规划的实施。①

2018年3月8日下午,集团召开2018年主题出版专题工作会议,落实中宣部办公厅下达的"2018年主题出版重点出版物"申报工作要求。人民社、人美社、科技社、文艺社、少儿社、教育社、古籍社、摄影社、电子音像社总编辑就近年来主题出版工作的成果和进展、遇到的困难和问题进行了交流。集团党委委员何成梁对主题出版工作提出四点要求:一要提高政治站位,高度重视主题出版;二要把好政治导向关,强化意识形态阵地建设;三要提前规划、优化项目、狠抓落实、创新营销;四要组织好后面几年的主题出版工作,策划、储备一批主题出版项目。② 2018年8月,集团制定了《集团主题出版和重点出版项目三年规划》,项目库入库选题268个,较前一年增加200多个;2018年底,更新后的三年规划又将主题出版、重点出版项目增加至328个;近三年,集团将超过80%的扶持资金用于主题出版、重点出版的生产扶持。③

2019年是中华人民共和国成立70周年,在这一出版大年,国家新闻出版署统计全国报送主题出版选题达2800余种。"浙江省出版集团建党百年主题出版项目有23种。经过不断地统筹推进、精准扶持、督查管控,2020年已增加到53种,近期增至近百种,形成形式载体多样、内容题材丰富的建党百年主题出版项目矩阵。"④与此同时,集团逐年加大对主题出版项目的扶持力度。据统计,集团对26种建党百年主题出版项目给予近800万元扶持,以充分激发出版单位和一线编辑队伍做强做亮做活主题出

---

① 《集团召开主题出版和库存管理专题工作会》,2017年5月15日,https://www.zjcb.com/index.php?process=news&newsID=2040,2021年4月25日。

② 《集团召开2018年主题出版专题工作会议》,2018年3月9日,https://www.zjcb.com/index.php?process=news&newsID=2273,2021年4月25日。

③ 严粒粒:《精品好书是怎样炼成的》,《浙江日报》2020年5月19日,第7版。

④ 《顶层设计、厚植优势、精品引领,建党百年献礼图书擦亮主题出版浙版品牌》,2021年3月12日,https://www.zjcb.com/index.php?process=news&newsID=6788,2021年4月25日。

版的动力。

浙江省各个出版机构都从各个角度进行主题出版的构想与选题策划，也均取得了一定的成绩。其中,浙江人民出版社、浙江文艺出版社、浙江大学出版社对主题出版有着更多的贡献。

3.2.2.1　浙江人民出版社

浙江人民出版社是浙江省主题出版的重镇。近年来,浙江人民出版社围绕着重大问题、重大节日、重大历史事件以及浙江省区域文化发展进行了系列图书的策划与出版。浙江人民出版社一直认为,主题出版所面临的核心命题为,主题出版不仅仅是"上情下达",而是用普通民众能够接受的大众化方式,"转译"执政党的新思想,也即执政党"理论"(包括新表述、新论断、新思想)的大众化、通俗化和时代化,同时包括"民情汇聚"——民智、民舆、民情的汇聚。更重要的是,它应该成为"思想智库",服务国家战略,为社会进步提供知识参考与借鉴。[①]

浙江人民出版社的主题策划围绕两个重心:一是围绕党和国家中心工作策划,重点是围绕学习贯彻习近平新时代中国特色社会主义思想和党的十九大精神。浙江有着充满活力的改革发展优势,《心无百姓莫为官——精准脱贫的下姜模式》、《乡村振兴战略》、"中国梦的浙江实践"丛书(外语版)、"中国自信和浙江实践"丛书等,都是从改革发展优势中找到的资源,取得了很好的社会效益,为习近平新时代中国特色社会主义思想的学习贯彻落实提供了出版服务。二是围绕浙江省委、省政府中心工作组织策划。如《乡村振兴战略》《新时代"枫桥经验"检察实践案例精选》《读懂"八八战略"》《浙江改革开放 40 年》等。其中,《乡村振兴战略》立足浙江、放眼全国,在全面总结提炼浙江"三农"发展实践和经验基础上,提出新时代乡村振兴的思路、举措、方案、案例,为全国实施乡村振兴战略提供了可借鉴可参考可推广的样本示范。

---

① 陈香:《浙江人民社:闯出主题出版的市场之路》,《中华读书报》2016 年 7 月 20 日,第 6 版。

3.2.2.2　浙江文艺出版社

浙江文艺出版社是浙江省主题出版的重要力量。改革开放40年之际，浙江文艺出版社出版了"我的四十年"丛书。丛书在全球范围内邀请40位中国人、40位海外华人和40位在中国工作、生活、创业的外国人，讲述自己与改革开放紧密相连的人生经历，以120部真实、生动、丰富、独特的"个人史"，全景式展现改革开放40年的伟大成就与全球意义。①

3.2.2.3　浙江摄影出版社

2002年，浙江省被文化部、财政部确定为全国实施非物质文化遗产保护工程综合试点省。在浙江省委、省政府的高度重视下，经过全省文化系统的共同努力，浙江省非物质文化遗产保护工作扎实推进。2006年，在国务院公布的第一批国家级非物质文化遗产名录中，浙江省有44个项目列入，位居全国省市第一。为了宣传、展示浙江省优秀非物质文化遗产，浙江省文化厅、省财政厅决定针对列入第一批"国遗"的44个项目，编纂出版"浙江省非物质文化遗产代表作丛书"，每个项目编纂一册，形成系列，结集为丛书。经过招标，浙江摄影出版社承担了这套系列丛书的出版工作。

2008年，浙江摄影出版社出版了首批"浙江省非物质文化遗产代表作丛书"16册，包括民间文学"白蛇传传说""西施传说"、传统戏剧"永嘉昆曲""新昌调腔""海宁皮影戏""嵊州越剧""宁海平调"、曲艺"瑞安鼓词""绍兴莲花落"、传统舞蹈"浦江板凳龙""奉化布龙"、传统美术"乐清细纹刻纸""西泠印社金石篆刻"、传统技艺"东阳木雕""龙泉宝剑锻制技艺"以及"宁波朱金漆木雕"。丛书对这些项目从历史渊源、艺术特征、艺术价值、表现形式、工艺流程、代表性传承人和生存与保护状况等方面，进行了充分的阐述，是普及性、知识性的文化类读本。丛书每册文字在6万字左右，相关照片在150幅上下，图文并茂，可读性较强，对普及"非

---

① 《浙江文艺出版社"我的四十年"丛书出版分享会在京举行》，2019年1月14日，http://www.xinhuanet.com/culture/2019年1/14/c_1123985623.htm，2021年4月25日。

遗"知识,弘扬和传承优秀传统文化,促进文化大发展大繁荣,具有积极的意义。

3.2.2.4　浙江教育出版社

浙江教育出版社以教育类书籍为本,探索主题出版的新选题。在中华人民共和国成立70周年时,浙江教育出版社推出"'创新报国70年'大型报告文学丛书",内容包括灭蝗研究和实践、正负电子对撞机建设、深海探测等"大国工程"的图书,版权输出至加拿大、德国等近10个国家。其中,《飞蝗物语》由中国科学院、中国作家协会、中国科学技术协会联合创作,荣获中宣部2019年主题出版重点出版物等荣誉。全书讲述了专家们在全国开展的灭蝗研究和实践,海外版权已输出至印度、巴基斯坦等国家和地区。

"丛书通过系统梳理新中国成立70年来,世界公认、对我国经济社会发展做出巨大贡献的科技创新成果,反映国家成就,讴歌科技工作者群体,弘扬爱国主义精神,提升民族自豪感,具有重大的现实意义和出版价值。"浙江教育出版社总编辑周俊说,为提升全民科学素养,教育社谋划的"影响人类进程的一百本原著"项目聚焦国际科学成果,"其中70%原著此前从未引进国内"。①

浙江教育出版社在主题策划中,注重科技的专业策划力量,推出了科普主题的出版读物,如"中国大科学装置出版工程"(13册)、"'创新报国70年'大型报告文学丛书"(17册)、"辉煌科技四十年"、"足印·成就——共和国科技70年"等读物。

"中国大科学装置出版工程"是首套系统、全面呈现中国重大科技基础设施(大科学装置)的原创科普图书,共三辑13册,囊括我国已建成运行、取得重大创新成果的13项大科学装置。以各大科学装置的建设和成就为主线,讲述其科学原理、研究成果、社会应用及发展方向等,辅以大量图片、视频,深入浅出地呈现深奥的科学原理。作者均为承担国家大科学装置建设、运行、科研工作的科技工作者,包括"科学突破奖"得主王贻芳院士、"中国天

---

① 严粒粒:《精品好书是怎样炼成的》,《浙江日报》2020年5月19日,第7版。

眼"之父南仁东等。丛书为"十三五"国家重点出版物出版规划项目、国家出版基金项目,入选"典赞·2020科普中国"十大科普作品,获得中国科普作家协会优秀科普作品奖银奖(《观天巨眼》《巡天遥看一千河》)、中国版协2019年度30本好书(《世界屋脊的光芒》)、华东地区2018年度优秀教育图书、浙江树人出版奖、2017年度浙版好书、浙江优秀出版物图书编辑奖等荣誉。"'创新报国70年'大型报告文学丛书"用文学的形式生动讲述科技创新领域的"中国故事",宣传我国重大科技创新成就,弘扬我国科技工作者科技报国的高尚情操和无私奉献的爱国情怀;倡导科学精神、奉献精神、创新精神,提升全民族科学文化素质及科学文化审美水平,增强民族自尊心、自信心、自豪感,激励全国人民砥砺奋进,逐梦新时代;对全面实施创新驱动发展战略、实现中华民族伟大复兴中国梦具有重要意义。丛书为2019年中宣部主题出版重点出版物、"十三五"国家重点出版物出版规划项目、国家出版基金项目,获得2019年度中国好书(《飞蝗物语》)、中国科普作家协会优秀科普作品奖金奖(《飞蝗物语》)、中国版权协会最佳内容创作奖、第29届浙江树人出版奖等荣誉,入选2020全国有声读物精品出版工程。

"辉煌科技四十年"旨在展示改革开放40年来,我国科学技术事业所取得的辉煌成就。主编系国际欧亚科学院院士、中国科学院原党组副书记郭传杰,编委包括中国科学院文联主席郭曰方、中国科学院院士林群、中国科学院院士刘嘉麒、中国科学院自然科学史研究所所长张柏春、中国科协创新战略研究院院长任福君、中国科学院科学传播局局长周德进等众多知名专家。画册全彩印刷,构思独到,分为"科技脊梁""辉煌成就""跨越发展"三个篇章,收录了过百幅珍贵图片资料,辅以生动精练的文字说明,将我国科学技术发展的脉络一一呈现。

3.2.2.5 浙江大学出版社

浙江大学出版社承担了"中国历代绘画大系"的出版工作。由浙江大学和浙江省文物局编纂出版的"中国历代绘画大系",是习近平总书记在浙江工作时亲自批准并一直高度重视和支持的国家级重大文化工程,是浙江落实习近平总书记在浙考察时提出的"干在实处永无止境、走在前列要谋新篇"新使命的具体体现。"中国历代绘画大系"编纂出版团队始终坚持一流社会效益、一流经济效益和一流项目管理水平的目标,上下齐心,努力打造传世精品。"中国历代绘画大系"共收录海内外 263 家文博机构的纸、绢(含帛、绫)、麻等材质的中国绘画藏品 12405 件(套),其中国内藏品 9155 件(套)、国外藏品 3250 件(套),涵盖了相当大一部分传世的"国宝"级绘画珍品。编纂出版《先秦汉唐画全集》《宋画全集》《元画全集》《明画全集》《清画全集》,共计 60 卷 226 册。①

3.2.2.6 杭州出版社

杭州出版社立足于杭州市,在总结杭州的历史文化方面甚为用力。近年来,大规模的出版物连续推出,成绩斐然。

2004 年,"西湖丛书"首批 25 册面世。杭州倚湖而兴,因湖而名,以湖为魂。"西湖丛书"就是要演绎西湖的"前世今生",破译西湖的 DNA 之谜,是西湖综合保护工程的一个重要部分,更是"服务当今、泽被后世"的重大文化工程。"西湖丛书"由《西湖通史》(3 册)、《西湖全书》(50 册)、《西湖文献集成》(30 册)组成,创下了全国单个城市或景区丛书中体系和篇幅之最。

傅璇琮评价《西湖通史》:"我国素有修史的优秀传统,皇皇二十四史即是证明。二十四史的开创之作——司马迁的《史记》曾被鲁迅先生誉为'史家之绝唱,无韵之离骚',为编纂通史树立了典范。这部通史的撰写与《汉书》以下断代史不同,上起传说中的三皇五帝,下迄司马迁所生活的汉武帝年间,前后约达三千年史事。《西湖通史》可以说继其传统,上限从西湖的成因写起,至西湖申遗成功为下限,前后达两千多年历史。一书在手,西湖的前生今世,纵览无遗。我很欣赏《西湖通史》这种写法,这确是一部通史,而不是一部断代史。"他又说,《西湖通史》应该是浙江地域文化研究的重要部分。习近平同志在任浙江省委书记时,就极为重视浙江文化的研究。他于 2006 年所撰写的《浙江文化研究工程成果文库总序》中,就特为提

---

① 陆兴华:《"中国历代绘画大系"项目简介》,2022 年 11 月 11 日,https://www.zju.edu.cn/2022/1111/c73244a2677590/page.htm,2023 年 4 月 4 日。

出："我们希望通过实施浙江文化研究工程，努力用浙江历史教育浙江人民，用浙江文化熏陶浙江人民，用浙江精神鼓舞浙江人民，用浙江经验引领浙江人民，进一步激发浙江人民无穷智慧和伟大创造力，推动浙江实现又快又好发展。"①

《西湖文献集成》全书共 30 册：第 1 册《正史及全国地理志等中的西湖史料专辑》，第 2 册《宋代史志西湖文献专辑》，第 3 册《明代史志西湖文献专辑》，第 4 册《清代史志西湖文献专辑》，第 5 册《清代史志西湖文献专辑》，第 6 册《清代史志西湖文献专辑》，第 7 册《清代史志西湖文献专辑》，第 8 册《清代史志西湖文献专辑》，第 9 册《清代史志西湖文献专辑》，第 10 册《民国史志西湖文献专辑》，第 11 册《民国史志西湖文献专辑》，第 12 册《中华人民共和国成立 50 年西湖文献专辑》，第 13 册《历代西湖文选专辑》，第 14 册《历代西湖文选专辑》，第 15 册《雷峰塔专辑》，第 16 册《西湖博览会专辑》，第 17 册《西湖博览会专辑》，第 18 册《西溪专辑》，第 19 册《西湖风俗专辑》，第 20 册《书院·文澜阁·西泠印社专辑》，第 21 册《西湖山水志专辑》，第 22 册《西湖寺观志专辑》，第 23 册《西湖寺观志专辑》，第 24 册《西湖寺观志专辑》，第 25 册《西湖祠庙志专辑》，第 26 册《西湖诗词曲赋楹联专辑》，第 27 册《西湖诗词曲赋楹联专辑》，第 28 册《西湖小说专辑》，第 29 册《西湖小说专辑》，第 30 册《海外西湖史料专辑》。其中收录了宋代吴自牧《梦粱录》、周密《武林旧事》、董嗣杲《西湖百咏》，元代杨维桢《西湖竹枝词》，明代田汝成《西湖游览志》、杨孟瑛《浚复西湖录》、张岱《西湖梦寻》，清代李卫《西湖志》、佚名《许胡岁修章程全案》、夏基《西湖览胜诗志》、陈树基《西湖拾遗》、古吴墨浪子《西湖佳话》，民国胡祥翰《西湖新志》、张其昀《西湖风景史》、徐珂《增订西湖游览指南》、陆费执原编、舒新城重编《实地步行杭州西湖游览指南》等。这套丛书收编的文献大都较具代表性和重要文献价值。如《宋代史志西湖文献专辑》中的《梦粱录》、《武林旧事》等文献，历史上有多种版本，这次采用的是其中最好的刊本《永乐大典》辑本，并进行了重新标点、校核，还订正了以往

---

① 傅璇琮：《书写西湖的前世与今生——〈西湖通史〉序》，《光明日报》2014 年 4 月 1日，第 16 版。

一些版本中的差错,其权威性、丰富性、学术性、可读性明显。选录的还有不少是从未发表或刊行量极少的西湖历史文献,都是编者从各大图书馆及私人珍藏中寻觅而来,其中经历周折难以言表。其中精选的不少文献是首次发表,一些选题填补了西湖研究的空白,具有较高的学术和收藏价值。如《明代史志西湖文献专辑》收录了杨孟瑛的《浚复西湖录》,学术界一直以为此书已失传,这次杭州出版社从国家图书馆拍出显微胶卷,加以标点出版,使其重见天日。[1]

《西湖全书》的内容更加丰富,比如:《西湖风俗》是首次全面、系统地反映西湖风俗的集学术性、知识性、趣味性于一体的图书;《西湖风情画》收录了100多幅清末、民国时期的广告招贴画,生动而形象地反映了当时杭州的社会风俗时尚;《西湖美景》精选了近200幅反映西湖景点的作品,集中反映了西湖美不胜收的自然风光和人文景观;《北山街》是一部全面系统介绍北山街历史沿革、自然人文景观和北山街保护工程的专著,该书信息量大,内容丰富,并配有新老照片200多幅;《西湖龙井茶》以翔实的史料,首次系统地讲述并廓清龙井茶的肇端和发展历史,还搜集了从唐至今名家咏赞西湖龙井茶的诗词、文赋、书画和金石,颇有特色;《西溪》一书采用了大量鲜为人知的史料和珍贵图片,用现代人的眼光去剖析、反思西溪的过往旧事;等等。[2]

2006年,"杭州运河丛书"出版。这是京杭大运河保护和申遗的匹配工作。这个书系包括《杭州运河历史研究》、《杭州运河文献》(上下册)、《杭州运河风俗》、《京杭大运河图说》、《杭州运河古诗词选评》、《杭州运河桥船码头》、《杭州运河遗韵》等8本,从多方面、多角度充分展示杭州大运河的丰富历史文化内涵,揭示大运河对杭州经济、社会、文化和城市发展的意义,为研究、保护、治理和开发杭州大运河,提供了一份具有参考、借鉴价值的珍贵资料。[3]

---

[1]　施娟、魏皓奋:《"西湖丛书"破译西湖DNA之谜》,《今日早报》2004年10月21日。
[2]　施娟、魏皓奋:《"西湖丛书"破译西湖DNA之谜》,《今日早报》2004年10月21日。
[3]　娄炜栋:《"杭州运河丛书"问世》,《钱江晚报》2006年5月21日,第A6版。

2013 年,"西溪丛书"出版。这套从 2010 年陆续出版的鸿篇巨制,第一次以图文并茂的形式,成规模、成系统地介绍国家湿地公园西溪的悠久历史、优美风光、璀璨人文、独特风情等文化,把西溪文化全盘梳理了一遍,堪称研究西溪的"基因工程"。①

2020 年,杭州出版社开始筹划"杭州优秀传统文化"丛书的编辑与出版工作。所谓"杭州优秀传统文化","是指自古以来在杭州土地上形成发展起来的相对稳定的文化形态,是在特定时期对杭州历史进步起到积极作用,曾被杭州民众喜闻乐见,至今仍然有合理价值或转换意义的历史文化,包括衣食住行游购娱及其依托的物质文化,生活劳作中形成的文学、艺术、宗教、哲学、科学等思想文化,以及社会交往中形成的法律、规则、典章等制度文化"。②

3.2.3 社会出版力量

社会出版力量围绕国家重大事件,配合重大活动挖掘历史题材,关注浙江发展,提炼出版主题,积极组稿,进行主题出版物的策划与编辑。

3.2.3.1 杭州元法编辑服务部

杭州元法编辑服务部(以下简称"元法编辑部")成立于 2006 年,是一家专业承编政府书刊的单位,具有各类志书、年鉴、杂志的编修和代审能力,已编纂书刊质量广受好评。元法编辑部以"志书天下,铸造精品"为己任,从选题策划、资料采集、编稿撰写、史实考证到排版设计、文稿审定、样品制作、出片印刷、专人投递等实行全程服务,以超高的性价比、铁定的时间进度和可靠的产品质量与各级党政机关、团体组织长期保持合作。实施互联网+手段,提高工作质量,打造融媒体专业团队提供公众号、头条号、抖音号服务,并具备各类活动、展出的策划执行能力。

元法编辑部骨干多为受党教育多年的中共党员、高级编辑,有的兼任浙

---

① 沈建国:《"西溪丛书",杭州西溪的基因图谱》,《杭州日报》2013 年 8 月 23 日,第 7 版。
② 安蓉泉:《杭州优秀传统文化的当代价值》,《杭州日报》2020 年 9 月 24 日,第 19 版。

江省写作学会秘书长、理事,具有高度的政治责任感和精益求精的工作态度。元法编辑部先后主编《浙江之最》《浙商版图》《浙江慈善志》《浙江纪事》等多部省情资料。

3.2.3.2 杭州电子科技大学融媒体与主题出版研究院

2018 年,杭州电子科技大学融媒体与主题出版研究院成立,负责人韩建民原为上海出版集团副总裁。研究院成立后,策划主题读物多种,比如为浙江科学技术出版社策划《为了万家灯火:中国共产党百年抗灾史》,为浙江工商大学出版社策划《穿越时空的大拇指》,为浙江人民美术出版社策划《坐着高铁寻访革命圣地》,还为其他省的出版社做过一些主题出版策划。

研究院于 2018 年、2019 年发布主题出版发展相关报告。2019 年,研究院与浙江出版集团联手召开了"首届主题出版学术研讨会"。大会以"思想引领时代——主题出版的使命、特点和趋势"为主题,是国内首次针对主题出版领域的高层次交流盛会。中国出版协会常务副理事长兼秘书长刘建国,中国编辑学会会长郝振省,浙江省委宣传部副部长卢春中、王四清等,以及全国各级各地出版单位负责人、来自全国多所高等院校的专家学者近 200 人参加会议。①

3.3 浙江省主题出版的类型

3.3.1 纸质出版物

纸质出版物可以分为图书与图册两种类型,其中大部分出版物是图书,图册类出版物较少。在图书出版中,近来以丛书形式策划的主题出版物数量占比呈上升趋势。比如:中共浙江省委党校策划的"中国自信与浙江实践丛书"有 4 册,围绕道路自信、理论自信、制度自信与文化自信展开;中共浙

---

① 黄琳:《首届主题出版学术研讨会在杭举行》,2019 年 5 月 9 日,http://www. xinhuanet.com/zgjx/2019-05/09/c_138044752.htm,2021 年 4 月 15 日。

江省委党史研究室组织编写的"当代浙江振兴之路"丛书有 10 册（当代中国出版社出版），挑选在全省有影响、有地位的村、镇、县和重大工程，从历史的角度反映其各自的发展历程；浙江少年儿童出版社对儿童主题读物也有系统的策划，如"中华好故事"系列；等等。

随着"图像转向"时代的到来，大型图册的策划成为一种新趋势，下面试举几例。

《路》，浙江人民美术出版社出版的大型历史文献画册。这部大型历史文献画册由著名摄影家、浙江桐乡人徐肖冰和他的夫人侯波编著。他们用一个个弥足珍贵的历史镜头，真实地记录了老一辈中国共产党人为创建和建设新中国走过的艰难历程。1994 年 1 月 18 日，由新闻出版署主办的第一届国家图书奖评选结果揭晓，《路》获得殊荣。

"中国历代绘画大系"，于 2005 年由习近平同志亲自批准，被列为"浙江文化研究工程"项目、国家出版基金项目、国家社科基金重大委托项目，并被列入中共中央办公厅、国务院办公厅《关于实施中华优秀传统文化传承发展工程的意见》《国家"十三五"时期文化发展改革规划纲要》《"十四五"文化发展规划》和中共中央办公厅《国家"十四五"时期哲学社会科学发展规划》。由浙江大学、浙江省文物局编纂出版。

"画说初心"丛书，中国美术学院出版社出版的大型图册，是向中国共产党成立 100 周年献礼的重要出版物。它是一套图文并茂、具有很高审美价值的中国近现代史、中共党史普及读物，也是了解和研究中国现当代美术史特别是主题性美术创作的艺术书籍。"画说初心"丛书第一辑由《红船启航》《入党宣誓》《南昌起义》《遵义曙光》《井冈山上》《延安火炬》《英雄赞歌》及《不忘初心》共 8 本分册组成。

《战"疫"2020——浙江抗击新冠肺炎全景记录》，浙江摄影出版社出版的大型出版物。全书分为"守护生命""科学防控""我的担当""温情定格""春回大地"5 个篇章，用 300 幅左右的摄影图片记录浙江全省上下战"疫"过程中的感人瞬间，全面真实地展示各级各条战线和广大人民群众的战"疫"场面。

3.3.2　数字出版物

运用多媒体技术,以文字、图片以及视频编辑为基本手段,策划与制作数字出版物,可以增加主题出版物的可读性,同时扩大读者群。数字出版物有音频出版物、视频出版物、网络出版物(微信出版以及电子书),以及运用AR/VR技术的融媒体出版物,等等。

3.3.2.1　网络出版物(微信出版以及电子书)

由中共浙江省委党校组织编写的《八八战略》由浙江人民出版社出版,又由咪咕传媒制作与发行电子版图书。读者可在"咪咕阅读"客户端进行阅读,如图3-1所示。

图3-1　《八八战略》电子书阅读二维码

被列入《深入学习宣传贯彻党的十八大精神主题出版重点选题目录》的《一片叶子》由浙江文艺出版社出版,由浙江出版集团数字传媒有限公司制作为电子书。该书是一部以第一人称为叙述视角的长篇纪实文学作品。作品名称取自时任中共浙江省委书记习近平在参观安吉县白茶生产基地后留下的题词"一片叶子,富了一方百姓"。

《一片叶子》以茶人、茶事为线索,展开对安吉白茶历史及现状的叙述。该书以节气为编排顺序,并以单节付费形式进行音频传播。第一季"春　茶事":立春,梦中那株白茶树;雨水,东风解冻散为雨;惊蛰,喊茶的日子;春分,素面朝天承雨露;清明,且将新火试新茶;谷雨,今天您喝茶了吗。第二季"夏　茶事":立夏,吃七家茶的日子;小满,小满的月光;芒种,茶农扦插忙;夏至,一期一会;小暑,中华茶礼;大暑,消夏的凉茶。第三季"秋 之茶":立秋,林科所的第二片叶子;处暑,在可以喝的水中荡漾;白露,茶园里的守望者;秋分,六羡歌;寒露,一代茶人一代茶;霜降,第一滴水。第四季"冬 之茶":立冬,从安吉白到安吉红;小雪,在不完美的世界追求完美;大雪,携茶走塞尔维亚;冬至,最漫长之夜的茶祭;小寒,茗粥苦茶泡米饭;大寒,寒夜客来茶当酒。

此外,抗疫期间,由于纸质图书发行受阻,多个出版社采用电子书形式抢先出版抗疫主题出版物。

3.3.2.2 其他数字出版物

浙江电子音像出版社在音像出版物主题出版方面多有开拓。从 2006 年起,浙江电子音像出版社在挖掘地方文化传统、总结历史文化方面花了不少功夫,获得中华优秀出版物奖、中国出版政府奖等荣誉。比如,《八一军旗红——少儿动漫军史故事》入选国家出版基金项目。该项目是一部庆祝中国人民解放军建军 90 周年的献礼作品,内容以动漫人物接受我军新型 VR 虚拟影像作训系统的训练来展开。进入 VR 系统后,选择某个历史事件或战役,就如同进入那个真实事件或战役中,通过参训者的视角和亲身体验,再现我军将士浴血奋战、历经艰险的场景。90 年的光辉历程高度凝练在 10 集动漫片中,展现了在中国共产党的领导下,人民军队高举着党的旗帜,脚踏着祖国的大地,背负着民族的希望,浴血奋战,勇往直前,战胜一切敌人,征服一切困难,为中国人民站起来、富起来、强起来建立的不朽功勋。《红色家书》被确定为 2019 年主题出版重点出版物选题。《红色家书》展现了革命英烈坚定的理想信念和浓重的家国情怀,感人至深、发人深省。

《脊梁——共和国勋章获得者的故事》入选中宣部 2020 年主题出版重点出版物。这是由浙江电子音像出版社、浙江人民出版社共同推出的音频出版物。该出版物采用广播剧的形式,生动演绎了于敏等 8 位共和国勋章获得者"做隐姓埋名人,干惊天动地事"的初心故事。

2020 年,"原动力"中国原创动漫出版扶持计划入围作品发布,共评选出

120 部作品,8 部优秀杭产原创动漫作品榜上有名,包括浙江电子音像出版社的《为有牺牲多壮志——动漫党史故事(第一辑)》、浙江少年儿童出版社的《中国原创精品绘本系列·神奇的草药》及浙江人民美术出版社的《中华优秀历史典故连环画》(共 10 册)等。

4 浙江省主题出版的发展与内容结构

浙江是中国革命红船启航地、改革开放先行地、习近平新时代中国特色社会主义思想重要萌发地,"三个地"的政治优势为浙江立足本省做好主题出版提供了得天独厚的宝贵资源。

笔者对浙江省近30年来的主题出版进行梳理时,发现在改革开放20周年时,时任浙江省社会科学院院长万斌撰写过《浙江改革开放20年的理性思考》,民间策划力量中也有相近的选题策划。在改革开放30周年时,浙江省的主题出版物形成第一个小高峰,不同出版单位从不同的角度进行了策划,综合、立体地反映了浙江改革开放30年的成就。到改革开放40周年时,主题出版的数量与规模更加明显,反映的深度与广度也在增加。

在党的十八大之前,中共浙江省委党史研究室等对浙江省的红色题材进行长期的研究与学术积累,出版物持续不断。除此之外,民间策划力量中也有对中国共产党成立70周年进行的回顾。为迎接党的十八大,新闻出版总署遴选了100种主题出版图书选题,但浙江省的出版社榜上无名。而在党的十八大以后,浙江省出版机构对主题出版的热情以及投入的资金与人力都增加了,浙江省主题出版进入新的阶段。

另外,还有在全球视野中分析中国制度优越性的理论著作,比如:韩博天在其著作中分析了中国制度的特殊性,制度的韧性是中国政策制定的策略性表现,它可以提供试错以及机会,以保护政策落实的平稳。① 这说明中国经验正在为世界瞩目。而浙江是走在中国改革开放前列的,胡宏伟称浙江是改革开放的"模范生",浙江改革开放的经验为国际社会所瞩目。浙江省主题出版充分利用"三个地"优势,策划、壮大精品图书生产线矩阵,努力把浙江打造成宣传习近平新时代中国特色社会主义思想的出版高地。浙江的出版机构主题出版意识浓厚,10多年来,主题出版的推进力度明显加大,涉及广度明显扩大。

4.1 浙江省主题出版的发展概况

4.1.1 浙江省主题出版的初步发展期

2008年之前,浙江省主题出版着眼于以区域政治经济生活重大事项为主题的策划。

浙江是改革开放先行地,对改革开放的记录与思考是浙江主题出版的重要选题。为庆祝改革开放20周年,浙江人民出版社出版"浙江改革开放研究书系";在改革开放30周年时,浙江人民出版社与浙江大学出版社同时推出浙江改革开放30年研究系列丛书,浙江人民出版社出版了《中国模范生——浙江改革开放30年全记录》,浙江科学技术出版社出版了《浙江改革开放30年口述历史》,浙江大学出版社出版了《潮起东方看浙江:浙江省改革开放三十年典型事例100例》,中国统计出版社出版了《改革开放中的浙江——改革开放30年浙江经济社会发展成就》;在改革开放40周年时,浙江人民出版社推出"浙江改革开放40年研究系列"丛书和《东方启动点:浙江改革开放史(1978—2018)》,浙江科学技术出版社推出《浙江改革开放40年口述历史(1978—2018)》等图书。

同时,中共浙江省委党史研究室等对浙江省的红色题材进行了常年的

---

① 〔德〕韩博天:《红天鹅:中国独特的治理和制度创新》,石磊译,北京:中信出版社,2018年。

研究与学术积累,出版物持续不断,出版了《中国共产党浙江历史·第一卷
(1921—1949)》(中共党史出版社 2011 年版)、《中国共产党浙江历史·第二
卷(1949—1978)》(中共党史出版社 2011 年版)、《浙江中共党史人物:新民
主主义革命时期》(中共党史出版社 2012 年版)等图书。总体来说,这些书
的读者相对小众,注重系统发行。

4.1.2　浙江省主题出版的提升发展期

浙江省主题出版能上一个台阶,与习近平密不可分。2002 年 10 月,习
近平同志到浙江工作。2003 年 7 月,在中共浙江省委十一届四次全体(扩
大)会议上,习近平首次系统阐释了浙江发展的"八个优势",提出了指向未
来的"八项措施",简称"八八战略"。2005 年 7 月 28 日、29 日,在习近平同志
的主持下,中共浙江省委十一届八次全体(扩大)会议审议并通过了《中共浙
江省委关于加快建设文化大省的决定》。2005 年,在习近平的直接关心下,
"中国历代绘画大系"工程正式启动。

习近平同志在浙江的实践为浙江省主题出版策划提供了灵感,拓展了
浙江省主题出版的格局与视野。2007 年,《之江新语》的出版获得巨大成功,
创造了政治理论读物的销售新高。至 2019 年 1 月底,此书已发行 300 万册,
并推出了法文版、西班牙文版、德文版、英文版、日文版。而且,此书语言明
快、简洁,接地气,其写作风格影响了后续主题出版物的策划,启发了"三读"
丛书的策划与编辑。"中国历代绘画大系"中的《宋画全集》与《元画全集》于
2015 年正式被联合国教科文组织总部图书馆收藏,充分展现出中国的文化
底蕴。此外,"八八战略"也成为主题出版的内容之一。

2012 年,党的十八大召开。浙江出版界挑选了 30 个重点选题献礼党的
十八大,为读者描绘出一个别样的中国。这些出版选题中既有理论读物、文
学作品,也有画册和少儿读物,还有音像电子出版物。

2016 年,G20(二十国集团)领导人第十一次峰会在杭州举办。这是杭
州第一次举办高规格的国际会议,也是杭州正式进军世界级城市的里程碑
事件,同时为浙江省主题出版造就新的高度与亮点。在有关 G20 的主题出
版中,浙江教育出版社推出了普及相关知识的《G20 知识小学生读本》,杭州

出版社推出了《杭州文化地标》。虽然浙江在全国的出书格局中占比并不高,但显示出浙江出版人以新的视角看待浙江大地上发生的故事。

4.1.3 浙江省主题出版的飞速发展期

"主题出版一直是出版固有的特性和常态"①,党的十九大以后,浙江省出版机构对主题出版的热情以及投入的资金与人力都增加了,主题出版进入了新的阶段,在规模与数量上都不断攀高(见图 4-1),具体表现在以下几个方面。

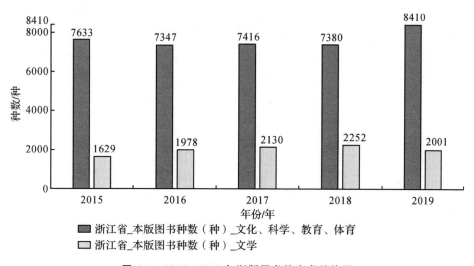

图 4-1　2015—2019 年浙版图书的出书结构图

第一,突破地域限制,站位更高。截至 2019 年 1 月底,2018 年出版的理论阐释性读物《读懂"八八战略"》发行量已突破 380 万册;"三读"丛书共出版 66 辑,总发行量近 330 万册;《红船精神问答》自 2018 年出版以来已发行 3.3 万余册。

第二,在更高理论视角下审视地域变化。2017 年,围绕"绿水青山就是金山银山"理念出版主题出版物《"两山"重要思想在浙江的实践研究》《"两山"之路——"美丽中国"的浙江样本》等。

---

① 于殿利:《主题出版的历史与社会逻辑》,《出版发行研究》2022 年第 5 期,第 5—11 页。

第三，形成主题出版矩阵。2019 年是中华人民共和国成立 70 周年，除浙江人民出版社推出相关出版物外，还有浙江大学出版社出版《见证：一位农民的新中国七十年》，浙江少年儿童出版社出版"我的祖国新读本"系列丛书（全 6 册），浙江教育出版社推出"'创新报国 70 年'大型报告文学丛书"，等等。更多出版社加入主题出版的行列。

为庆祝建党 100 周年，浙江省各出版社提前准备，从各自角度来策划与开挖主题，主题出版物多达 100 来种。浙江人民出版社推出"党领导下的浙江革命武装斗争史"丛书（共 5 册）等；浙江古籍出版社推出《信仰的力量——浙江英烈七十人》《共产党宣言》；浙江科学技术出版社推出《为了万家灯火：中国共产党百年抗灾史》；浙江教育出版社推出《粲然》，该书讲述了中国第一个大科学装置建造背后的故事，揭示在重大成就背后中国共产党为中华民族谋复兴的初心使命；浙江电子音像出版社推出《脊梁——共和国勋章获得者的故事》《红色家书》；浙江文艺出版社推出"长征·我是红小鬼"系列丛书（共 3 册）。另外，多个出版社开掘"红船"主题，浙江人民出版社策划《红船精神问答》，浙江少年儿童出版社出版《中国有了一条船》。此外，《革命与复兴：中国共产党百年图像志》《绝密交通线》《漫画百年党史·开天辟地》《伟大的历程：名画里的百年中国革命史》《百年传颂——建党 100 周年音像史》等小说、漫画、摄影、音像作品，多角度、多形式地展现百年党史，献礼建党 100 周年。[①]

4.2 浙江省主题出版的特征

周慧琳认为："有分量的主题出版物，在唱响主旋律、积聚正能量的同时，展示了时代新成就，体现了时代新风貌，弘扬了社会主义核心价值观，为

---

① 严粒粒、叶蓉、陈菲：《立足浙江特色 描摹百年历程 在"浙"些书里读懂百年党史》，2021 年 4 月 3 日，https://zjnews.zjol.com.cn/202104/t20210403_22338676.shtml，2022 年 11 月 11 日。

社会营造了良好的文化氛围,同时也形成了重要的文化积累。"①主题出版得到了诸多出版社的响应。浙江省主题出版呈现如下特征。

4.2.1 图书结构特征

图书结构上,强调系列书与丛书的分量。

不少出版社专门成立编辑室,提前布局,规模化生产。浙江人民出版社推出的"'全国革命老区县发展史'丛书——浙江卷"(共 32 册),记录了浙江省 32 个老区县的革命历史,展现了各老区县脱贫致富的发展特色,书写了浙江人民的不懈奋斗史和浙江老区县的辉煌成就史,具有重要的时代和历史价值。另外,浙江人民出版社的"党领导下的浙江革命武装斗争史"丛书(共 5 册),系统介绍了从土地革命战争时期至浙江解放期间,中国共产党领导浙江人民建立革命武装、开展游击战争的辉煌历程。浙江少年儿童出版社推出的"我的祖国新读本"系列(全 7 册),从历史、地理、现实等方面出发,以浅近的文字、精美的图片介绍祖国的悠久历史、灿烂文化、各地风貌、科技发展。浙江人民美术出版社的《红船故事》连环画(全 10 册),描绘了从 1919 年到 1928 年的中国革命史,反映了中国共产党成立、中共一大召开、创建井冈山革命根据地等中国共产党的历史大事件,生动展现了革命先辈的风采,具有普及党史知识和革命教育的价值。中国美术学院出版社的"画说初心"丛书(全 8 册),用视觉之光重绘一个个重大历史时刻,用充满火热激情的画笔写照时代,雕塑历史,绘制讴歌党和人民在长期实践中开辟中国特色社会主义道路的动人画卷。这些主题出版物都以规模化的面目进入图书市场。2022 年,浙江大学出版社推出"新思想在浙江的萌发与实践"系列教材(全 20 册),以思想性、历史性与现实性集中反映党的十八大以来浙江坚持一张蓝图绘到底,在新思想指导下的新实践与取得的新成就。

---

① 周慧琳:《主题出版:责任与市场——努力做好新形势下的主题出版工作》,《出版参考》2017 年第 1 期,第 4—8 页。

4.2.2 图书内容要求

图书内容上,宏观与微观兼有,温度与深度并存。

围绕同一主题,不同出版社从不同视角切入,形成了立体综合的出版效果,不仅策划了高屋建瓴、宏观扫描的大部头作品,也注意从小切口反映大题材。比如获得第十五届精神文明建设"五个一工程"奖的《心无百姓莫为官——精准脱贫的下姜模式》,记录了下姜村践行"绿水青山就是金山银山"理念,走上脱贫致富的振兴之路的过程。"这本书不仅记录了一个普通山村风雷激荡的历史性变革,也为我们打开了一个观察当今中国的窗口——从下姜看到乡土发展瓶颈,展望未来光明前程。"①另外有许多接地气、有温度的出版物,如浙江文艺出版社的《一片叶子》、浙江电子音像出版社的《红色家书》等,令人动容。

4.2.3 图书形式要点

图书形式上,成年与青少年读物并生,纸质与数字共举。

在主题出版中,通过文本与图片来编排是常见的载体形式。但随着数字出版的加快以及出版技术的多样化,音像技术与 VR 技术逐渐被应用于主题出版。2020 年,浙江电子音像出版社出版的《八一军旗红:少儿动漫军史故事》,用 VR 虚拟影像真实重建了我军历史上一系列重大的历史事件和相关战役,是一部庆祝中国人民解放军建军 90 周年和中华人民共和国成立 70 周年的动漫军史献礼作品。

在 2020 年的抗疫出版物中,浙版图书首先是通过数字出版的形式进行网络发行的。2020 年 1 月 30 日,浙江省宣布启动重大突发公共卫生事件一级响应。一周不到,浙江教育出版社出版《新型冠状病毒感染的肺炎预防手册》,及时发声指导,这也是全国最早出现的新冠肺炎科普书籍之一。2020 年 2 月,浙江少年儿童出版社出版《病毒病毒快走开:小不点病毒防护知识

---

① 严粒粒:《精品好书是怎样炼成的》,《浙江日报》2020 年 5 月 19 日,第 7 版。

启蒙图画书》电子绘本。接着,浙江大学出版社出版了新冠肺炎防治相关的系列图书,如《新型冠状病毒肺炎心理干预实战手册》《新型冠状病毒百问》《基层医院新型冠状病毒肺炎防治手册》《新型冠状病毒肺炎临床救治手册:浙大一院临床实践经验》等,分享浙江抗疫的经验。这些图书都采用了数字出版的形式,在第一时间到达读者手中。

在首届主题出版学术研讨会上,浙江出版联合集团党委书记、董事长、总裁鲍洪俊发表题为"5G 商用下主题出版的融合发展思考"的致辞。他在致辞中指出,站在 5G 大规模商用时代到来的关口,需要认真思考、迫切解决主题出版的数字化融合发展问题。鲍洪俊提出了构建 5G 商用下的主题出版 3.0 模式的四大工作方向:①全媒体内容打造;②发行升级为中台;③构建内容直接触达用户的媒体矩阵;④三级进阶运营模式。他认为出版创新难,主题出版创新更是不易,希望将理论落到实际,实现逐级推动,努力探索主题出版 3.0 模式的发展之路。[①]

行业"领头羊"已经率先探索数字出版商业模式。以浙江出版联合集团为例,集团谋划通过头部流量品的布局来建立流量入口,沉淀引流品为特定目标用户群体营造商业场景,完成内容生产、知识服务、电商销售的商业闭环的"三级进阶运营模式"。[②]

4.3　浙江省主题出版图书介绍

4.3.1　以社会主义理论为主题的出版活动

在新的历史时期,不能缺乏对社会主义理论的阐释。2012 年,"迎接党的十八大"和"建设社会主义核心价值体系"成为当年度的选题重点;2013

---

① 《集团主办首届主题出版学术研讨会》,2019 年 4 月 28 日,https://www.zjcb.com/index.php? process＝news&newsID＝2408,2021 年 4 月 15 日。

② 严粒粒:《如何做深做优主题出版物?〈主题出版发展学术报告(2019)〉发布》,2019 年 5 月 8 日,https://hznews.hangzhou.com.cn/wenti/content/2019-05/08/content_7189686.htm,2021 年 4 月 5 日。

年,"深入学习宣传贯彻党的十八大精神"是重点选题;2014年,出版重点选题是"培育和践行社会主义核心价值观",为此,出版界专门推出了学习贯彻习近平总书记系列重要讲话精神的重点出版物。

浙江人民出版社出版了一系列阐释社会主义理论的图书。2007年,首次出版《之江新语》,除行销全国外,还实施多语种翻译出版工程,讲好新思想在浙江萌发与实践的故事。2011年问世的《习近平总书记系列重要讲话精神干部读本》等,同样有不同凡响的市场业绩。另外,浙江的出版机构结合浙江发展实绩进行理论阐释,出版主题图书,进行理论探索,如浙江大学出版社在2019年推出的"新思想在浙江的萌发与实践"系列教材就是基于这样的出发点。

以下是浙江有关社会主义理论阐释的主题出版情况。

(1)《浙江经验与中国发展》

作者:李崇富、赵智奎等

出版社:社会科学文献出版社

出版时间:2007年

ISBN:9787802304369

内容简介:浙江作为落实科学发展观、建设全面小康社会、构建社会主义和谐社会的先行省,自改革开放以来,在全国经济社会发展等方面均取得了"走在前列"的骄人成就,创造了从贫穷落后到富裕和谐的"浙江奇迹"。《浙江经验与中国发展》为6卷本,分别为总报告卷、经济卷、社会卷、文化卷、政府管理卷、党建卷,集理论性与资料性于一体,从多重角度深入分析了浙江经济社会成功发展的基本经验以及对全国的借鉴意义。这套丛书有助于进一步探索和解决中国未来发展过程中可能遇到的问题和矛盾,对全面推进我国经济社会科学发展和构建社会主义和谐社会具有重要的借鉴意义,对政府部门、高校师生和广大理论工作者等均有重要的参考价值。

（2）《之江新语》

作者：习近平

出版社：浙江人民出版社

出版时间：2007 年

ISBN：9787213035081

内容简介：该书收录了习近平同志在浙江工作担任省委书记期间，从 2003 年 2 月至 2007 年 3 月在《浙江日报》的《之江新语》专栏发表的 232 篇短论。这些短论鲜明提出了推进浙江经济社会科学发展的正确主张，及时回答了现实生活中人民群众最关心的一些问题，集中展现了习近平在省域层面对中国特色社会主义理论创新和实践探索的成果，深刻反映了习近平新时代中国特色社会主义思想在浙江的萌发脉络。到 2019 年，此书的法文版、西班牙文版、德文版、英文版、日文版都已面世。

（3）《信仰的种子》

作者：《信仰的种子》编委会

出版社：浙江少年儿童出版社

出版时间：2014 年

ISBN：9787534278440

内容简介：《信仰的种子》内容分三部分。第一部分：成就报道，分为"信仰之源·传承篇""信仰之美·关爱篇""信仰之光·希望篇""信仰之旗·榜样篇"。这部分通过浙江电视台少儿频道的主题采访报道，集中呈现近年来浙江省各地未成年人思想道德建设的成就、模范人物和事迹。第二部分：主题活动，分为"种信仰""谈信仰""守信仰""传信仰"4 个板块。该部分内容源自团省委组织在全省范围内开展的"种信仰、谈信仰、守信仰、传信仰"主题征文活动。从全省 11 个地市选送的 200 多篇优秀征文中，筛选出 100 篇左右的精彩佳作。第三部分：守则倡议。该部分直接采用浙江省文明办未成年人思想道德建设指导处的当代浙江人共同价值观（校园版）内容。

(4)《生态文明与生态自觉》

作者:解振华、冯之浚

出版社:浙江教育出版社

出版时间:2013 年

ISBN:9787553605630

内容简介:生态文明建设是建设中国特色社会主

义的本质要求和理性选择。以中共十八大为标志,我

国已迎来生态文明建设新时代。该书着眼于哲学思想和核心理论的建构,

立足中华民族伟大复兴和总依据、总布局、总任务的整体高度,收录了多个

领域权威专家和实际政策制定者的研究成果,有学者的思想理论研究,有行

政领导的实践思考,有发达国家的经验借鉴,还有鲜活的路径设计和实践案

例。该书具体包括生态文明新时代、人与自然关系、科学生态观、范式转型、

实践创新 5 个板块 40 余篇文章,从建设生态文明的战略高度和跨领域、跨

学科的多元视角,就建构生态思想、培育生态文化、发展生态经济、建设生态

文明进行了深入探讨,提出了具有针对性和可操作性的解决方案,对推动新

经济发展范式的确立,寻求社会建设更具活力、更富特色魅力的发展路径具

有重要参考价值。

(5)《群众路线与党内教育活动》

作者:武国友、陈坚

出版社:浙江人民出版社

出版时间:2013 年

ISBN:9787213056734

内容简介:党的十八大提出开展以为民、务实、清

廉为主要内容的党的群众路线教育实践活动,既是对

以往党内集中教育活动成功经验的坚持和拓展,也是新时期加强和改进党

的建设的又一项创举。该书高度概括了党的群众路线理论的形成、发展、充

实、深化和完善的历史过程,全面梳理了党的历史上历次整风与党内教育活

动的情况,系统整理了党的历届领导人有关群众路线的论述。该书具体分

为三部分:第一部分阐述党的群众路线理论与实践,第二部分回顾介绍党内历次走群众路线、开展党内教育活动的情况,第三部分介绍党的历届主要领导人有关群众路线的思想和论述。

(6)《中国:"十三五"大战略》

作者:胡鞍钢、鄢一龙、周绍杰等

出版社:浙江人民出版社

出版时间:2015 年

ISBN:9787213067549

内容简介:作为大学智库版,《中国:"十三五"大战略》反映了清华大学国情研究院关于"十三五"时期及 2030 远景研究的重要成果。该书进行了前瞻性研究,科学谋划"十三五"时期我国经济社会发展,较全面、系统地分析当前及今后一个时期我国经济社会发展新的阶段性特征,特别是中国经济发展"新常态"特征。该书在科学发展观基础上提出了"全面科学发展"的内涵,引导认识中国机遇与挑战,设计中国目标与任务,构想中国战略与措施。

(7)《八八战略》

作者:《八八战略》编写组

出版社:浙江人民出版社

出版时间:2018 年

ISBN:9787213088193

内容简介:《八八战略》由浙江省委党校组织编写,是"八八战略"系列主题图书之一,对"八八战略"做了比较全面深入的解读,有助于全省广大党员干部更好地了解把握"八八战略"的精神实质和丰富内涵。该书结合浙江实践,分理论篇、实践篇、续写篇和访谈篇 4 个部分,全面、细致地阐述了"八八战略"提出的背景、实施的过程,反映"八八战略"实施 15 年来浙江经济社会发展取得的历史性成就,反映浙江省委坚持一张蓝图绘到底,坚定不移沿着"八八战略"指引的路子走下去,团结带领全省党员干部群众奋力推进"五位一体"总体布局和"四个

全面"战略布局在浙江的生动实践,为浙江贯彻落实新发展理念,弘扬红船精神,秉持浙江精神,干在实处、走在前列、勇立潮头,找准历史方位、担当使命责任,高水平全面建成小康社会的新进展提供理论指导。该书适合党员干部、理论工作者学习。

(8)《读懂"八八战略"》

作者:《读懂"八八战略"》编写组

出版社:浙江人民出版社

出版时间:2018 年

ISBN:9787213088209

内容简介:该书约 7 万字,为中共浙江省委宣传
部、省委办公厅组织专家、学者编写,全面简要介绍了
中共浙江省委推动"八八战略"的历史沿革和时代意义。"八八战略"是事关
浙江可持续发展的重大战略,是浙江未来的发展路线图、总纲领、总方略,对
于浙江如何发挥优势、如何补齐短板具有重大战略指引作用。该书是一本
聚焦"八八战略"的普及性和知识性的小册子,旨在让更多人了解熟悉"八八
战略"这一浙江发展的核心纲领。

(9)《清廉浙江建设问答》

作者:《清廉浙江建设问答》编写组

出版社:浙江人民出版社

出版时间:2018 年

ISBN:9787213090202

内容简介:浙江省纪委在第十四次党代会工作
报告中,把推进清廉浙江建设作为重要战略目标,写
入之后五年工作的总体要求,成为报告的一大亮点。清廉浙江建设是省委
提出的"六个浙江"建设的重要组成部分,也是其他 5 个浙江建设的重要保
障。《清廉浙江建设问答》编写组编的《清廉浙江建设问答》,以问答的形式
生动清晰地阐释了这一重大课题,有利于广大读者更深刻、更全面地理解清
廉浙江建设,提高理论水平,从而用理论指导自己的实践。该书由 23 个问

答和 2 个附件构成,约 5 万字。问答部分紧紧围绕为什么要进行清廉浙江
建设和如何进行清廉浙江建设,观点明确,表述清晰;2 个附件分别为《中共
浙江省委关于推进清廉浙江建设的决定》和《中共浙江省纪委关于开展"八
大行动"为建设清廉浙江提供坚强政治和纪律保证的决定》,方便广大读者
翻阅。

(10)《人民公开课:中国共产党与国家治理体系和治理能力现代化》

作者:"名家领读经典"课题组

出版社:浙江人民出版社

出版时间:2018 年

ISBN:9787213084539

内容简介:该书以习近平总书记提出的"推进国家
治理体系和治理能力现代化"指示精神为指导,以总结
经验、面向未来、为中国探索长治久安之道为主题,以
中国传统治理的历史经验、中国革命的遗产、新中国建设与改革的历程、全
面深化改革的总目标和总任务为视角,由李零、金一南、胡鞍钢、潘维、韩毓
海、李稻葵、温铁军、张文木、邓小南、杜晓勤、李玲、张宇、卢周来等 13 位享
誉国内外的名师大家,聚焦重大理论和现实问题,旁征博引,深入浅出,回答
了"什么是传统""什么是我们几千年治国理政的基本经验""什么是革命"
"中国革命的遗产是什么"等问题。

(11)《之江新语》(西班牙文版)

作者:习近平

出版社:浙江人民出版社

出版时间:2019 年

ISBN:9787213035081

内容简介:《之江新语》西
班牙语版出版发行,将有助于
阿根廷等西班牙语国家读者更
好地读懂浙江,读懂中国,读懂习近平新时代中国特色社会主义思想及其孕

育、形成、发展的历史轨迹,真正了解新时代中国发展的理论逻辑、实践逻辑
和群众逻辑;有助于西班牙语国家读者理解习近平治国理政思想的源头,揭
示中国共产党成功的密码。

(12)《清廉中国——反腐败国家战略》

作者:李雪勤

出版社:浙江人民出版社

出版时间:2021 年

ISBN:9787213099588

内容简介:打造海晏河清、朗朗乾坤的清廉中国,
是建设社会主义现代化强国的题中要义。该书是一
本介绍清廉中国建设的专题论文集,作者从清廉中国理论建设参与者的角
度,剖析了各地在廉政建设和纪律建设方面的好做法、金点子,梳理了我国
反腐败建设层层推进和提出建设清廉中国目标的历程,提出了作为国家战
略的清廉中国建设的实现路径。全书分为 5 个部分,包括清廉中国与反腐
败国家战略、论反腐倡廉建设、论权力制约和监督、论坚守党的纪律、论勇于
自我革命。

(13)"新思想在浙江的萌发与实践"系列教材

作者:任少波等

出版社:浙江大学出版社

出版时间:2020—2022 年

内容简介:"新思想在浙江的萌发与实
践"系列教材第一辑于 2019 年 3 月开始筹
备编写,7 月正式启动。第一辑主题涵盖
了"八八战略"、新发展理念、"绿水青山就
是金山银山"理念、乡村振兴、"千万工程"、
"腾笼换鸟"、党的建设、"枫桥经验"、平安浙江、精神引领、文化建设等。该
系列教材主要有以下特色:一是思想性。教材以习近平新时代中国特色社
会主义思想为指导,通过新思想在浙江的萌发与实践展现党的创新理论的

鲜活力量。二是历史性。教材编写涉及的主要时期为 2002—2007 年,并做适当延伸或回顾,集中反映中国共产党十八大以来浙江坚持"一张蓝图绘到底",在新思想指导下的新实践与取得的新成就。三是现实性。教材充分展现新思想在浙江萌发与实践过程中的历史发展、典型案例、现实场景,突出实践指导意义。四是实训性。教材主要面向干部和大学生,强调理论学习与能力提升相结合,使用较多案例及分析,注重示范推广性,配以思考题和拓展阅读,加强训练引导。

4.3.2　以国家重大事件(会议、活动)为主题的出版活动

4.3.2.1　中国共产党十一届三中全会主题出版

《大转折——中共十一届三中全会实录》

作者:张树军

出版社:浙江人民出版社

出版时间:1998 年

ISBN:7213018019

内容简介:中共十一届三中全会是一座具有深远意义的划时代的里程碑,它是当代中国历史上一个崭新阶段的开端,正是由这个开端起,中国发生了举世瞩目的深刻变化。该书以 1978 年中央工作会议和党的十一届三中全会为主线,详细记述了这个伟大历史转折发生发展的轨迹以及与此相关的重大事件的来龙去脉,集中反映了老一辈无产阶级革命家为拨乱反正、振兴中华所做出的巨大努力,客观分析了邓小平在中共十一届三中全会上成为党的第二代领导集体核心的历史原因。作者以严谨的科学态度,在叙说历史的同时,考辨、匡正了同类读物的误说。该书史料翔实、可信,文笔清新、优美,既是一部专题史学著作,又是一部对广大读者进行社会主义、爱国主义和集体主义教育的极好教材。

4.3.2.2　2012 年党的十八大主题出版

党的十八大召开之年,浙江省委宣传部主编的《前行的旗帜:社会主义核心价值体系建设在浙江》,用通俗易懂的文字和配插的漫画来解读《社会主义核心价值体系建设实施纲要》,形式新颖。浙江出版界挑选了 30 个重点选题,为读者描绘出一个别样的中国。这些出版选题中既有理论读物、文学作品,也有画册和少儿读物,还有音像电子出版物。各个出版社策划的主题出版物如下。浙江人民出版社:《地质之魂——浙江省第七地质大队先进事迹图集》《中国 2020:一个新型超级大国》《创业富民　创新强省——中共浙江省第十二次党代会以来》《前行的旗帜:社会主义核心价值体系建设在浙江》《社会主义核心价值体系建设实施纲要》。浙江文艺出版社:《我的爱对你说——"最美妈妈"吴菊萍心路掠影》《新雷锋故事》。浙江科学技术出版社:《风展红旗如画——新世纪科学发展中的浙江样本》。浙江教育出版社:《决策:中国共产党全国代表大会纵览》。浙江人民美术出版社:《百花沃土——纪念毛泽东〈在延安文艺座谈会上的讲话〉发表 70 周年浙江省美术作品特展作品集》,精心收录了 70 年来各个时期浙江美术界老中青各代艺术家的美术作品。浙江摄影出版社:《360°看中国》。浙江少年儿童出版社:"我的祖国新读本"。西泠印社出版社:《春满神州:迎接党的十八大西泠名家作品集》。中国美术学院出版社:《时代画卷:中国美术学院师生校友主题性美术作品集》。浙江音像出版社出版 DVD《东方纪事》和《百花烂漫的春天》。浙江文艺音像出版社推出《发展才是硬道理——邓小平与改革开放》。

大学出版社同样为读者奉献了一批优质图书。浙江大学出版社带来的图书有:著名作家刘星撰写的一部讲述反日本侵略的革命历史小说《东方战场》,河北省社会科学院副院长张志平编写的《重返西柏坡》,浙江科技学院刘宗让的《中国特色社会主义理论体系新发展——浙江经验的贡献》,中国军事科学院研究员褚银主编的"开国元勋:十大将传"系列。浙江工商大学出版社则推出《大爱中国——老一辈革命家的慈善事业》《十六大以来影视传媒格局下"红色文化"的打造与传播》等 5 本图书。

(1)《地质之魂——浙江省第七地质大队先进事迹图集》

作者:中共浙江省委宣传部

出版社:浙江人民出版社

出版时间:2012 年

ISBN:9787213048333

内容简介:党的十八大主题出版项目。该书以浙江省第七地质大队坚守大山 55 年,为祖国找矿为主线,通过老中青几代队员的工作、生活、感情,为读者全方位展示了这个平时远离大家视野的群体。该书突出了地质工作者坚守的"三光荣"精神,即以献身地质事业为荣、以艰苦奋斗为荣、以找矿立功为荣。

(2)《中国 2020:一个新型超级大国》

作者:胡鞍钢

出版社:浙江人民出版社

出版时间:2012 年

ISBN:9787213048333

内容简介:该书的研究内容,都是中国快速转型过程中出现的重大趋势、突出挑战甚至棘手问题,只有认清这些现实中的真问题,深入分析,细致判断,才能找到中国持续发展的路径。该书从经济、人口、健康、教育、环境保护和气候变化等方面进行了全面、系统的分析和评论,讨论中国的发展路径和发展前景。

(3)《新雷锋故事》

作者:黄亚洲

出版社:浙江文艺出版社

出版时间:2012 年

ISBN:9787533933432

内容简介:该书是一本关于雷锋的纪实体长篇

小说,真实地再现了雷锋的一生,同时艺术地展现了雷锋精神感动着每一代人的原因。

(4)《决策:中国共产党全国代表大会纵览》

作者:张士义、王祖强

出版社:浙江教育出版社

出版时间:2012 年

ISBN:9787553601069

内容简介:该书以党的历次代表大会为主题,以党的历史发展脉络为主线,以党代会的理论创新、政策走向、机构变迁和党章修改为重点,对党的历次全国代表大会(一大到十七大)分别列专章进行较为深入的研究和叙述。

(5)《风展红旗如画——新世纪科学发展中的浙江样本》

作者:中共浙江省委党史研究室

出版社:浙江科学技术出版社

出版时间:2012 年

ISBN:9787534151569

内容简介:浙江是中国共产党的诞生地之一,是中华人民共和国成立后,毛泽东等党和国家领导人来得最多并做出许多重大决策的地方之一,更是改革开放以来,经济社会发展走在全国前列的省份之一。进入新世纪以来,中共浙江省委、浙江省人民政府团结带领全省人民,认真贯彻党的十六大和十七大精神,不断丰富和完善历届省委、省政府坚持的以富民强省为目标取向的发展战略,先后做出了加快全面建设小康社会、实施"八八战略"和"创业富民、创新强省"总战略的重大决策部署,全面加强经济建设、政治建设、文化建设、社会建设,以及生态文明建设和党的建设,全面建设惠及全省人民的小康社会,不断推进科学发展继续走在前列。该书分为经济建设、政治建设、文化建设、社会建设等六部分,精选了浙江省在全国颇具影响的 95 个科学发展样本,全面反映了自党的十七大以来浙江科学发展实践经验,是一部迎接党的十八大胜利召开的重要献礼图书。

(6)《百花沃土——纪念毛泽东〈在延安文艺座谈会上的讲话〉发表 70 周年浙江省美术作品特展作品集》

作者:许江

出版社:浙江人民美术出版社

出版时间:2012 年

ISBN:9787534032042

内容简介:浙江美术家协会为纪念毛泽东《在延安文艺座谈会上的讲话》发表 70 周年,举办"百花·沃土"浙江省美术作品特展。该书是此次特展的作品汇编。

(7)《360°看中国》

作者:宋举浦

出版社:浙江摄影出版社

出版时间:2012 年

ISBN:9787551401586

内容简介:该书收录著名军旅摄影家宋举浦使用 360°转机拍摄的祖国壮美的自然、人文风光作品,极具艺术感染力和视觉震撼力。

(8)《春满神州:迎接党的十八大西泠名家作品集》

作者:西泠印社

出版社:西泠印社出版社

出版时间:2012 年

ISBN:9787550805996

内容简介:该书收录的作品包括刘江的书法、朱关田的书法、韩天衡的国画、陈振濂的书法、章衍方的书法、吕国璋的书法、顾振乐的国画、张锐的国画、孙晓泉的书法等。

(9)《时代画卷：中国美术学院师生校友主题性美术作品集》

作者：胡钟华等

出版社：中国美术学院出版社

出版时间：2012 年

ISBN：9787550301740

内容简介：该书收集和整理了中国美院创建以来，出自中国美院的艺术家和校友之手的代表性的革命主题性的美术作品 160 余件，如林风眠的《民间》《人道》《人类的痛苦》，吴大羽的《倒鼎》，蔡威廉的《秋瑾在绍兴就义图》《孙中山先生像》，方干民的《总理授遗嘱图》，刘开渠的《抗日英雄纪念碑》，等等。该书以编年图说的方式，展现出中国近现代革命史波澜壮阔的画卷。每件作品都配以简短的史实介绍、艺术评析及作者简介。整本作品集不仅能够清晰地展现 20 世纪中国社会的巨大变迁和中国共产党发展的伟大历程，还是一部优秀的美术史读物。

(10)《东方战场》

作者：刘星

出版社：浙江大学出版社

出版时间：2012 年

ISBN：9787308161350

内容简介：大型史诗作品《东方战场》真实再现了 1931—1945 年间的国际国内风云，讲述了以毛泽东同志为核心的中国共产党在抗日战争时期，联合以蒋介石为首的国民党，以及其他国际国内反法西斯力量，建立抗日统一战线，坚持抗战，英勇不屈，挽国家之将倾，救万民于水火，最终战胜日本侵略者的历史事实，生动展现了中华民族抗击日本侵略者的不屈精神，描绘了世界反法西斯统一战线的形成以及东方战场的历史地位及作用。

(11)"我的祖国新读本"系列

书名:《我的祖国新读本:传奇的祖国》

作者:李明宇、刘晨曦

出版社:浙江少年儿童出版社

出版时间:2013 年

ISBN:9787534277290

内容简介:我们的祖国孕育了许多伟大的人物,这
些人物遍布各个领域,为中华文明和文化的发展与进步做出了卓越的贡献。
该书对历史上的思想先哲、帝王将相、科技人物、文艺大家、英雄烈士等感动
中国的人物一一做了介绍,让读者通过众多的人物了解祖国文化,增长知
识,陶冶情操。

书名:《我的祖国新读本:绿色的祖国》

作者:袁清林

出版社:浙江少年儿童出版社

出版时间:2013 年

ISBN:9787534277306

内容简介:绿色是生命的颜色,也是人类文明的
重要标志。如何在经济快速发展的同时仍不忘保护
环境,成为时下我们最为关心和重视的一个话题。《我的祖国新读本:绿色
的祖国》一书贯穿古今,全方位、多视角地介绍了我国在环境保护方面所做
的努力和所取得的成就,讲述了环保先驱们可歌可泣的动人故事,引领读者
树立环保意识,积极加入建设美丽中国的队伍中来。

书名:《我的祖国新读本:美丽的祖国》

作者:田丛军等

出版社:浙江少年儿童出版社

出版时间:2013 年

ISBN:9787534277269

内容简介:该书带领读者游历祖国最美的景观,从高山到平原,从森林到草原,从湿地到沙漠,从海洋到陆地。大自然的赋予和人类文明的光辉,使神州大地江山如画,奇景奇观大放异彩,交织成一幅美丽多彩的画卷。

书名:《我的祖国新读本:富饶的祖国》

作者:裘树平、易鸣、蒋婷

出版社:浙江少年儿童出版社

出版时间:2013 年

ISBN:9787534277276

内容简介:我国幅员辽阔,有着广袤的国土,这片沃土提供了丰富的物产,养育了我们伟大的民族。该书介绍了祖国多样的国土资源、丰富的能源矿藏、珍稀的动植物品种,以及珍贵的人类文化遗产等。

书名:《我的祖国新读本:文明的祖国》

作者:刘晨曦等

出版社:浙江少年儿童出版社

出版时间:2013 年

ISBN:9787534277610

内容简介:这是一本全面介绍中华民族几千年文明成果的读本。图书讲述了祖国几千年风云变幻的历史,介绍了中华民族传统的优秀精神品质,展示了农耕变化和科技创造的累累硕果,以及古代诗歌小说、书法绘画、音乐舞蹈等文艺经典和民俗民居、生活娱乐等中华文明的诸多方面。

书名:《我的祖国新读本:可爱的祖国》

作者:都冬云、林燕、许国全

出版社:浙江少年儿童出版社

出版时间:2013 年

ISBN:9787534277320

内容简介:该书讲述了古往今来近百位爱国志士的英雄事迹。他们是驰骋疆场的将军,是上下求索的政治家,是手握笔锋的文学家,也是身怀绝技的科技英才,甚至是默默无闻的平凡人……然而,不论他们生于盛世,还是活在乱世,不论他们从事哪行哪业,他们都有同一个名字——爱国志士!这群可爱的人通过自己的一言一行,表现出了以天下为己任的高尚情操。他们的言行激励着一代又一代人,他们的精神铸造了中华民族的脊梁。

书名:《我的祖国新读本:强大的祖国》

作者:阎素芬、宇平等

出版社:浙江少年儿童出版社

出版时间:2013 年

ISBN:9787534277283

内容简介:该书讲述了新中国成立 60 多年来在政治、经济、科技、军事、民生等方面的发展轨迹,展示了新中国成立以来日新月异的变化。该书细数历史的巨变、改革的伟大、经济的腾飞、国家的富强,其中有最激动人心的辉煌瞬间,有最值得记忆的奋斗历程,有最感人肺腑的中华民族精神,让读者了解一个真实、鲜活、充满凝聚力和创造力的中国。

4.3.2.3　2017 年党的十九大主题出版

2017 年时,浙江有一个设想:围绕党的十九大、中华人民共和国成立 70 周年、建军 90 周年、建党 100 周年、改革开放 40 周年、香港回归 20 周年、七七事变 80 周年、五四运动爆发 100 周年等重要时间节点,实施"六个五"(5 本图书、5 部电影、5 部电视剧、5 部纪录片、5 部动画片、5 部数字网络作品)

精品工程,提前策划一批主旋律影视出版精品。电影产量稳定在 40 部左右,电视剧产量保持在 2000 集以上,动画片产量达 16000 分钟以上。3—5 部浙产剧和 1—2 部浙产动画片在央视播出,1—2 部浙产纪录片获得全国性奖项。重点打造电影《荡寇风云》《精忠岳飞》《拯救飞虎队》《八百壮士》《七十七天》,动画片《兰陵王入阵曲》,电视剧《青恋》《人民总理周恩来》《纪委书记》《维和部队》《创时代》《万水千山总是情》《楼外楼》《鸡毛飞上天》《温州三家人》《鉴湖女侠秋瑾》,以及纪录片《看见》《快递人生》《大力山的姑娘》《国之大运》等,打响"影视浙江"品牌。着力抓好"中国历代绘画大系"(《明画全集》《清画全集》)、习近平新时期强军思想研究丛书、践行全面从严治党丛书、浙江文丛(第二辑)、《赵孟頫书画全集》、《莫言中短篇小说新编系列》、《东望大海》、《蒋梦麟全集》等重点出版工作。力争 15 种出版物在全国性优秀出版物评选中获奖。支持数字出版网络视听新媒体生产创作一批原创网络文学、网络音乐、网络剧、微电影、微视频、网络动漫等文艺作品。抓好《浙江通志》出版卷、报业卷、广电卷的编纂工作。①

(1)《新形势下强军思想研究》

作者:马德宝

出版社:浙江人民出版社

立项时间:2017 年

内容简介:该书是对新形势下强军思想的研究,入选 2017 年国家新闻出版广电总局"向党的十九大献礼的精品出版物选题"。

---

① 浙江省新闻出版广电局:《2017 年全省新闻出版广播影视和版权工作要点》,2017 年 2 月 10 日,http://gdj.zj.gov.cn/art/2017/2/10/art_1229248388_2004518.html,2021 年 4 月 23 日。

（2）《红船缘》

作者：中共浙江省委宣传部、浙江广播电视集团

出版社：浙江音像出版社

内容简介：秀水泱泱，红船依旧；时代变迁，精神永恒。微视频《红船缘》由中共浙江省委宣传部、浙江广播电视集团联合推出，生动展现习近平总书记心系我们党梦想启航的地方、始终"不忘初心、牢记使命"的领袖形象，展望习近平总书记带领共产党人，领航中华民族伟大复兴的巨轮，乘风破浪、胜利驶向光辉彼岸的宏伟图景。

《红船缘》突出一个"缘"字，梳理习近平从 2002 年刚来浙江工作时初次登上红船，到 2017 年 10 月 31 日率领新一届中央政治局常委瞻仰上海中共一大会址和浙江嘉兴南湖红船，多次来到南湖革命圣地的光辉历程。

微视频回顾了习近平大力推动南湖革命纪念馆发挥效用，要求南湖革命教育要"看一次展览，听一次党课，学一次党章，观一次专题片，瞻仰一次红船，重温一次入党誓词"；讲述了习近平亲自提出建设南湖革命纪念馆新馆，亲自审定建馆方案，亲自参加奠基仪式，亲自研究如何发挥新馆作用；记录了习近平概括和丰富"红船精神"，确立"红船精神"是中国革命精神之源的历史地位；再现了习近平在党的十九大胜利闭幕一周之际，亲率新一届中央政治局常委瞻仰上海中共一大会址和浙江嘉兴南湖红船，回顾建党历史，重温入党誓词，宣示新一届党中央领导集体的坚定政治信念——"不忘初心、牢记使命"。

《红船缘》全长 6 分钟,采用习近平原音,加入珍贵视频资料,再辅以照片实景还原、3D 动画等新技术手段,使微视频更加生动鲜活,背景音乐大气精致而富有感染力。

(3)"老一辈革命家风采"丛书

作者:中国中共文献研究会

出版社:浙江人民美术出版社

内容简介:中国中共文献研究会组织一些同志编写了"老一辈革命家风采"丛书,旨在通过讲述一个个故事,鲜活地反映老一辈革命家们的革命经历、政治智慧、品格风范、人格魅力,以及家风家教和生活情趣,以推动对老一辈革命家优良传统作风的学习和宣传,推动对中国共产党人革命精神的学习和宣传,教育和激励广大干部群众特别是青年人,以老一辈革命家为榜样,在新的长征路上,坚持和发展中国特色社会主义,为实现中华民族伟大复兴的中国梦努力奋斗。

书名:《毛泽东风采》

出版时间:2016 年

ISBN:9787534053528

内容简介:该书是伟大的无产阶级革命家、战略家、理论家毛泽东同志的传记。毛泽东同志是党的第一代中央领导集体的核心,是领导中国人民彻底改变自己命运和国家面貌的一代伟人。他对马克思列宁主义的发展、军事理论的贡献以及对共产党的理论贡献被称为毛泽东思想。毛泽东被视为现代世界历史中最重要的人物之一。

书名:《邓小平风采》

出版时间:2017 年

ISBN:9787534053481

内容简介:邓小平是中国共产党第二代领导集体的核心,伟大的马克思主义者,无产阶级革命家、政治家、军事家、外交家,中国共产党、中国人民解放军、中华人民共和国的主要领导人之一,中国特色社会主义改革开放和现代化建设的总设计师,邓小平理论的创立者。他所倡导的"改革开放"及"一国两制"政策理念,改变了 20 世纪后期的中国,也影响了世界。

书名:《周恩来风采》

出版时间:2017 年

ISBN:9787534053511

内容简介:该书是伟大的马克思主义者,中国无产阶级革命家、政治家、军事家、外交家周恩来同志的传记。周恩来同志参与领导了革命和建设时期党的各项重大工作,为党的每一个重大胜利付出了大量心血,在政治、经济、军事、外交、统一战线、文化教育和党的建设等领域都做出了理论建树。该书表现了周

恩来同志为国为民、鞠躬尽瘁的精神,对今日的人们有深刻的教育意义。

书名:《陈云风采》

出版时间:2017 年

ISBN:9787534053467

内容简介:该书是伟大的无产阶级革命家、政治家陈云同志的传记,生动展示了陈云同志多次在党和人民事业发展的关键时刻、在党和国家的重大决策中发挥十分重要的作用。陈云同志为中国人

民解放事业的开展和成功,为我国社会主义制度的建立和巩固,为我国改革开放和社会主义现代化事业的开创和发展,奉献了毕生精力,建立了不朽功勋,在国内外享有崇高威望。

书名:《朱德风采》

出版时间:2017 年

ISBN:9787534053504

内容简介:朱德原名朱代珍,曾用名朱建德,伟大的马克思主义者,无产阶级革命家、政治家和军事家,中国共产党、中国人民解放军和中华人民共和国的主要缔造者和领导人之一,中华人民共和国十大元帅之首。该书是朱德同志的传记。

书名:《刘少奇风采》

出版时间:2017 年

ISBN:9787534053504

内容简介:该书是中华人民共和国开国元勋刘少奇同志的传记。该书通过若干个小故事,生动展示了刘少奇在革命战争年代的事迹和在社会主义建设时期所做出的尝试,以及他对中国社会主义建设的探索所具有的先驱意义,表现了刘少奇同志忠于国家、忠于人民的精神。

书名:《任弼时风采》

出版时间:2018 年

ISBN:9787534053498

内容简介:该书是中华人民共和国开国元勋、中国共产党与中国工农红军主要领导者之一任弼时同志的传记。该书表现了任弼时同志在革命战争年代为党的思想建设、政治建设、作风建设做出的突出贡献,展示其作为模范的革命职业家、模范的共产党员和中国共产党的最好领导者之一的风采。

书名:《李先念风采》

出版时间:2018 年

ISBN:9787534053474

内容简介:该书以翔实可靠的材料,记述了李先念投身革命,在战火中迅速成长为红军年轻将领和军事家的经历,展现了李先念在土地革命战争、抗日战争、解放战争中以坚定的信念、超凡的胆略、出色的才干,为中国人民和中华民族的解放事业建立的不朽功勋,也从一个侧面反映了中国革命的艰难曲折的历程。

书名:《叶剑英风采》

出版时间:2018 年

ISBN:9787534053535

内容简介:该书依据史实,以文学传记的笔触,选取了叶剑英元帅人生经历的不同侧面和重要阶段,探索他的成长足迹、心路历程、情感轨迹以及在不同时期的重要关头所起到的决定性作用,带领读者回顾并领略中国人民解放军创建人、领导人之一,军事家,中华人民共和国十大元帅之一波澜壮阔的一生,呈现给读者的是可亲可信可敬可学的叶剑英的光辉形象。

4.3.2.4　践行社会主义核心价值观主题出版

党的十八大提出,倡导富强、民主、文明、和谐,倡导自由、平等、公正、法治,倡导爱国、敬业、诚信、友善,积极培育和践行社会主义核心价值观。富强、民主、文明、和谐是国家层面的价值目标,自由、平等、公正、法治是社会层面的价值取向,爱国、敬业、诚信、友善是公民个人层面的价值准则,这 24 个字是社会主义核心价值观的基本内容。中央高度重视培育和践行社会主义核心价值观。习近平总书记多次做出重要论述、提出明确要求。中共中央办公厅下发《关于培育和践行社会主义核心价值观的意见》,一方面,把培育和践行社会主义核心价值观融入国民教育全过程;另一方面,把培育和践行社会主义核心价值观落实到经济发展实践和社会治理中。

作为浙江文化研究工程二期的首批立项成果,由浙江省委党史和文献研究室组织编写的"党领导下的浙江革命武装斗争史"丛书在杭州面世。丛书共5册,分别为《红旗卷起农奴戟:中国工农红军第十三军》《血战东南半壁红:红军北上抗日先遣队》《倒海翻江卷巨澜:中国工农红军挺进师》《血染着我们的姓名——新四军浙东游击纵队 新四军苏浙军区 永乐人民抗日自卫游击总队》《敢教日月换新天:浙东人民解放军第二游击纵队 中国人民解放军浙南游击纵队 浙南人民解放军第三支队》,系统介绍了从土地革命战争到浙江解放的各个历史阶段,在浙江建立或活跃在浙江大地上的党领导下的革命武装发展情况,全面反映了党领导浙江人民开展武装战争的辉煌历程。除此之外,大力弘扬红船精神、浙江精神,努力让社会主义核心价值观内化于心、外化于行,汇聚起蓬勃向上的正能量,成为浙江主题出版的重要内容。

(1)《天地良心——中国最美渔民郭文标》

作者:朱晓军、梁春芳

出版社:浙江文艺出版社

出版时间:2015年

ISBN:9787533929428

内容简介:该书为报告文学,是国内首部全景式描写郭文标的长篇报告文学,也是以中国梦为主题的文学作品。作者通过深入采访获得了翔实的资料,在此基础上,全方位、多视角、真实地揭示了在当下金钱至上、冷漠逆袭的不良社会现象蔓延的背景下,一个普通渔民如何坚守"做人要讲良心"。

(2)"中国历代绘画大系"

"中国历代绘画大系"由浙江大学、浙江省文物局等编纂出版。这一工程是习近平总书记多年前在浙江工作时亲自批准并一直高度重视和支持的国家级文化精品工程。10 余年来，习近平同志亲切关怀，多次批示指示，"中国历代绘画大系"编纂出版工程得到中宣部、教育部、国家文物局、国家出版基金规划管理办公室和浙江省委、省政府高度重视，得到故宫博物院和全球200 多家文博机构大力支持。

　　作为浙江文化研究工程二期的首批立项成果，自文化研究工程第一期一直延续至今的"中国历代绘画大系"编纂工程入列"文化精品创作生产"的国家重大出版工程，入编画作超万件，规模达 160 册。

书名：《宋画全集》

作者：浙江大学中国古代书画研究中心

出版社：浙江大学出版社

内容简介：该丛书是一部具有工具书性质的大型宋画资料总集。它反映存世宋画总貌，展示有宋一代绘画之盛，全面汇集了古今中外具备较高学术、研究价值的宋画文献资料。《宋画全集》包括图册与文献两部分，绘画部分收录范围为两宋、五代、辽、金，卷帙分列故宫博物院藏品、上海博物馆藏品、辽宁省博物馆藏品、台北"故宫博物院"藏品、中国其他文化机构藏品、欧美国家藏品、日本藏品、宋画文献汇编，共 8 卷。《宋画全集》在编辑上充分体现入编作品的整体与细节，通过整体图、原大图和局部放大图 3 个层次进行展示，并采用当前世界的先进技术进行 10 微米调频网制版，6 色印刷；纸张则选择从德国进口的一种具有极高色彩还原能力和独特手感的特种纸，效果极其逼真。

4.3.3　以区域政治经济生活重大事项为主题的出版活动

4.3.3.1　杭州动漫节

书名:《动漫之都:一座城市的梦幻之旅》

作者:沈珉、方淳

出版社:浙江人民出版社

出版时间:2013 年

ISBN:9787213058691

内容简介:进入 21 世纪,动漫游戏产业又为杭城
增添了一道新的亮色。该书作者以点带面记录这座城
市与动漫产业发展之间丝丝缕缕的联系、所涉及的方方面面的人与事。在
书中,作者以体验者的角度,叙述城市与动漫融合发展的背景下那些闪亮的
片段,比如几部动画片、几家企业、体验和制造动漫节欢乐气氛的人群、五彩
缤纷的活动等;以观察者的角度,描绘闪亮表象下涌动着的暗流,它就像一
只看不见的巨手,在默默地引导、操控与推动着杭州的动漫产业发展,如孵
化器的建立、政策的出台、人才的培养等。

4.3.3.2　2016 年 G20 主题出版

2016 年,G20 峰会在杭州召开。为服务好 G20 杭州峰会,也为给峰会
营造良好的舆论氛围,浙江省新闻出版广电局提早部署,提前策划,突出特
色,将服务 G20 峰会选题作为一个突出的重点。

围绕"韵味杭州",浙江摄影出版社推出《西湖诗词画意》,中国美术学院
出版社出版《诗意西湖　相约 G20》;挖掘"幕后故事"的图书有浙江教育出
版社的《G20 的杭州故事》,内容包括 G20 概况、各成员国概况以及 G20 成员
国的历史文化名人或平凡人在中国或杭州的故事,浙江教育出版社还同步
出版了中、小学生读本;诉说"传奇浙江"的图书包括浙江少年儿童出版社的
《中国梦·浙商情:最美浙商故事》,该书精选在各领域有代表性的 30 位浙
商,从不同的方面展现了浙商的人生理想和道德情操;展现"活力中国"的图

书则有浙江摄影出版社的《影像中国》等,《影像中国》由中国极具影响的 30 多位摄影家用 10 余年的时间陆续拍摄完成,以丰富的图文信息和恢宏的视野,深度阐释了伟大的中国梦。①

为配合 G20 峰会在杭州召开,浙江出版联合集团陆续出版了 70 多种 G20 主题图书,主要介绍浙江经济和文化,特别是浙江改革开放的经验和成果,以及 G20 国家与浙江的合作关系。同时,还有一批服务于 G20 的资料和工具性图书。部分图书与海外出版社合作出版,其中,《世界第一大市场——义乌》《新马可·波罗中国游记:汉斯在浙江》均为海外作者撰写,在海外出版。《我是浙江人》出版了中、英、俄、法、西、阿语 6 个语种的版本。"中国梦与浙江实践"丛书英语版由社会科学文献出版社与德国斯普林格出版社合作出版,被列入 2016 年经典中国国际出版工程。②

(1)《诗意西湖　相约 G20》

作者:五洲文化

出版社:中国美术学院出版社

出版时间:2016 年

ISBN:9787550311701

内容简介:该书收录山水画名家董也山、宋柏松画西湖的老十景和新十景,总共是 20 幅,以"诗词＋画作＋书法"的形式为诗画西湖做了最美的注脚。

(2)《G20 知识小学生读本》

作者:唐彩斌、成静

出版社:浙江教育出版社

出版时间:2016 年

ISBN:9787553643854

内容简介:2016 年 9 月,浙江杭州举办二十国集团

---

① 黄琳:《G20 主题出版,讲好中国故事》,《中国新闻出版广电报》2016 年 9 月 5 日,第 1 版。

② 陈香:《浙江出版联合集团 G20 主题图书走向世界》,《中华读书报》2016 年 8 月 31 日,第 6 版。

(G20)领导人峰会,了解 G20,当好东道主是每一个中国学生,尤其是浙江学生的心愿。《G20 知识小学生读本》的读者可以系统地了解什么是 G20,G20 的背景、影响以及运作模式,当前 G20 的状况及对中国和举办城市杭州的影响,为迎接 G20 峰会在杭州召开当好合格的东道主。该读本主题鲜明,内容丰富、翔实,配有大量案例,易于理解。

(3)《G20 知识中学生读本》

作者:邹一南、高乙博、周钊宇

出版社:浙江教育出版社

出版时间:2016 年

ISBN:9787553643861

内容简介:本读本主题鲜明,内容丰富、翔实,配有大量案例,易于理解。有助于培养学生的社会责任感和对家乡的热爱之情,适合所有中学生以及感兴趣的读者阅读使用。

(4)《杭州文化地标》

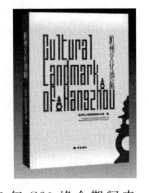

作者:杭州市人民政府新闻办公室

出版社:杭州出版社

出版时间:2016 年

ISBN:9787556505050

内容简介:该书以文化地标为对象,以文化类型为板块,以精美图片为主体,配以精练的地标位置、简史、功能和特色说明,展现杭州悠久深厚的历史底蕴、丰富多彩的文化建设,为每一位在 2016 年 G20 峰会期间来杭的海内外各界人士提供一本按图索骥般的"文化地标导览""文化寻味宝典"。该书主要包括世界遗产(西湖文化史迹、大运河遗产点)、文化遗存(古遗址、古墓葬、古建筑、造像等世界遗产之外的国保单位)、文创产业和文化设施(高校、图书馆、博物馆、美术馆、会展中心、文艺馆、广场、书店、茶馆、文化礼堂)等,涉及近 100 个文化地标。这些地标,既有历史地标,又有新建地标,重点突出具有文化味、历史感、代表性的标志性建筑。

(4)《G20 的杭州故事》

作者:G20 的杭州故事编写组

出版社:浙江教育出版社

出版时间:2016 年

ISBN:9787553643502

内容简介:该书是向世界展示杭州的载体之一。它视角独到,截取各国时空之海中美的涟漪,细说对当今世界发展起主导作用的 20 个经济体的风貌及其与杭州的交集,呈现给大家“一种历史和现实交汇的独特韵味”。

4.3.3.3 “绿水青山就是金山银山”理念主题出版

(1)《“两山”之路——“美丽中国”的浙江样本》

作者:孙侃

出版社:浙江人民出版社

出版时间:2017 年

ISBN:9787550311701

内容简介:该书采用报告文学的形式,以“绿水青山就是金山银山”理念在浙江的实践进程为经,以大量生

动形象的人物故事和典型实例为纬,全面反映了“绿水青山就是金山银山”理念在浙江的形成、发展和实践的辉煌历程。“跳出浙江写浙江”“跳出生态写生态”,于大时代、大背景、大趋势下叙写浙江践行“绿水青山就是金山银山”理念的故事,既立足于反映浙江现象,更着眼于叙述中国故事和展示人类精神,努力把作品的主题、内容、人物、事件置于中国当代社会变革、绿色发展、生态保护和环境治理、美丽乡村建设的大背景之中,立意高远,视野开阔,展示和总结了浙江“绿水青山就是金山银山”实践经验,为在

全国范围内推进"美丽中国"、生态文明建设和绿色发展提供了现实样本和文学读本。

(2)《"两山"重要思想在浙江的实践研究》

作者:"绿水青山就是金山银山"重要思想在浙江的实践研究课题组

出版社:浙江人民出版社

出版时间:2017 年

ISBN:9787213079238

内容简介:研究"绿水青山就是金山银山"理念在浙江的实践,不仅可以总结美丽浙江建设的成功经验,而且可以为美丽中国建设提供示范,也可以给美丽世界建设提供启示。该书主要作者系环境学专家、宁波大学校长沈满洪。同时,该书是 2015 年度国家社会科学基金特别委托项目成果,具有较好的经济效益和社会效益。

4.3.3.4 浙江实践主题出版

"中国自信与浙江实践"丛书

书名:《道路自信与浙江实践》

作者:中共浙江省委党校、浙江行政学院

出版社:浙江人民出版社

出版时间:2017 年

ISBN:9787213080081

内容简介:该书内容包括"中国特色社会主义道路的内涵与浙江实践""浙江乡镇人大建设与中国特色政治发展道路""浙江民营经济与中国经济发展道路""建设文化强省与中国文化发展道路""美丽浙江建设与中国生态发展道路"等 8 章。

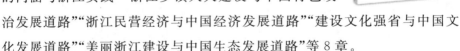

书名:《理论自信与浙江实践》

作者:中共浙江省委党校、浙江行政学院

出版社:浙江人民出版社

出版时间:2017 年

ISBN:9787213080098

内容简介:该书内容包括"坚定中国特色社会主义
的理论自信""'八八战略'与'四个全面'战略布局的精
神契合""科学发展观与嘉善县域科学发展""中国特色
社会主义政治经济学与浙江现象"等 9 章。

书名:《制度自信与浙江实践》

作者:中共浙江省委党校、浙江行政学院

出版社:浙江人民出版社

出版时间:2017 年

ISBN:9787213080111

内容简介:该书内容包括"走在前列:中国自信与
浙江制度创新""党代表大会常任制度与党内民主建
设""民主恳谈与社会主义协商民主""参与式预算与人民当家作主""权利清
单制度与政府权利规范运行"等 9 章。

书名:《文化自信与浙江实践》

作者:中共浙江省委党校、浙江行政学院

出版时间:2017 年

ISBN:9787213080104

内容简介:该书内容包括"中华传统:文化自信的共
同基因""浙江地域文化:全面小康的思想文化基础""从
红船精神到与时俱进的浙江精神"等 11 章。

4.3.4 配合重大活动挖掘历史题材的出版活动

浙江是中国革命红船启航地、改革开放先行地、习近平新时代中国特色
社会主义思想重要萌发地。浙江是民族精神与时代精神交相辉映的地方,

浙江人民身上传承着奔流不息的红色基因和开拓奋进的精神力量,最为突出的体现就是红船精神、浙江精神。

中国共产党筹建初期,浙江籍革命家曾做出过重大贡献。嘉兴南湖又是党的第一次代表大会的会址之一。浙江学者对中国共产党党史(以下简称"中共党史")的研究早期力度较大,史料整理与史论成果皆丰。后续研究主要围绕着地方党史展开,如浙东抗日根据地研究、新四军研究以及中华人民共和国成立后党和国家领导人在浙江的活动研究、青年运动史研究等。近年来,围绕革命主题,对近代史与现代史有了更多的挖掘,出现了诸多代表性著作,如杨福茂等主编的《衢前农民运动》(中共党史资料出版社 1987 年版)、《浙东抗日根据地》(中共党史资料出版社 1987 年版)、《红十三军与浙南特委》(中共党史资料出版社 1988 年版)、《先驱的足迹》(浙江人民出版社 1988 年版)、《浙西抗日根据地》(浙江人民出版社 1992 年版),杨晓彤主编的《浙江解放》(浙江人民出版社 1989 年版),沈自强主编的《周恩来抗日前哨行》(浙江人民出版社 1989 年版)、《中共"一大"南湖会议》(浙江大学出版社 1989 年版)、《浙江一师风潮》(浙江大学出版社 1990 年版)等。

4.3.4.1　抗日战争胜利 60 周年

2005 年是抗日战争胜利 60 周年,中共中央在 2005 年 5 月发出通知,对中国人民抗日战争暨世界反法西斯战争胜利 60 周年纪念活动做出部署,抗日战争时期发生重大历史事件的省、自治区、直辖市,可在历史事件发生纪念日前后,采取多种形式,组织纪念活动。中宣部、教育部也将每年的 9 月确定为"中小学弘扬和培育民族精神月"。

浙江省在抗日战争中做出了许多重要的贡献,抗战期间,涌现了许多可歌可泣的英雄人物和彪炳史册的抗击日本侵略者的英勇事迹。浙江省出版机构以此为主题进行了策划。

《浙江抗战烽火——纪念抗日战争胜利六十周年学生读本》

作者：浙江省教育厅教研室

出版社：浙江教育出版社

出版时间：2005 年

ISBN：7533858964

内容简介：这是浙江省教育厅教研室编写的图书，是一本为纪念中国抗日战争胜利 60 周年而编写的爱国主义教育专题性学生读本。中国人民抗日战争是在中国共产党主张建立的抗日民族统一战线旗帜下，全国各族人民、各民主党派、抗日团体、社会各阶层爱国人士和港澳台同胞、海外侨胞广泛参加的一次全民抗战，中国共产党是全民族团结抗战的中流砥柱。中国人民抗日战争是世界反法西斯战争的重要组成部分，中国人民为世界反法西斯战争胜利做出了巨大的民族牺牲和重要的历史贡献。抗日战争的胜利，为中国共产党团结带领全国各族人民实现民族独立和人民解放、建立新中国奠定了重要基础，也对世界各国人民取得反法西斯战争的胜利、争取世界和平的伟大事业产生了巨大影响。

4.3.4.2 浙江改革开放 20 周年

(1)《浙江改革开放 20 年的理性思考》

作者：万斌

出版社：浙江人民出版社

出版时间：2001 年

ISBN：9787213022074

内容简介：该书阐述了浙江经济 20 年的发展轨迹、浙江经济发展中的问题与应对思路、浙江民主政治发展规律探要、浙江文化发展 20 年的演进轨迹等内容。

(2)《浙江改革开放 20 年》

作者：中共浙江省委办公厅

出版社：浙江人民出版社

出版时间：1998 年

ISBN：9787213017711

内容简介：该书阐述了浙江经济 20 年的发展轨迹，全面地反映了党的十一届三中全会以来浙江在政治、经济和社会发展等方面发生的深刻变化。此外，该书认真总结历史经验，进一步鼓舞全省人民的斗志，从而把浙江省的改革开放和社会主义现代化建设全面推向 21 世纪。

4.3.4.3　浙江改革开放 30 周年

(1)《浙江省改革开放 30 年大事记》

作者：林吕建

出版社：浙江人民出版社

出版时间：2008 年

ISBN：9787213038891

内容简介：1978 年 12 月，党的十一届三中全会胜利召开，中国揭开了史无前例的改革开放帷幕。30 年来，中国人民以一往无前的进取精神和波澜壮阔的创新实践，谱写了中华民族自强不息、顽强奋进的壮丽史诗，中国人民的面貌、社会主义中国的面貌、中国共产党的面貌发生了历史性的变化。事实雄辩地证明，改革开放是决定当代中国命运的关键抉择，是发展中国特色社会主义、实现中华民族伟大复兴的必由之路；只有社会主义才能救中国，只有改革开放才能发展中国特色社会主义、发展马克思主义。

在这举世瞩目的伟大历程中，浙江人民高举中国特色社会主义伟大旗帜，以邓小平理论和"三个代表"重要思想为指导，深入贯彻科学发展观，全面实施"八八战略",坚定不移地走创业富民、创新强省之路,经济社会发展走在了全国前列,城乡面貌发生了翻天覆地的变化。

(2)《浙江改革开放 30 年大事纪要》

作者:中共浙江省委党史研究室

出版社:浙江人民出版社

ISBN:9787213039232

出版时间:2008 年

内容简介:该书采用编年体与纪事本末体相结合的方式,记述改革开放以来浙江在政治、经济、文化、教育、科技、卫生、体育、军事等各方面的重大事件,突出反映具有浙江特色、独特经验和首创精神的大事、要事。

(3)"浙江改革开放 30 年研究系列"丛书

书名:《浙江改革开放 30 年辉煌成就与未来思路》

作者:陈一新、徐志宏等

出版社:浙江人民出版社

出版时间:2008 年

ISBN:9787213039331

内容简介:党在 1978 年召开的具有重大历史意义的十一届三中全会,开启了改革开放的伟大历史进程。改革开放是党在新的时代条件下带领全国人民进行的伟大革命。浙江是全国改革开放的先行地区,全省人民创业创新的发展历程,是建设中国特色社会主义在浙江的生动实践。为了庆祝改革开放 30 周年,该书对浙江改革开放进行了回顾和展望,全面总结浙江改革开放 30 年的经验,深入分析浙江在新世纪新阶段的发展机遇和挑战,研究提出浙江在新的历史起点上继续开创创业创新新局面的思路和建议。

书名:《绍兴改革开放30年》

作者:尹永杰

出版社:浙江人民出版社

出版时间:2008年

ISBN:9787213039331

内容简介:该书主要内容是改革开放30年来绍
兴的发展历程和成就。

书名:《乡村巨变看浙江》

作者:顾益康

出版社:浙江人民出版社

出版时间:2008年

ISBN:9787213038945

内容简介:该书从理论研究和实际成效两方面,展
示改革开放30年来浙江农村经济、社会方方面面的巨
大变化和农民群众的改革风采。

书名:《民生为重看浙江》

作者:杨建华

出版社:浙江人民出版社

出版时间:2008年

ISBN:9787213038969

内容简介:该书以科学发展观为指导,以中国特色
社会主义在浙江的民生建设生动实践及未来发展为主

线,采取理论与实践相结合,历史、现实、未来相衔接的方法,从学理上重点
研究浙江改革开放30年来民生建设的重要经验和当前推进民生建设的重
大实践问题,以期为之后浙江民生建设与发展提供参照。

(4)《浙江潮——改革开放三十年大画卷》

作者:中共浙江省委党史研究室

出版社:浙江人民出版社

出版时间:2008 年

ISBN:9787213038884

内容简介:本画册以史为线,以事为面,集中展示改革开放 30 年来鲜明的浙江特色,总结提炼务实的浙江经验,充分体现与时俱进的浙江精神。

(5)《浙江现象与浙江学术——浙江改革开放 30 周年回顾与展望》

作者:连晓鸣

出版社:浙江人民出版社

出版时间:2008 年

ISBN:9787802067912

内容简介:改革开放 30 年来浙江的发展历程,是值得深入总结、挖掘、研究和宣传的理论宝库。为庆祝改革开放 30 周年,浙江省社会科学界联合会与《中华读书报》合作,开设了"浙江现象与浙江学术"专栏,组织并邀请了浙江省人文社会科学界的专家学者撰写文章,选取了改革实践中的典型侧面,回顾和总结了浙江改革开放的成就和经验,具体反映了浙江学术发展与浙江改革开放实践之间的内在关联,揭示了浙江实践经验中所蕴含的理论创新的引领力量,展示了浙江创新实践对浙江人文社会科学学术发展的启迪和滋养作用。

(6)《中国模范生——浙江改革开放 30 年全记录》

作者:胡宏伟

出版社:浙江人民出版社

出版时间:2008 年

ISBN:9787213039003

内容简介:该书以时间为经,以空间为纬,以变革主题为中轴,对浙江改革开放 30 年进行了一次清晰而

颇有深度的解读。除了在制度层面上进行抽丝剥茧式的剖析,更采用了发展经济学的分析工具,对一个后发展中地区的超越式成长进行了全方位的审视和研究,描述了浙江民众在各种不利条件下进行的创新和他们的行为模式,强调了变革的本土性、阶段性和妥协性的特征,还充分强调了民众的创造力和人的进步。

(7)《浙江改革开放 30 年口述历史》

作者:王旻

出版社:浙江科学技术出版社

出版时间:2008 年

ISBN:9787534134623

内容简介:该书将过去 30 年浙江土地上的一些人、一些事以口述的形式记录下来,编撰成册,成为口述历史,这是一份浙江人民在改革开放 30 年中最真实的集体记忆。

(8)"浙江改革开放三十年研究系列"丛书

书名:《见证辉煌:在浙从业的外国人访谈录》

作者:陈许等

出版社:浙江大学出版社

出版时间:2008 年

ISBN:9787308064057

内容简介:该书主要聚焦在浙从业的外国人如何看待改革开放 30 年的浙江,因为从他们的经历中,可以折射出浙江经济迅速发展的过程。在作者的采访过程中,先后有 39 位在浙从业的来自世界各国的企业家、商人、专家和教师成为采访对象。作者以访谈的形式请他们谈谈各自对改革开放的浙江的印象。作为在浙的外国人,他们中许多人不是匆匆而过的访客,也不是走马观花的旁观者,他们不仅见证了改革开放后浙江经济的腾飞,更有人亲历并参与了这一伟大的历史变迁。他们站在各自不同的立场上,以自己独特的视角,关注和感受着浙江改革开放 30 年来的迅速崛起与巨大变化。因此,这些外国人士的评说,对于"进一步加强对浙江发展的研究,立足浙江,从中国改革开放 30 年历程中提炼具有规律性认识的改革开放理论",将具有很大的启示和借鉴意义。研究采用了下列思路和方法,即通过对社会各界外国友人的采访,从多方面获得他们对浙江改革开放、发展经济的印象与看法,并与他们讨论在新世纪、新阶段浙江应该如何继续发展的问题。对各界外国友人的观点,作者不是进行简单的"录音机"式的采集和整理,而是力争上升至理论层面上来对它们进行认真分析和做出反思。

书名:《协同创新:浙江国有企业发展之路》

作者:蔡宁、周颖等

出版社:浙江大学出版社

出版时间:2008 年

ISBN:9787308064477

内容简介:改革开放 30 年来,浙江国有企业在资源禀赋缺乏的情况下取得了令人瞩目的成绩,在不同产业及领域发展迅猛,全省国有企业总资产、净资产、所有者权益、利润总额及净利润均居全国前列。全面总结和提炼浙江国有企业近 30 年来的发展经验,深刻把握浙江经济社会发展规律,具有理论和现实意义。该书从创新的视角展开分析,理论结合实际,研究结论不仅对进一步推动浙江国有企业的持续稳定发展具有引领作用,也对国内其他省份国有企业的发展有着借鉴作用。

书名:《当代浙商:从配角到主角之路》

作者:徐斌

出版社:浙江大学出版社

出版时间:2008 年

ISBN:9787308063760

内容简介:该书梳理了浙商崛起的历程,分为 4 个部分:悠久而曲折的历史轨迹(先秦—1978);计划经济

土壤上的艰难再生(1978—1991);市场体制确立中的快速崛起(1992—2002);
社会转型期的脱颖而出(2003—2008)。

(9)《潮起东方看浙江:浙江省改革开放三十年典型事例100例》

作者:中共浙江省委宣传部

出版社:浙江大学出版社

出版时间:2008年

ISBN:9787308063708

内容简介:改革开放30年来,勤劳、勇敢、智慧
的浙江儿女,高举中国特色社会主义伟大旗帜,以邓
小平理论和"三个代表"重要思想为指导,全面贯彻
落实科学发展观,以一往无前的创新精神和波澜壮阔的创业实践,走出了一
条具有浙江特色的创业富民、创新强省之路,谱写了一部自强不息、顽强奋
进的壮丽史诗。党的十一届三中全会吹响了改革开放的号角,浙江人民率
先冲破樊篱,奏响了改革开放的时代最强音,创业创新的热情喷涌而出。鸡
毛换糖、修鞋开锁、补袜裁剪,不起眼的人物,不入眼的工作,不便利的环境,
只要有合适的土壤,就能成就一番伟业。从第一批个体工商户、第一批私营
企业到第一批专业市场、第一家股份合作制企业等等,哪里有商机,哪里就
有浙江人;哪里有浙江人,哪里就有新的观念、新的商机、新的财富。创业创
新的火焰一旦喷射,就如同火山爆发,从市场主体到市场机制,从经济领域
到社会领域,从农村改革到城市改革,在各个行业、各个领域、各个层面全面
推进,势如破竹、不可阻挡。

(10)《改革开放中的浙江——改革开放30年浙江经济社会发展成就》

作者:浙江省统计局、国家统计局浙江调查总队

出版社:中国统计出版社

出版时间:2008年

ISBN:9787503755699

内容简介:该书全面客观反映改革开放30年来浙
江省取得的巨大成就,以大量的统计数据,用统计的语

言,把 30 年来浙江经济社会发展发生的变化做了较为全面的总结,以史志般的方式予以记载。改革开放 30 年来,在中国特色社会主义旗帜指引下,浙江人民敢为人先,自强不息,坚韧不拔,勇于创新,讲求实效,创业创新,在改革开放和社会主义现代化建设中取得了前所未有的辉煌成就,创造了浙江历史上从未有过的繁荣和富足。全书内容共分 3 个部分:第一部分为综合篇,反映全省和各领域的主要成就;第二部分为区域篇,反映了 11 个设区市和义乌市发展成就;第三部分为资料篇,整理了浙江省国民经济和社会发展主要统计指标数据。

4.3.4.4　浙江改革开放 40 周年

从 1978 年到 2018 年,世界东方这片热土,在奋进中发展,在变革中新生。为了纪念这沧海桑田、翻天覆地的 40 年,作为浙江出版界主题出版重镇,浙江人民出版社围绕改革开放 40 周年,用文字记录伟大时代,用精品书写改革开放,推出了一系列优秀主题出版物,如《之江新语》(西班牙文版)、《我忆邓小平》、《红船精神问答》、"浙江改革开放 40 年研究系列"丛书等。

(1)"浙江改革开放 40 年研究系列"丛书

出版社:浙江人民出版社

内容简介:"浙江改革开放 40 年研究系列"丛书作为浙江省庆祝改革开放40 周年的献礼之作,是浙江文化研究工程第二期首批项目成果之一。整套丛书共分 12 部,主要是从实施"八八战略"和

践行新发展理念的角度,围绕经济发展、对外开放、产业转型升级、城乡协调发展、生态文明建设、法治建设、文化建设等方面,对浙江改革开放 40 年来的探索和实践进行总结梳理。丛书以习近平新时代中国特色社会主义思想为指导,立足创新、协调、绿色、开放、共享发展理念,全面系统而有重点地总结改革开放以来特别是近 15 年来,全省各地区立足实际,坚决贯彻"八八战

略"所取得的成就和经验,展示浙江人民秉持浙江精神,干在实处、走在前列、勇立潮头,打造全面小康标杆省的风采,充分反映各地干部群众的创新实践,为中国特色社会主义道路、制度、理论的形成发展提供浙江素材、浙江经验、浙江思考。丛书从基层市地的视角所呈现和阐释的浙江改革开放的历史进程、经验启示,为总结提炼中国特色社会主义在浙江实践的独特价值和时代意义做出了应有努力。①

书名:《特色发展道路的成功探索——杭州改革开放 40 年研究》

作者:李宗开等

出版时间:2018 年

ISBN:9787213089909

内容简介:作为改革开放的样本,杭州具有 8 个值得展示价值的地方:一是数字经济发展好,成为活力杭州。杭州的经济非常有活力,有人说,杭州形成了包括"阿里系""浙大系""海归系""浙商系"在内的创新创业"新四军"。二是国际会议承办多,成为开放杭州。杭州不仅是浙江的杭州、中国的杭州,更是亚洲的杭州、世界的杭州。三是市区面积拓展快,成为都市杭州。杭州围绕大都市区建设目标持续推进。四是湖光山色景色美,成为美丽杭州。杭州是山水中的城市,苏州是城市中的山水。杭州探索出了经济发达地区践行"绿水青山就是金山银山"理念的成功办法。五是商业投资环境佳,成为法治杭州。全国唯一的宪法主题陈列馆、全球首家互联网法院落户杭州,首个"法治指数"率先构筑法治建设指标体系。六是最美现象发源早,成为人文杭州。七是居民幸福指数高,成为品质杭州。八是从严治党成效好,成为清廉杭州。

---

① 浙江省社科联:《"浙江改革开放 40 年研究系列·地方篇"丛书近日出版发行 各市纷纷开展多种宣传活动》,2019 年 1 月 2 日,http://www.zjskw.gov.cn/art/2019/1/2/art_1229516286_21074.html,2021 年 4 月 15 日。

书名：《潮涌三江　锦绣港城——宁波改革开放40年研究》

作者：万亚伟

出版时间：2018年

ISBN：9787213090004

内容简介：宁波市社科联组织全市理论工作者，全面梳理、系统总结宁波实践中国特色社会主义理论的探索历程、成就经验，并将成果汇编成该书。该书的出版有助于读者进一步深化对改革开放的认识、坚定深化新一轮改革开放的自信，对在新的起点上推动更高水平发展，让中国特色社会主义事业在宁波大地再创辉煌，具有重要的理论价值和实践意义。

书名：续写创新史——温州改革开放40年研究

作者：胡剑谨

出版时间：2018年

ISBN：9787064951448

内容简介：该书以中共十八大以来党中央治国理政新理念新思想新战略为指导，立足创新、协调、绿色、开放、共享发展理念，总结改革开放以来温州立足实际所取得的成就和经验，充分反映温州干部群众的创新实践。

书名：在"红船精神"引领下奋进——嘉兴改革开放40年研究

作者：祝亚伟

出版时间：2018年

ISBN：9787213090011

内容简介：该书系统回顾和总结了过去40年来特别是党的十六大以来，嘉兴市委带领全市人

民,传承弘扬红船精神,在经济、政治、文化、社会、生态和党的建设等领域取得的巨大成就与宝贵经验,突出展示了嘉兴引进大院名校力推创新驱动发展、发挥区位优势接轨上海扩大开放、加快推进城乡一体化打造城乡统筹发展典范、以人为本创建公共文化服务体系"嘉兴样本"、创新实施"三治融合"基层治理勇夺平安金鼎、建党圣地打造党建高地、全面建设嘉善县域科学发展示范点等诸多发展亮点,为嘉兴打造践行习近平新时代中国特色社会主义思想示范地和弘扬红船精神示范地提供了理论支撑。

书名:《砥砺前行风帆劲——湖州改革开放 40
年研究》

作者:范庆瑜

出版时间:2018 年

ISBN:9787213090417

内容简介:该书是湖州 40 年来波澜壮阔发展变

化的历史记录,是湖州人民大胆改革、开拓创新伟大成就的经验总结。这部书既对湖州改革开放 40 年来的发展进程和历史经验进行了全方位的梳理总结,也对如何在更高起点、更高层次、更高目标上进一步深化改革开放进行了深入研究,充分体现了湖州社会科学理论界服务改革开放、繁荣哲学社会科学、推动理论创新的高度使命感和责任感。

书名:《转型 创新 蝶变——绍兴改革开放 40
年研究》

作者:丁如兴

出版时间:2018 年

ISBN:9787213090042

内容简介:改革开放以来,绍兴市立足本地实

际,秉持浙江精神,干在实处、走在前列、勇立潮头,为中国特色社会主义道路、制度、理论的形成发展提供了许多生动的案例。该书是对绍兴改革开放 40 年来发展变化的历史记录。

书名:《浙中崛起——金华改革开放 40 年研究》

作者:林丹军

出版时间:2018 年

ISBN:9787213090028

内容简介:该书立足新发展理念,全面系统而有
重点地总结改革开放以来,金华坚决贯彻落实省委
"八八战略"等各项重大决策部署所取得的成就和经
验,展示金华人民秉持浙江精神和"干在实处、走在前列、勇立潮头"的面貌,
充分反映金华干部群众的创新实践。

书名:《活力新衢州——衢州改革开放 40 年研究》

作者:钱伟刚

出版时间:2018 年

ISBN:9787213090424

内容简介:改革开放以来,衢州市立足本地实
际,在政治、经济、文化、社会建设方面有许多生动的
案例。该书充分运用多种材料来展示衢州改革开放
40 年来的特点、亮点、创新点。

书名:《蔚蓝之路——舟山改革开放 40 年研究》

作者:徐张艳

出版时间:2018 年

ISBN:9787213090431

内容简介:该书根据舟山市改革开放 40 年来的
实践经验特点,立足经济转型升级和经济体制改革、
社会主义文化建设、社会建设和社会治理、生态文明
建设等领域的改革创新与发展,总结舟山经验,提供舟山样本,并在此基础
上描绘新形势新任务新蓝图。

书名：《潮起台州湾——台州改革开放 40 年研究》

作者：叶海燕

出版时间：2018 年

ISBN：9787213090448

内容简介：该书共分 10 章。第一章概述了台
州改革开放 40 年来的成就和经验；第二章至第九
章分别从"民营经济""经济体制改革""城市化""社
会治理""台州文化""社会建设""生态文明""全面从严治党"等方面阐述了
台州人民的创业创新和突出成就；第十章是展望篇。

书名：《"两山"重要理念在丽水的实践——丽水
改革开放 40 年研究》

作者：葛学斌

出版时间：2018 年

ISBN：9787213090035

内容简介：该书以"绿水青山就是金山银山"理念
在丽水的生动实践为主线，突出丽水绿色生态发展特
色，全面展现了改革开放 40 年来特别是中共浙江省委实施"八八战略"以
来，丽水在经济、政治、文化、社会、生态五大领域取得的巨大改革发展成就。
该书的出版，对进一步动员广大党员干部和人民群众沿着党的十九大确立
的新时代中国特色社会主义道路及"八八战略"指引的路子走下去，更加自
觉践行习近平生态文明思想，始终遵循"尤为如此"重要嘱托，不断增强政治
定力、战略定力、政策定力，勇当绿色发展的探路者和模范生，奋力开辟"绿
水青山就是金山银山"新境界，谱写丽水绿色生态发展新篇章，具有重要的
历史和现实意义。

书名:《见证义乌——改革开放 40 年的探索与实践》

作者:陆立军、杨志文、陈丹波

出版时间:2019 年

ISBN:9787213092190

内容简介:该书主要记录了义乌从筚路蓝缕、鸡毛换糖到建成世界小商品之都的发展历程,生动阐释了"莫名其妙、无中生有、点石成金"的义乌发展经验。

(2)《我忆邓小平》

作者:于光远

出版社:浙江人民出版社

出版时间:2018 年

ISBN:9787213087363

内容简介:该书是邓小平身边理论智囊于光远先生的遗作。著作回顾了国务院政治研究室和作者本人在邓小平领导下工作的一段经历,记录了邓小平复出后在思想上拨乱反正、在经济上推行改革开放的这段历史,揭示了一些重大决定和重要文件的出台背景,再现了邓小平在历史重要关头挺身而出、力挽狂澜的政治智慧和非凡气魄。

(3)《大决策:邓小平与改革开放》

作者:邓小平思想生平研究会

出版社:浙江人民美术出版社

出版时间:2018 年

ISBN:9787534072260

内容简介:该书内容专业,信息准确,史料丰富,篇幅适中,分历史呼唤、启动之初、举旗定向等 7 个篇章,以历史选择了邓小平、从恢复高考突破等 35 个视角,图文并茂地展示了邓小平为中国改革开放所做出的巨大贡献。

(4)《东方启动点：浙江改革开放史(1978—2018)》

作者：胡宏伟

出版社：浙江人民出版社

出版时间：2018 年

ISBN：9787213089008

内容简介：作为庆祝中国改革开放 40 年的重点献礼图书，该书全面反映了浙江改革开放 40 年来波澜壮阔的历史，详尽记录了生动的浙江改革实践，是一部讴歌时代、振奋人心的长篇报告文学精品。作者通过大量第一手史料，以浙江经济发展为主线，在冷静客观的白描中清晰还原和解读了浙江在中国改革开放 40 年间取得巨大成就的历程和感人故事，既谱写了恢宏阔大的时代主旋律，也记录了让人难以忘怀的具体而微的记忆。该书再现了改革开放浙江样本的中国价值，读者可以通过浙江的改革开放看中国的改革开放，从浙江的转型升级看中国的转型升级，从浙江的发展变化看中国的发展变化，从而真正读懂一个改革开放的中国。

(5)《浙江改革开放 40 年口述历史(1978—2018)》

作者：柴燕菲

出版社：浙江科学技术出版社

出版时间：2018 年

ISBN：9787534185151

内容简介：改革开放 40 年来，中国社会发生了历史性变革。这次历史性大变革激流中的每一个故事，都是生动、丰富而又独特的。浙江作为改革开放的热土，风起云涌、群英会聚。该书采访了多名有代表性经历的人士，通过访谈，让他们讲述自己的故事，将采访记录编纂成册，成为口述历史。

（6）"我的四十年"丛书

书名:《四十年来家国:真实、立体、全面的改革开
放史记》

作者:〔加〕江岚

出版社:浙江文艺出版社

出版时间:2018 年

ISBN:9787533954628

内容简介:该书由 40 位华人华侨讲述改革开放对自己 40 年人生和命
运的影响,通过 40 篇海外华人华侨生动的个人真实故事,以小见大,体现中
国改革开放 40 年来的伟大成就,表达海外华人华侨对祖国的热爱和对改革
开放的积极评价。该书内容包括:改革开放圆了我的电影梦;来自中国的
"安全感";从中国城到华尔街;等等。

书名:《四十年四十人》

作者:廖晓华

出版社:浙江文艺出版社

出版时间:2018 年

ISBN:9787533955076

内容简介:该书征集 40 位亲历改革开放的本土
中国人的 40 篇文章,通过讲述他们在改革开放过程
中创业、奋斗、发展的故事,展现本土中国人对改革开放的深切赞同,对所取
得成就的由衷喜悦,展现中国改革开放 40 年来的巨大成果。

书名:《亲历中国四十年》

作者:徐庆群

出版社:浙江文艺出版社

出版时间:2018 年

ISBN:9787533955083

内容简介：该书征集 40 位生活、工作在中国的外国人的 40 篇文章，站在"见证人"兼"当事人"的角度，讲述他们在改革开放的中国经历的蜕变、跃升。该书通过这些外国人对个人故事的讲述和对改革开放的积极评价，展现中国改革开放 40 年来的巨大成就和世界影响。

(7)《巨变——改革开放以来浙江重大决策聚焦》

作者：中共浙江省委党史和文献研究室
出版社：浙江人民出版社
出版时间：2020 年
ISBN：9787010216591

内容简介：中国改革开放已走过 40 多年，在探索中国特色社会主义的道路上，中国共产党带领中国人民胼手胝足、披荆斩棘，开拓出一条既符合自身国情，又融入现代化潮流的康庄大道。波澜壮阔的历程、举世瞩目的成就令这段岁月光辉璀璨、荡气回肠，亲历者为之感喟、记录者为之感叹、旁观者为之感佩。其间，浙江作为中国革命红船启航地、改革开放先行地、习近平新时代中国特色社会主义思想重要萌发地，其所经历的风雨、取得的成就、萃取的经验是整个国家发展进步的缩影，也是诠释中国道路、中国经验、中国模式的典范样本。浙江改革开放取得耀人成就的背后，是省委、省政府在党中央领导下积极顺应市场取向改革、尊重群众首创精神、主动进行自我革新的结果；其中，省委、省政府做出的核心决策又是让党政领导力量、市场配置力量、人民主体力量有机协调并形成合力的集中展现，要领略 40 多年来浙江在政府与市场、政府与社会等关系处理方面的妙策，探寻浙江干在实处、走在前列、勇立潮头的秘诀，聚焦省委、省政府核心决策是一个事半功倍的选择。

4.3.4.5 中国人民志愿军入朝作战 70 周年

《迟到的勋章》

作者:王龙

出版社:浙江教育出版社

出版时间:2020 年

ISBN:9787572211348

内容简介:该书是一部献礼中国人民志愿军入朝作战 70 周年的重磅力作,以抗美援朝战争为背景,讲述了抗美援朝一级战斗英雄、特等功臣柴云振浴血奋战、矢志忠诚的故事。该书立意高远、构思严谨,融厚重的思想性、细腻的文学性、生动的可读性为一体,不仅是一部柴云振的英雄史,更是一部属于全体中华儿女的成长史、奋斗史。《迟到的勋章》是中国人民志愿军抗美援朝出国作战 70 周年重点作品,被列入中国作协 2020 年度重点作品扶持项目。

4.3.4.6 建军 90 周年

(1)《建军大业》

作者:关河五十州

出版社:浙江文艺出版社

出版时间:2017 年

ISBN:9787533948856

内容简介:该书是电影《建军大业》的原著小说。从井冈山到南昌起义,20 世纪 20 年代早期是人民军队筚路蓝缕的重要时段。该书立足史料,穿插历史故事和精当评论,回顾和分析人民军队从无到有、从弱到强的点滴历程,歌颂先辈的光荣历程,以此纪念建军 90 周年。该书获浙江省第十三届精神文明建设"五个一工程"图书奖。

(2)"我是一个兵"系列小说

作者:八路

出版社:浙江少年儿童出版社

出版时间:2020年

内容简介:浙江少年儿童出版社特别推出
大型国防教育主题图书"我是一个兵"系列小
说。丛书以儿童文学的形式全景展示中国人民

解放军的作战力量,向建军90周年献礼。这是一套大型爱国主义国防教育
主题少儿军事科普小说,目的是向少年儿童宣传国防教育,普及国防知识,
增强国防意识,助力中国梦、强军梦建设和爱国主义教育。丛书以少年儿童
喜闻乐见的写作形式来呈现,讲述的是强军改革期间,军方从全军部队中挑
选了几名精英组成一支作战小队,把他们放在全军的各兵种进行锻炼,目的
是将他们培养成复合型的军事人才。每个章节后面设置"军事微课堂"栏
目,每本书后附录相关兵种介绍,向小读者普及军事知识。

4.3.4.7 中华人民共和国成立 70 周年

(1)《见证:一位农民的新中国七十年》

作者:罗雪昌等

出版社:浙江大学出版社

出版时间:2019年

ISBN:9787308196536

内容简介:该书为浙江省建德市农民罗雪昌的回
忆录,由中日学者共同整理而成。该书记录了罗雪昌

70余年的人生经历,通过个人命运与时代变迁的交错互动,以一位普通农民
的视角呈现了新中国成立70年来的光辉历程。该书讲述了普通人、普通家
庭与共和国同成长、共命运的故事,既是一部普通农民的个人史,也是一部
新中国的时代史。

(2)《见证七十年巨变：新中国·新浙江》

作者：王祖强、俞红霞

出版社：浙江大学出版社

出版时间：2019 年

ISBN：9787213096181

内容简介：该书完整记述了新中国成立 70 年来，中国共产党领导浙江人民取得新民主主义革命的胜利，建立人民当家作主的新浙江；进行社会主义革命和建设，在浙江建立起社会主义基本制度，初步建立比较完整的工业体系和国民经济体系；不断推进改革开放和社会主义现代化建设事业，创造从贫穷落后到富裕和谐的"浙江奇迹"的辉煌过程。书中以大量权威的文献资料，从新中国和新浙江的视角，深入全面反映了新中国成立以来浙江大地发生的 70 年巨变，讴歌了浙江人民走在前列、干在实处、勇立潮头的精神。

4.3.4.8　建党 100 周年

中国共产党成立 100 周年，习近平总书记在党史学习教育动员大会上的重要讲话，以"学史明理、学史增信、学史崇德、学史力行"十六个字道出了学习党史的深刻含义。

浙江是中国革命红船启航地、改革开放先行地，也是习近平新时代中国特色社会主义思想重要萌发地。守好"红色根脉"，发挥"红色根脉"优势，推出浙江所特有的建党百年主题出版项目是浙江出版联合集团责无旁贷的文化责任。集团立足"浙江是中国革命红船启航地"策划的图书就有《红船启航》《中国有了一条船》《红船故事》《首创·奋斗·奉献——红船精神的践行者》等 10 余种，体裁涵盖了诗歌、报告文学、连环画等。

除"红船精神"主题图书外，还有党史研究、党史文献、理论专著等具有重要学术价值与文献价值的作品，长篇小说、纪实文学、报告文学等可读性强的通俗读物，还有摄影画册、连环画、音乐集等创新形式的出版物。它们形式载体多样，内容题材丰富。

丰富的题材也覆盖了党的百年光辉历程:展现中国共产党团结带领中国人民不懈奋斗,取得光辉成就的选题有《为了万家灯火:中国共产党百年抗灾史》《北斗、北斗》等,展现立党、兴党、强党精神根基的选题有《信仰的力量——浙江英烈七十人》《中国共产党百年的精神标识——忠诚》等,展现优秀党员代表和英雄模范崇高品质的选题有"共和国功勋丛书"、《鲁冠球传》等。另外,还有以小切口折射大视野的"微观党史研究"丛书,以及《中共创建文献整理与研究》《中国共产党科技思想史》等党史研究成果图书。针对百年奋斗史上的英雄人物,浙江出版联合集团策划了"共和国功勋丛书"和《陈薇院士成长记》《陈立群:我在苗乡当校长》《张人亚传》《丹心照华夏》《改革先锋谢高华:一个勇于担当的共产党人》等图书,涵盖了从建党初期到新时代涌现的一批批优秀共产党人的故事。[①]

在浙江特色方面,《"重要窗口"问答》《瞬间:重返浙江百年党史现场》等作品聚焦"三个地"特色优势,阐明、展现浙江的社会变迁、党史进程。

在百年奋斗史上的英雄人物方面,《人间正道:中共一大代表人物全传》《陈薇院士成长记》《陈立群:我在苗乡当校长》《鲁冠球传》和"共和国功勋丛书"等作品,生动描绘了中国共产党人的精神图谱。

在国之重器建设方面,《北斗、北斗》以北斗喻指中国共产党,聚焦我国北斗系统、探月工程、长征火箭、飞机制造、深海探测、芯片制造、5G建设、抗疫科研等全球瞩目的重大科技成就,指明党在我国迈向科技强国征途上的指针作用。

在艺术性浓厚的摄影画册方面,党史影像作品《革命与复兴:中国共产党百年图像志》,以生动形式讲述严肃党史的《漫画半小时中共党史》,以少年故事反映时代主题的《乌兰牧骑的孩子》,都是浙江出版联合集团在主题出版大众化方面的有力尝试。其中,《革命与复兴:中国共产党百年图像志》是国内首次较为全面、生动地以摄影图像文献为载体,对中国百年党史上重大事件的展现。此外,《绝密交通线》《漫画百年党史·开天辟地》《中国共产

---

① 冯源:《百种浙版图书献礼建党百年》,2021年3月15日,https://www.zjcb.com/index.php? newsID=6792&process=news,2021年4月22日。

党党员故事系列动画片——光辉的历程》《伟大的历程：名画里的百年中国革命史》《百年传颂——建党 100 周年音像史》等小说、漫画、摄影、音像作品,多角度、多形式地展现百年党史,献礼建党 100 周年。①

(1)《红船故事》

作者:黄亚洲(原著)、王瑞芳(改编)、罗辑(绘)

出版社:浙江人民美术出版社

出版时间:2021 年

ISBN:9787534084386

内容简介:《红船故事》连环画全套 10 册,以黄亚洲长篇小说《红船》为蓝本编著绘制。该书立足"浙江是中国革命红船启航地",诠释了红船精神的深刻内涵,展现了中国共产党的出发点、根脉和初心。全书以连环画形式描绘了 1919—1928 年的中国革命史,反映了建党、中共一大、创建井冈山革命根据地等中国共产党的历史大事件,生动展现了革命先驱的风采,具有普及党史知识和革命教育的价值。

(2)《红船精神问答》

作者:《红船精神问答》编写组

出版社:浙江人民出版社

出版时间:2018 年

ISBN:9787213087172

内容简介:该书收集整理红船精神研究资料,针对当下党员干部和理论工作者需要了解和学习的有关红船精神的知识点,分为 20 个问题进行解答和阐述,例如"红船精神是怎样提炼出来的""红船精神的主要内涵是什么""为什么说开天辟地、敢为人先的

---

① 严粒粒、叶蓉、陈菲:《立足浙江特色 描摹百年历程 在"浙"些书里读懂百年党史》,2021 年 4 月 3 日,https://zjnews.zjol.com.cn/202104/t20210403_22338676.shtml,2022 年 11 月 11 日。

首创精神是红船精神的核心"等。每个回答为三四千字的篇幅,有利于读者更快和更好地理解红船精神,并以此指导自己的实践。

(3)"党领导下的浙江革命武装斗争史"丛书

该丛书共5册,系统介绍了从土地革命战争时期至浙江解放期间,中国共产党领导浙江人民建立革命武装、开展游击战争的辉煌历程。《红旗卷起农奴戟:中国工农红军第十三军》,记叙了红十三军的斗争史;《血战东南半壁红:红军北上抗日先遣队》,讲述了红军北上抗日先遣队的斗争史;《倒海翻江卷巨澜:中国工农红军挺进师》,回顾了红军挺进师的斗争史;《血染着我们的姓名:新四军浙东游击纵队 新四军苏浙军区 永乐人民抗日自卫游击总队》,系统介绍了抗日战争时期中国共产党领导的浙江抗日武装斗争史;《敢教日月换新天:浙东人民解放军第二游击纵队 中国人民解放军浙南游击纵队 浙南人民解放军第三支队》,系统梳理了解放战争时期中国共产党领导的浙江人民武装发展壮大的历程。

书名:《敢教日月换新天:浙东人民解放军第二游击纵队 中国人民解放军浙南游击纵队 浙南人民解放军第三支队》

作者:姜卫东

出版社:浙江人民出版社

出版时间:2017年

ISBN:9787213081651

内容简介:抗日战争胜利后,中国共产党在浙江的武装力量相继北撤或转入隐蔽。随着解放战争形势的发展,根据党中央的指示,浙江地区的党领导下的武装力量逐渐从隐蔽精干转向公开的游击战争。经过艰辛的努力,武装力量从无到有,从小到大,逐步建立了浙东人民解放军第二游击纵队、中国人民解放军浙南游击纵队、浙南人民解放军第三支队3支主力武装。这3支主力武装积极宣传党的政策,频频打击国民党基层政权和地方部队,给国民党统治集团以极大震慑,对解放大军在正面战场作战起到了积极的配合作用。解放大军渡江入浙前后,这3支武装力量又广泛出击,相继解放了浙东、浙南和浙西南的20多座县城,同时配合解放大军解放浙江全境,为浙江解放做出了巨大贡献。

书名:《血战东南半壁红:红军北上抗日先遣队》

作者:唐洪森、王文军

出版社:浙江人民出版社

出版时间:2017年

ISBN:9787213081682

内容简介:中国工农红军北上抗日先遣队是中共中央、中央革命军事委员会在主力红军长征前,为策应中央红军长征,于1934年7月从中央苏区派出的一支红军劲旅,全军前后约1万人。先遣队在方志敏、寻淮洲、刘畴西、乐少华、粟裕、刘英等的领导下,转战闽浙赣皖四省,历时半年多,行程2800余千米,历经30余次战斗,有力地牵制了国民党军的有生力量,不但从战略上配合了中央红军长征,也推动了沿途地区革命斗争的开展。先遣队失败后,余部红军挺进师入浙,在国民党统治的腹心地区开创了浙南、浙西南游击根据地,保留并培养了大批军事骨干力量。先遣队转战四省、策应长征是中国工农红军在革命战争史和红军长征史上的重要事件。

书名:《红旗卷起农奴戟:中国工农红军第十三军》

作者:金延锋、沙勋

出版社:浙江人民出版社

出版时间:2018年

ISBN:9787213083365

内容简介:该书记叙了红十三军的斗争史。红十三军成立于1930年5月,是直属中央军委领导、编入正式序列的全国14支红军之一。红十三军坚持斗争4年,活动遍及浙南20余个县,最盛时达6000余人,经历大小战斗百余次。红十三军的斗争,沉重打击了国民党在浙江的统治,有力地支援了中央苏区及其他地区的革命斗争。

书名:《倒海翻江卷巨澜:中国工农红军挺进师》

作者:孙瑛、何飞龙

出版社:浙江人民出版社

出版时间:2017 年

ISBN:9787213081668

内容简介:1935 年春,中国工农红军挺进师在全国革命处于低潮时,孤军深入浙江敌后开展游击战争,重

新燃起浙江革命烈火,粉碎了国民党军数十个团的多次残酷"清剿",成功地坚持开展了艰苦卓绝的浙南三年游击斗争。其间,先后创建浙西南、浙东、浙南游击根据地,在一定程度上策应和支援了党中央和主力红军长征,配合和掩护了邻近游击区的斗争。挺进师的革命斗争,既是浙江革命重新进入发展时期的里程碑,又是南方三年游击战争的重要组成部分,为中国革命在南方建立了一个重要战略支撑点。挺进师的丰功伟绩,在中国革命史上树起了一座不朽的丰碑。

书名:《血染着我们的姓名:新四军浙东游击纵

队　新四军苏浙军区　永乐人民抗日自卫游击总队》

作者:曾林平、徐才杰

出版社:浙江人民出版社

出版时间:2017 年

ISBN:9787213081675

内容简介:该书系统介绍了抗日战争时期中国共

产党领导的浙江抗日武装斗争史。在日军入侵、国土沦丧的形势下,党领导浙江人民开展了武装抗日斗争,在浙东建立了新四军浙东游击纵队,开辟了以四明山为中心的浙东抗日根据地;在浙西建立了新四军苏浙军区,创建了以天目山为中心的浙西抗日根据地;在浙南建立了永乐人民抗日自卫游击

总队,开展抗日游击斗争。党领导的浙江敌后战场成为浙江抗战的主力战场,为夺取抗日战争的胜利做出了巨大的贡献。

(4)《中国有了一条船》

作者:董宏猷(著)、赵希岗(绘)

出版社:浙江少年儿童出版社

出版时间:2020 年

ISBN:9787559723673

内容简介:该长篇诗歌作品以中华文明进程中"船"的文化为叙述轴心,从河姆渡的木船、郑和下西洋的航船到南湖"开天辟地"的游船和蓝色海洋中的"人类命运共同体",展现船、"红船"以及"红船精神"在中华文明及世界语境下的意义。

(5)《绿水青山红土地:浙江革命老区发展纪实》

作者:浙江省新四军历史研究会、浙江省革命老区开发建设促进会

出版社:浙江人民出版社

出版时间:2020 年

ISBN:9787057397130

内容简介:该书约 20 万字,从不同侧面较为系统地反映了革命老区人民艰苦创业,特别是近几年在习近平新时代中国特色社会主义思想指引下积极探索、总结革命老区发展的新经验和新创造,以及革命老区发生的日新月异的变化。

(6)"全国革命老区县发展史"丛书——浙江卷

出版社:浙江人民出版社

出版时间:2021 年

内容简介:该套丛书记录了浙江省 32 个老区县的革命历史,展现了各

老区脱贫致富的发展特色,书写
了浙江人民的不懈奋斗史和浙
江老区的辉煌成就史,具有重要
的时代和历史价值。自 2017 年
中国老区建设促进会部署在全
国开展编纂"全国革命老区县发
展史"丛书工作起,浙江省革命

老区开发建设促进会便立即组织 32 个老区县的老区建设促进会编写浙江
省革命老区县发展史丛书。丛书翔实记载了各个老区县从土地革命、抗日
战争、解放战争到新中国成立后社会主义建设、改革开放和党的十八大以来
各个阶段的斗争与发展过程。丛书有三大特点:一是全景式反映浙江革命
老区的发展成就,提前脱贫实现跨越式发展;二是传承红色基因,凝聚磅礴
力量,充分运用红色资源,记录下省内每个革命老区的红色足迹,反映了革
命先烈的英雄事迹;三是增强了"四个自信"。

(7)《信仰的力量——浙江英烈七十人》

作者:中共浙江省委党史和文献研究室

出版社:浙江古籍出版社

出版时间:2020 年

ISBN:9787554016008

内容简介:浙江人杰地灵,英才辈出。在中国
革命、建设和改革的各个时期成千上万的浙江儿女
为争取民族独立、国家富强、人民幸福献出了宝贵生命。在枪林弹雨的战场
上,他们不怕牺牲,奋勇杀敌;在白色恐怖的地下斗争中,他们机智勇敢,负
重前行;在社会主义建设和改革开放的平凡岗位上,他们公而忘私,迎难而
上;在人民利益面临损失的紧要关头,他们舍生忘死,杀身成仁。他们是
中华儿女的优秀代表,他们是伟大民族精神的集中展现。习近平总书记
指出:"一个有希望的民族不能没有英雄,一个有前途的国家不能没有先
锋。"该书搜集整理了新民主主义革命、社会主义建设以及改革开放时期

浙江大地上涌现出来的 70 位优秀共产党员的生平事迹材料,展现了浙江作为中国革命红船启航地、改革开放先行地、习近平新时代中国特色社会主义思想重要萌发地的时代风采。该书收录的 70 位英烈,就是民族的英雄,就是国家的先锋。

(8)《为了万家灯火:中国共产党百年抗灾史》

作者:陈安、陈樱花、韩玮

出版社:浙江科学技术出版社

出版时间:2021 年

ISBN:9787534197413

内容简介:该书考察建党以来中国发生的若干典型重大灾害事件,详细总结了党应对灾害的指导思想、政策以及经验教训,高度再现了党带领人民战胜困难、创造奇迹的感人瞬间,充分体现了党的先进性和领导人民群众抗击灾害的决心和能力,凸显了中国共产党"为国为民"的初心和使命。

(9)《粲然》

作者:叶梅

出版社:浙江教育出版社

出版时间:2021 年

ISBN:9787572201943

内容简介:该书是一部全景式展示北京正负电子对撞机建造始末的纪实性文学作品。作者通过文学艺术的表达方式,为读者讲述了新中国第一个大科学装置建造背后的故事,带领读者领悟一代代科学家热血奉献的情怀和追寻真理的精神,揭示在重大成就背后中国共产党为中华民族谋复兴的初心使命。

(10)《脊梁——共和国勋章获得者的故事》

作者：王路、章月珍

出版社：浙江电子音像出版社、浙江人民出版社

出版时间：2020 年

ISNB：9787893831539

内容简介：崇尚英雄才会产生英雄，争做英雄才能
英雄辈出。该书采用广播剧形式，生动演绎了于敏等 8
位共和国勋章获得者"做隐姓埋名人，干惊天动地事"的初心故事。该书入
选中宣部 2020 年主题出版重点出版物。

(11)《改革先锋谢高华：一个勇于担当的共产党人》

作者：孙侃、邹跃华

出版社：浙江文艺出版社

出版时间：2021 年

ISBN：9787533963309

内容简介：这部报告文学真实地记录了原义乌县
委书记谢高华的生平经历和主要工作成就，详述他长
期奋战在基层的工作业绩，重点突出其在义乌任职期间推动开办义乌小商
品市场的典型事迹，点明谢高华事迹是"干在实处、走在前列、勇立潮头"浙
江精神的生动写照。

(12)《共产党宣言》

作者：马克思、恩格斯（著），陈望道（译）

出版社：浙江古籍出版社

出版时间：2020 年

ISBN：9787554017555

内容简介：为纪念《共产党宣言》引入中国 100 周
年，该书以收藏于中共一大会址纪念馆的《共产党宣
言》为蓝本再版，对深入学习贯彻习近平新时代中国特色社会主义思想和党的
十九大精神，贯彻落实"不忘初心、牢记使命"的党建主题，都具有积极的意义。

(13)"长征·我是红小鬼"系列丛书

作者:海小枪枪

出版社:浙江文艺出版社

出版时间:2021 年

内容简介:该系列童书将儿童文学创作与红色文化教育结合起来,包括《嘹亮的唢呐》《小渡船》《新的力量》3 册。内容以长征为时代背景,讲述了 12 岁少年王小北在战火中失去亲人后,带着爷爷留给自己的唢呐投奔红军,并与少年红军班的战友们一起渡大江、过草地,不断勇往直前的故事。丛书带领读者跟随红小鬼的步伐,重走长征路,感受中国少年自尊自信自强的精神面貌。

(14)《乌兰牧骑的孩子》

丛书名:纯净草原少年小说系列

作者:鲍尔吉·原野

出版社:浙江少年儿童出版社

出版时间:2021 年

ISBN:9787559723031

内容简介:"乌兰牧骑精神"就是始终高举党的领导的鲜明发展旗帜,坚持为老百姓服务、为基层服务。该书以少年视角,讲述了铁木耳、金桃和海兰花等 5 个蒙古族孩子在假期中的奇妙经历和丰厚收获,刻画了草原"红色文艺轻骑兵"乌兰牧骑的传奇故事,描绘出一群纯朴善良、坚强乐观的草原儿女。

(15)《红色家书》

出版社:浙江电子音像出版社

出版时间:2020 年

内容简介:《红色家书》展现了革命英烈坚定的理想信念和浓重的家国情怀,感人至深、发人深省。"信仰是中国共产党人的红色基因,铭记是最真的表达,传承是最好的致敬。"

(16)《为有牺牲多壮志——动漫党史故事(第一辑)》

作者:方曙、上海和胤文化传播有限公司、武汉江

通动画传媒股份有限公司

出版社:浙江电子音像出版社

出版时间:2021 年

内容简介:该出版物充分吸收党史研究的最新成

果,是动漫党史献礼作品第一辑,共 10 集。以历史发

展为主轴,每一集围绕一个重大历史事件讲好一个故事,突出一个主题。采

用动画形式和历史纪实手法,全景式再现中国共产党从成立到领导人民夺

取革命胜利的历史全貌。

(17)《心无百姓莫为官——精准脱贫的下姜模式》

作者:劳罕

出版社:浙江人民出版社

出版时间:2019 年

ISBN:9787213091711

内容简介:2019 年是全面建成小康社会的关键之

年,奔小康,一个都不能少。精准脱贫是必须打赢的三

大攻坚战之一。浙江省淳安县下姜村是习近平、赵洪祝、夏宝龙、车俊等省

委书记的联系点,在短短几十年里实现了从"穷脏差"到"绿富美"的转变,形

成了精准脱贫的下姜模式。该书以 2017 年 12 月 28 日《人民日报》头版刊发

的长篇通讯《心无百姓莫为官——习近平同志帮扶下姜村纪实》为基础,记

录了下姜村脱贫致富的振兴之路,展现了党员干部"心无百姓莫为官"的为

民情怀,被列为中宣部 2018 年重点主题出版物。

(18)"画说初心"丛书

作者:许江

出版社:中国美术学院出版社

出版时间:2019 年

ISBN:9787550318977

内容简介:"画说
初心"丛书由中国美
术学院院长许江主
编,是为庆祝中华人
民共和国成立 70 周
年而出版的献礼图
书。该丛书入选中宣
部 2019 年主题出版重点出版物。"画说初心"丛书第一辑由《红船启航》《入
党宣誓》《南昌起义》《遵义曙光》《井冈山上》《延安火炬》《英雄赞歌》《不忘初
心》8 个分册组成。全书以中华人民共和国成立以来中国美术学院承担的
"国家重大历史题材"美术创作工程为载体,每册以一幅美术作品为线索,讲
述中国共产党在各个历史时期坚持"为中国人民谋幸福,为中华民族谋复
兴"的历史使命;讲述中国艺术家群体始终坚定不移地跟随中国共产党,"不
忘初心、牢记使命",用视觉之光重绘一个个重大历史时刻,用充满火热激情
的画笔写照时代,雕塑历史,绘制讴歌党和人民在长期实践中开辟中国特色
社会主义道路的动人画卷。

(19)《红船精神:之江新故事》(英文版)

作者:《红船精神:之江新故事》编写组

出版社:浙江人民出版社

出版时间:2021 年

ISBN:9787213090400

内容简介:为更好地宣传党的十九大精神,深入
挖掘红船精神的丰富内涵和时代价值,该书以红船精
神为主题,分首创精神、奋斗精神、奉献精神三大板块,讲述了改革开放 40
年来浙江传承和践行红船精神的系列故事。书中收录了 40 个经典的浙江
改革开放案例,包括在浙江出现的风云人物、城乡巨变、重要事件等,借以展
现浙江人开天辟地、敢为人先的首创精神,坚定理想、百折不挠的奋斗精神,
立党为公、忠诚为民的奉献精神。通过这些典型人物的先进事迹和奋斗历

程,描绘了一幅宏大的红船精神画卷,展现了改革开放以来,红船精神在之江大地上生生不息、与时俱进的磅礴力量。

4.3.5　以社会生活中重大事件为主题的出版活动

2020年1月,新冠肺炎疫情暴发。1月30日,浙江省宣布启动重大突发公共卫生事件一级响应。一周不到,浙江省疾病预防控制中心、浙江教育出版社就组织专家紧急编制了《新型冠状病毒感染的肺炎预防手册》,大力普及疫情防控科学知识,及时发声指导。这也是全国最早出现的新冠肺炎科普书籍之一。2月,由浙江少年儿童出版社出版、专为学龄前儿童绘制的《病毒病毒快走开:小不点病毒防护知识启蒙图画书》电子绘本在网络平台上线。浙江大学出版社出版了新冠肺炎相关的系列丛书《新型冠状病毒肺炎心理干预实战手册》《2019冠状病毒120问》《基层医院新型冠状病毒肺炎防治手册》《新型冠状病毒肺炎临床救治手册:浙大一院临床实践经验》《新型冠状病毒肺炎医院感染防控操作手册》《战疫护理札记:这一路星星闪耀》等,在分享浙江经验的同时,极大填补了市场空白。

浙江大学出版社出版的《2019冠状病毒120问》《基层医院新型冠状病毒肺炎防治手册》陆续在电子阅读平台上线。前者由浙江大学医学院附属第二医院感染科主任医师徐峰亲自撰写,对普通市民最为关心的新冠肺炎问题进行了简单又科学的解答。疫情在国外暴发时,这本手册面向马来西亚、意大利当地华人免费发放,并授权当地中文刊物免费刊登。后者由丽水市人民医院院长黄刚、副院长楼天正、呼吸内科主任曹卓、院长助理王伟主编,针对基层医院应该如何做好新冠肺炎的防控进行研究与探讨。

2020年3月初,重磅手册《新型冠状病毒肺炎临床救治手册:浙大一院临床实践经验》出版,向全世界分享浙江诊疗经验。它由浙大一院携手马云公益基金会、阿里巴巴公益基金会,通过阿里云、阿里健康技术支持,向全球发布。

除科普读物外,浙江的出版单位还出版了多本讲述抗疫期间感人故事的读物,文艺创作空前火热,以出版抚慰人心,透过一个个感人故事,传递出战"疫"中"众志成城"的精神面貌。浙江出版集团数字传媒有限公司推出

"2020 年春节疫情故事特辑",记录抗疫中的点点滴滴;由钱江晚报社编著、浙江人民美术出版社出版的《平凡与不凡:浙江防疫抗疫一线故事》,记录了抗疫期间真实、暖心的故事;由浙江少年儿童出版社出版的《逆行天使》,开创性地用虚构文学,记录了武汉抗疫期间发生在一线医护人员、警察、市民身上的惊心动魄的故事;诗人黄亚洲创作的抗疫主题诗集《今夜,让我的心跟随你们去武汉》,讴歌了逆行的英雄。

　　另外,浙江出版集团数字传媒有限公司以及浙江大学出版社还将目光投到疫情后的生产恢复以及商业重振之上,出版了一系列商业性读物。

　　(1)《新型冠状病毒感染的肺炎预防手册》

作者:浙江省疾病预防控制中心

出版社:浙江教育出版社

出版时间:2020 年

ISBN:9787553699769

内容简介:该书主要分为基础篇、诊疗篇、预防篇、常见问题篇及附录,以图文并茂、通俗易懂的方式,指导个人防护,降低传播风险。

　　(2)《病毒病毒快走开:小不点病毒防护知识启蒙图画书》

作者:小不点亲子成长研究项目组

出版社:浙江少年儿童出版社

出版时间:2020 年

ISBN:9787559718600

内容简介:浙江少年儿童出版社婴童分社针对新型冠状病毒疫情,专为学龄前儿童紧急绘制了一本病毒防护科普图画书。为了深入浅出地为学龄前儿童的病毒防护解惑支招,浙江少年儿童出版社根据孩子们的生活经验和心理发展特点,结合疫情期间孩子们呈现出的心理现象编写了以恐龙小不点一家为主角的低幼绘本故事,并以最快的速度邀请插画师配图制作,在不到两周的时间内完成初稿。书中除了讲述可爱的恐龙小不点不注意个人卫生和病毒防护而被感染流行病毒并生病的绘本故事,还以浅显的文字介绍了病毒相关科普知识、传播途径,教导孩子们如何进行正确的自我防护,并通过知识闯关问答游戏的形式,帮助孩子们巩固在书本里学到的病毒防护知识,自觉养成良好的卫生习惯。

(3)《新型冠状病毒肺炎心理干预实战手册》

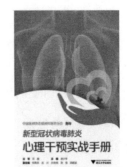

作者:许毅、胡少华

出版社:浙江大学出版社

出版时间:2020 年

ISBN:9787308200363

内容简介:该手册在中国医师协会精神科医师分会的支持和指导下,由浙江大学医学院附属第一医院、北京大学第六医院、武汉大学人民医院、上海精神卫生中心等机构的专家联合编写。该书从实战性出发,结合音频视频等立体材料,介绍新型冠状病毒肺炎患者的心理评估方法、心理干预整合方案、心理干预常见技术,并提供新型冠状病毒肺炎相关人群的心理干预案例。

(4)《平凡与不凡:浙江防疫抗疫一线故事》

作者:钱江晚报

出版社:浙江人民美术出版社

出版时间:2020 年

ISBN:9787534081095

内容简介:该书为首部全景式展现浙江"全民抗疫"主题的纪实文学作品。

(5)《逆行天使》

作者:许诺晨

出版社:浙江少年儿童出版社

出版时间:2020 年

ISBN:9787559718921

内容简介:《逆行天使》是一部现实主义题材的长篇小说,讴歌新冠肺炎疫情期间医护人员和各基层一线工作者们,为了挽救生命、维持人民生活的正常运转而英勇拼搏的动人故事。2020年春节前夕,武汉受到新冠病毒的袭击,无数生命受到威胁。危急关头,一个个平凡而又伟大的血肉之躯,不计报酬,甘冒生死,为挽救生命、守护家园而奋力拼搏:医生许依依面临留院还是回家的抉择;急诊科护士张梓文冲锋一线不顾个人安危;警察

武超群坚守岗位奔走一线……正是这些逆行的天使,用发光的生命筑起一道白色的长城,像午夜的焰火,照亮了城市黑暗沉寂的夜空。逆行天使,终将照亮锦绣江山,让读者看到了中华民族和整个人类生生不息的善、爱与希望。年轻的一代"中国力量",已然从一直被父辈呵护着的幕后,坚定地走向了为国家、为社会奉献的前台。作者始终密切关注着疫情防控一线那些真实感人的事迹,将自己的所见所闻所思述诸笔端。有声书同步上线,国际出版同步进行,让海外读者能够了解疫情期间,那些平凡英雄的伟大,感知这一场同舟共济、共克时艰的抗疫记忆。

(6)《童话抗疫:2020年春节疫情故事特辑三》

作者:南瓜屋故事出品

出版社:浙江出版集团数字传媒有限公司

出版时间:2020年

内容简介:我们将如何向孩子讲述这个春天到底发生了什么? 哪些行为导致情况恶化,哪些人值得铭记,那些事情怎样理解才正确? 该书收录的作品,用孩子喜闻乐见的故事体,普及防疫背后的科学知识,并告诉小读者该如何与野生动物和平相处。

(7)《哈佛商业评论》"微管理"系列

书名:《打通企业数字化价值链(抗"疫"复工特刊)》

作者:哈佛商业评论

出版社:浙江出版集团数字传媒有限公司

出版时间:2020 年

内容简介:虽然数字化转型的议题由来已久,但直到 2020 年初,数字化商业模式被意想不到的推动力按下加速键,许多企业才开始正视转型的紧迫性。"拿着旧地图,找不到新大陆",数字化商业时代的到来,意味着企业管理者需要跳出传统的行业逻辑,以"跨界"的思维寻找增长机会。但数字化转型并不意味着彻底的颠覆,其核心在于如何找到一种最佳方式,通过数字化工具满足客户的需求,并从战略、企业文化、业务多个层面做好准备,推动数字化在生产、供应链、运营、人才管理等多层面的全面落地。为此,《哈佛商业评论》梳理关于数字化商业模式建设的经典文章,集结成册。它们既包括企业如何培养数字化的思维、以何种路径推进数字化转型,也从数字化工厂、供应链数字化、人才管理数字化、采购流程数字化等价值链各层面进行具体解读,帮助读者从理论到实践全面了解数字化转型。同时,针对数字化转型失败率居高不下的核心痛点,作者团队也请专家问诊,提供可行方案。

书名:《你如何拥有复原力(抗"疫"复工特刊)》
作者:哈佛商业评论
出版社:浙江出版集团数字传媒有限公司

出版时间:2020 年

内容简介:生活中难免会遇到艰辛时刻——失业、减薪、无力偿还房贷……面对困难,有人一蹶不振、陷入抑郁或永远无法重拾信心,但也有人重振旗鼓,比如因失业的契机而发现事业的第二春。

书名:《从失败到重启(抗"疫"复工特刊)》
作者:哈佛商业评论
出版社:浙江出版集团数字传媒有限公司

出版时间:2020年

内容简介:汲取失败的教训,说起来容易,但真正能做好的却很少。许多公司已将"鼓励失败""无惧失败"写进公司管理体制,其中许多都设有"庆祝失败"的活动,以提升企业创新能力。那么,企业应如何看待失败? 企业的失败是由哪些原因造成的? 我们应如何从失败中学习,提升失败的回报率? 该书集结《哈佛商业评论》的研究与评论文章,让我们一起拥抱失败。

(8)《重疫之下的产业政策建议》

作者:魏江

出版社:浙江大学出版社

出版时间:2020年

内容简介:这场始料未及的疫情,对中国正常社会秩序的破坏和冲击巨大。在众志成城战疫情的同时,需要高度重视疫情对中国经济的影响,以强有力的政策组合拳,推动尽早恢复正常经济秩序。2020年是我国决胜全面建成小康社会、决战脱贫攻坚的关键之年,亟须各地结合自身实际出台对策,以应对疫情给经济带来的影响。浙江大学管理学院院长魏江教授带领调研团队用了4天时间,通过问卷调查、案例调查和电话访谈,研究形成该报告,以期为政府和企业提供决策参考。

(9)《抗疫大考》

作者:21世纪商业评论部

出版社:浙江出版集团数字传媒有限公司

出版时间:2020年

内容简介:抗疫,也是商业大考。疫情终会过去,留下的不少商业考题,需要花很长时间作答。

(10)《李兰娟院士留言板:新冠肺炎战疫记忆(2020年1月24日—3月28日)》

作者:郑杰

出版社:浙江科学技术出版社

出版时间:2020年

内容简介:一场突如其来的新冠肺炎疫情,让每一个人都措手不及。湖北当地医务工作者和援鄂医疗队队员白衣执甲、逆行出征,人民解放军指战员闻令即动、勇挑重担,广大社区工作者、公安民警、基层干部、下沉干部、志愿者不惧风雨、坚守一线,广大群众踊跃参与、众志成城,"武汉加油,中国必胜!"成为大家共同拥有的一段刻骨铭心的记忆。

疫情之下,"李兰娟院士留言板"应运而生,通过来自一线的白衣战士的日记,让人们了解抗疫一线的故事,倾听他人的心声,让更多的人知道有这样一个地方,可以将我们每一个人的力量汇聚在一起,为武汉加油,为中国加油。

树兰互联网医院产品开发团队经过三天三夜,完成了"李兰娟院士留言板"的开发。上线后,产品开发团队先后上线了"防控手册""科普视频",让大家在留言的同时,也可以看到靠谱的防疫知识。"留言板"上线5天后,众多一线媒体和互联网公司积极与"留言板"合作。疫情之下,"李兰娟院士留言板"成为医疗互联网圈的一道特殊的风景,为公众提供了一个建言献策、表达情感的窗口。

留言中,有心灵故事、谏言感谢、援鄂日记等;留言人中,有武汉疫区同胞,有海外华侨,上至耄耋老人,下至刚上幼儿园的小朋友。每一段文字后面都有这个时期的烙印。在疫情面前,一个人的力量可能是有限的,但千千万万人汇聚起来,就能形成战胜一切艰难险阻的强大合力。

(11)《生而平凡:2020 年抗疫故事特辑(七)》

作者:南瓜屋故事出品

出版社:浙江出版集团数字传媒有限公司

出版时间:2020 年

内容简介:该书记录了疫情中18 个"逆行者"的故事,他们生而平凡,但愿为险而战。每个故事都是真实的所见所闻,包括武汉企业主、"00 后"、护士、孕妇、村支书等主人公的感人事迹。

5 浙江省主题出版专题研究

浙江省的主题出版已经初步形成出版矩阵,浙江人民出版社是主题出版的重镇,无论是阐释社会主义理论的出版物,还是总结和记录浙江发展与建设的出版物,均在总量上稳占第一位。其他出版社也从各自角度选择跟进,如浙江文艺出版社从文学角度切入浙江经济发展与日常民生的现场;浙江少年儿童出版社从少年儿童的启蒙与教育出发来展示浙江革命历程;大学出版社也纷纷上马主题出版工程。主题出版,重在选题与策划,本章列举的几个出版主体,均从各自的站位来选择适于主题出版的内容,进行主题出版的打造。

5.1 浙江人民出版社的主题出版

作为浙江出版界主题出版的重镇,浙江人民出版社的定位即为地方性哲学、社会科学出版社。该社主要出版马列主义、毛泽东思想,党和国家的路线、方针与政策,以及政治学、哲学、经济学、法律、青年思想道德修养、历史学、文化学等方面的图书。近年来,浙江人民出版社的主题策划围绕两个重心:一是围绕党和国家中心工作策划,重点是围绕学习贯彻习近平新时代中国特色社会主义思想和党的十九大精神策划;二是围绕浙江省委、省政府中心工作组织策划。

浙江人民出版社的主题出版取得了很好的社会效益与经济效益,不少学界与业界人士也将其作为学习的对象。如:虞文军的《地方出版社主题出版的创新和发展——以浙江人民出版社为例》、杨帆的《浙江人民出版社:强社路上,风景独好》、黄琳的《浙江人民出版社:用文字记录伟大时代 用精品书写改革开放》和《浙江人民出版社:书写时代与历史,放歌成就和辉煌》、山人的《西子湖畔的出版业——访浙江人民、教育、美术出版社》、陈菲与严红枫的《浙版主题图书缘何获追捧》等,都对浙江人民出版社的主题出版进行了分析与报道。

5.1.1 服务中心大局,围绕党和国家中心工作策划

(1)宣扬与阐释习近平新时代中国特色社会主义思想

2007 年首次出版《之江新语》,除行销全国外,已进入多语种翻译出版工程,讲好新思想在浙江萌发与实践的故事。2011 年问世的《习近平总书记系列重要讲话精神干部读本》,是全国首本干部读本,被多个省份列为中心组学习参考材料,销量达 10 多万册。针对党员领导干部,"定制"了旨在作为各级党委中心组学习资料的"三读"系列丛书;省纪委编写的《扯扯袖子 咬咬耳朵》,入选中组部干部培训创新教材,发行量达 10 多万册。针对学生群体,出版"爱国主义教育"系列读物,10 多年共发行逾 2000 万册。应普通党员学习之需,出版"党员学习参考"系列,年发行量约 80 万册,累计超 1000万册。

由浙江省委宣传部组织编著的《红船精神问答》,分 20 问解答相关知识点,获第八届优秀通俗理论读物,入选中组部第四届全国党员教育培训教材。

2009 年,习近平总书记在中央党校春季学期开班典礼上提出"领导干部要爱读书、善读书、读好书"。而后,浙江人民出版社将其概括并推出"三读"丛书,根据各级党委中心组学习需要,结合中央重要会议、浙江省中心工作和重要理论学习,每月一个主题,分步落实选题计划。其中,"三读"丛书·开卷有益以短小精悍见长,每册五六万字,每辑分"今、古、人、文、译"五大板

块,摘编领导讲话、经典诗词、名言警句等。自 2013 年 1 月以来,每月 1 个主题 1 本图书,该丛书每年都有 60 多万册发行量,至今从未中断。

党的十八大以来,浙江人民出版社决策层关注中央政治局的学习会、深改组的学习会。他们注意到,政治局的会议上学习的材料、通过的决议,会传达到党中央的层面,中宣部会召开会议,再到政府层面。十八届五中全会前一两个月的政治局会议上,从总书记的讲话中,浙江人民出版社马上就想到了五中全会的主题,于是提前向国情专家胡鞍钢约稿,在五中全会期间推出了《"十三五"大战略》一书。另外,《习近平总书记生态文明思想问答》、《解读 26 个如何》、"他重塑了中国"丛书等主题出版物不断推出。

(2)围绕重要节庆、重要时间节点、重大事件进行策划

浙江人民出版社一直致力于重大事件、重要节庆的内容策划。1998 年,浙江人民出版社约请中央党史研究室原副主任张树军,出版了《大转折——中共十一届三中全会实录》。该书获国家图书奖提名奖。此书包括中国向何处去、走向历史转折、决定命运的三十六天、历史转折的宣言书、历史在这里转折等章节。

配合"两学一做"学习教育,出版《群众路线与党内教育》;十八届六中全会闭幕后即推出"践行全面从严治党"丛书等;以改革开放 40 周年为契机,浙江人民出版社策划、出版长篇报告文学《东方启动点:浙江改革开放史(1978—2018)》,依据大量史料和采访记录,还原、解读浙江作为改革开放先行地 40 年的变革历程,再现浙江样本的中国意义。

(3)区域文化主题策划

浙江有作为中国革命红船启航地、改革开放先行地、习近平新时代中国特色社会主义思想重要萌发地的政治优势,这也是主题出版工作重要的实践来源、理论来源和思想来源。浙江的出版单位有责任讲好中华人民共和国成立 70 周年特别是改革开放以来浙江砥砺奋进、化蛹成蝶的故事,讲好浙江树立"四个强省"导向、谋好"八个方面新篇"的故事。

2018 年是习近平总书记在浙江提出并实施"八八战略"重要思想 15 周年。为使全省广大党员干部更好地了解、把握"八八战略"的精神实质和丰

富内涵,浙江人民出版社出版了《八八战略》一书。同时,根据受众需求,选用图文并茂式、列表式、纲要式等便于阅读的呈现方式,分多种开本大小,出版了多种主题出版物。如:《读懂"八八战略"》等口袋书方便阅读,发行量达300万册;《扯扯袖子 咬咬耳朵》选用漫画形式,生动活泼。沿着这一思路,《清廉浙江建设问答》《读懂民主法治村建设》等小开本陆续问世。此外,《"最多跑一次"改革》全面、系统地解读、剖析了改革的逻辑起点、时代意义、实践基础,以及典型经验、实施成效、深化路径等;《乡村振兴战略》总结提炼浙江"三农"发展的实践经验,提出了新时代乡村振兴的思路、方案;《新时代"枫桥经验"的浙江实践》全景展现了相关浙江实践,为全国各地学习推广提供参考;《"两山"之路——"美丽中国"的浙江样本》《"两山"重要思想在浙江的实践研究》不仅展示总结了浙江经验,也为推进美丽中国建设提供了现实样本和文学读本。

2019年全国"两会"期间,习近平总书记在看望参加政协会议的文艺界社科界委员时强调,要承担讴歌新时代的使命,勇于回答时代课题。浙江人民出版社出版的《心无百姓莫为官——精准脱贫的下姜模式》聚焦淳安下姜村脱贫致富历程,《大陈岛密码》反映大陈岛垦荒精神,《义乌小商品市场之父》讲述改革风云人物义乌老书记谢高华的故事,《美丽中国从这里走来》反映浙江"千万工程"取得的历史性成就,揭示其获得联合国地球卫士奖的样板意义及重大国际影响,《快递中国》反映新一代中国农民创业史,入围中宣部"五个一工程"。

5.1.2 浙江人民出版社主题出版经验总结

(1)响应政府工作,重视主题出版

自2008年"主题出版"由原新闻出版总署正式提出并实施以来,浙江人民出版社一直十分重视,秉着做好书的原则,一直致力于主题出版、重点出版的工作。在2016—2020年期间,浙江人民出版社主题出版收获颇丰。

2016年,浙江人民出版社已顺利完成2015年度申请的国家出版基金资助项目"马克思主义视野下的国家治理丛书"的出版任务;完成省主题与重点出版物"浙江省委重大决策法律服务丛书"的出版工作;完成服务 G20 图书《杭州印象》(中英文版)、《杭州人手册》、《感悟经典·喜迎 G20:中国当代名家手札书法邀请展作品集》的出版工作;出版学习宣传贯彻党的十八大精神及弘扬社会主义核心价值观、共筑中国梦的主题图书"三读丛书"、《中国:决胜百年目标》。《共享经济:重构未来商业新模式》《中国:"十三五"大战略》荣获第二十五届浙江树人出版奖;《星际穿越》荣获 2015 年全国优秀科普作品奖、第十一届文津图书奖;《智慧社会:大数据与社会物理学》《善恶之源》《脑机穿越:脑机接口改变人类未来》《最好的告别:关于衰老与死亡,你必须知道的常识》为第十一届文津图书奖推荐图书;《与机器人共舞》入选"中央和国家机关'强素质·作表率'读书活动"推荐阅读书目。

2017 年,十九大文件租型工作取得初步成果,实现发行总码洋 4200 万元,增长 91%。其中,党章发行 360 万册,增长 16%,党员覆盖率为 96.8%;《辅导读本》发行 43.5 万册,增长 291%;报告单行本发行 150 万册,增长 36.4%。此外,顺利完成了印数增长 30% 左右、销售码洋增长 81.8%、党章的党员覆盖率达 96.8% 的任务。顺利完成国家出版基金资助项目《"两山"重要思想在浙江的实践研究》《"两山"之路——"美丽中国"的浙江样本》的出版任务;完成省主题与重点出版物《人民公开课:中国共产党与国家治理体系和治理能力现代化》《中国进入世界舞台中心》《鸡毛飞上天》《南京大屠杀 130 位受害幸存者实录》《平安中国的浙江实践》《以美铸魂 2:衢州最美现象启示录》和"践行全面从严治党"丛书、"中国共产党领导下的浙江武装斗争史"丛书的出版任务;出版学习宣传贯彻党的十九大精神及弘扬社会主义核心价值观、共筑中国梦的主题图书《从"八八战略"到"四个全面"战略布局》《中国道路辩证法——社会主义探索四个三十年》《2050 中国》和"中国自信与浙江实践丛书"(4 本)。列入国务院新闻办公室"中国文化著作翻译出版工程"重大项目、国家"十三五"规划重点项目的《中日文化交流史文库》(日文版)20 卷分两辑出版;《读懂红船精神》入选"十三五"国家重点图书。

2018 年,中宣部该年度重点主题出版物选题《心无百姓莫为官——精准脱贫的下姜模式》完稿,作者为人民日报社浙江分社社长王慧敏;列入"十三五"国家重点规划增补项目,由中央党史和文献研究院著名党史研究专家张树军执笔创作的《读懂红船精神》,当年处于写作状态。完成省重点主题出版物《东方启动点:浙江改革开放史(1978—2018)》;完成关于深入宣传阐释习近平新时代中国特色社会主义思想和党的十九大精神的选题、关于深化社会主义核心价值观宣传阐释的选题的出版工作,包括《红船精神问答》《牢记我是一名共产党员》《共产党人的精神脊梁》《共产党人的初心和使命》《新时代好党员的标准》《新时代党员65堂必修课》《2050中国》。为庆祝改革开放40周年,浙江人民出版社共安排了17种选题。已完成的项目有入选中宣部2018年重点主题出版物选题目录的《中国改革开放全景录·浙江卷》、于光远的《我忆邓小平》、胡宏伟的《东方启动点:浙江改革开放史(1978—2018)》、胡鞍钢的《我与改革开放同行》以及"中国方案的浙江样本丛书·浙江改革开放40年研究(地市卷)"(11种)。军事科学院马德宝大校的《改革强军40年》已完稿。2018年,浙江人民出版社列入重大选题备案的主题重点选题共5种,分别是《思想的伟力——习近平新时代中国特色社会主义思想在浙江的萌发与实践》《关键一招——中国改革开放重大事件实录》《伟大的历程——中国农村改革起步实录》《钱塘情怀:刘少奇与浙江》《旗帜飘扬:习总书记对青年的青春寄语》。《红船精神问答》入选第八届优秀通俗理论读物、中组部第四届全国党员教育培训教材;《上帝的手术刀:基因编辑简史》入选"强素质·作表率"读书活动2018年下半年推荐书目;《人民公开课:中国共产党与国家治理体系和治理能力现代化》《"两山"重要思想在浙江的实践研究》《"两山"之路——"美丽中国"的浙江样本》荣获第二十七届浙江树人出版奖;《"最多跑一次"改革》《红船精神问答》入选2018浙版好书年度榜;《人民公开课:中国共产党与国家治理体系和治理能力现代化》获2018春风图书势力榜年度新华悦读奖;《妈妈教的数学》入选"大众喜爱的50种图书";《上帝的手术刀:基因编辑简史》入围"2017中国好书";《"最多跑一次"改革》《东方启动点:浙江改革开放史(1978—2018)》分别入选中国好书2018年4月和12月榜单,位列榜首;《人体的故事:进化、健康与疾病》《上帝的手术刀:基因编辑简史》《创造自然:亚力山大·冯·洪堡的科学发现之旅》入选第十三届文津图书奖60本入围图书;《上帝的手术刀:基因编辑简史》获第九届吴大猷科学普及著作金签奖;《最好的告别》获第九届吴大猷科学普及著作翻译类金签奖;《创造自然:亚力山大·冯·洪堡的科学发现之旅》获首届"中国自然好书奖"。

2019年,完成中宣部2018年重点主题出版物选题《心无百姓莫为官——精准脱贫的下姜模式》的出版工作。截至2019年底,"十三五"国家重点规划增补项目完成情况如下:《中日文化交流史文库》《中国改革开放全景录·浙江卷》已出版;《读懂红船精神》在省委宣传部审稿;《剑桥非洲史》在三校;《他重塑了中国》列入"十三五"国家重大出版工程主题出版规划;《国家治理思想史》处于撰写阶段。当年,完成庆祝改革开放40周年选题的出版工作,相应出版物有:《中国改革开放全景录·浙江卷》《我忆邓小平》《东方启动点:浙江改革开放史(1978—2018)》《关键一招——中国改革开放重大事件实录》《伟大的历程——中国农村改革起步实录》。其中,《心无百姓莫为官——精准脱贫的下姜模式》获第十五届精神文明建设"五个一工程"特别奖;《东方启动点:浙江改革开放史(1978—2018)》入选2018年"优秀现实题材文学出版工程",入围"2018中国好书";《"两山"之路——"美丽中国"的浙江样本》入选2019年中宣部"农民喜爱的百种图书";《心无百姓莫为官——精准脱贫的下姜模式》《东方启动点:浙江改革开放史(1978—2018)》《"最多跑一次"改革》《守艺》获浙江省第十四届精神文明建设"五个一工程"奖;《上帝的手术刀:基因编辑简史》入选"40年中国最具影响力的40本科学科普书";《AI·未来》《东方启动点:浙江改革开放史(1978—2018)》入选"2018影响力图书"。

2020年,"他重塑了中国"丛书、"共和国功勋"丛书、与贵州人民出版社合作的"苍山如海:东西部扶贫协作"丛书、与浙江电子音像出版社联合申报的《脊梁——共和国勋章获得者的故事》入选中宣部2020年主题出版重点出版物;完成"十三五"国家重点规划项目《剑桥非洲史》;完成2019年度中国作协重点作品扶持项目《会它千顷澄碧:兰考脱贫启示录》;《之江新语》(俄文版、阿文版)备案通过;"他重塑了中国"丛书已根据重大选题备案反馈意见修改后再次送审;"共和国功勋"丛书陆续报送重大选题备案,《大陈岛密码》报送重大选题备案,2020年报送重大选题备案共7种。出版主题精品图书共17种,其中,围绕习近平新时代中国特色社会主义思想的出版物有

《"八八战略"与中国特色社会主义在浙江的实践》等 2 种,全面建成小康社会主题出版物有《美丽中国这样走来》等 2 种,聚焦浙江"三个地"优势的出版物有《读懂"重要窗口"》等 6 种,聚焦推动中华优秀传统文化、革命文化、社会主义先进文化的弘扬传承的出版物有《老一辈革命家的初心》等 6 种,其他主题出版物 1 种。《此生只为守敦煌:常书鸿传》入选"中国好书"月榜;《我忆邓小平》《心无百姓莫为官——精准脱贫的下姜模式》入选"2020 农民喜爱的百种图书";《人类起源的故事》入选第十五届文津图书奖推荐图书,获得第六届中国科普作家协会优秀科普作品奖金奖;《澄衷蒙学堂字课图说:精讲复刻版》获第十一届华东书籍设计双年展整体设计特别奖;共 17 种图书获评第三十四届华东地区优秀哲学社会科学图书,其中一等奖 6 种,二等奖 11 种。

乡村振兴也是浙江人民出版社的关注重点。脱贫攻坚取得胜利后,全面推进乡村振兴被提上日程。这是"三农"工作重心的历史性转移,也是一个大国的历史担当、一个大党的初心使命。浙江人民出版社重点关注这一战略,充分发挥"三个地"政治优势,出版了《乡村振兴战略》《乡村振兴的浙江实践》《美丽中国这样走来——浙江"千万工程"纪实》《"两山"之路——"美丽中国"的浙江样本》等一系列作品。①

(2)满足学习型社会需要,服务地方党委工作

作为地方人民出版社,浙江人民出版社与兄弟城市社相比,政治性、意识形态属性更强,也是浙江出版联合集团内主题出版工作的主体责任单位之一。浙江人民出版社对主题出版工作也更加重视,将抓好主题出版作为出版社工作的重中之重。浙江人民出版社设有 5 个编辑中心,虽然没有专门的主题出版编辑中心,但是对时政、财经和文史三大编辑中心都有主题出版的硬性规定,要求 20% 以上的选题为主题出版类选题。每年,浙江人民出版社主题出版图书的品种在 100 种以上,销售收入占比超过 40%。其中,浙江人民出版社的 2 个编辑中心——时政编辑中心和财经编辑中心,加挂主

---

① 《浙江人民出版社推出多部乡村振兴研究图书》,2021 年 3 月 5 日,https://baijiahao.baidu.com/s? id=1693354899168494021&wfr=spider&for=pc,2021 年 4 月 22 日。

题出版中心。特别是时政编辑中心,专门服务于浙江省委、省政府的中心工作,从事党建读物的编辑出版工作,截至 2021 年底,有 10 位专业编辑,主要围绕党和国家的中心工作策划选题,主要服务的读者对象为党政领导干部和广大党员。

面对社会产生的需求,浙江人民出版社不断进行主题策划。比如,2017年,浙江人民出版社围绕着以习近平同志为核心的党中央提出的一系列强军思想进行组织,约请中国军事科学院的专家以"强军"为主线进行梳理,出版《新时期强军思想研究》。该作品入选 2017 年国家新闻出版广电总局 90种精品主题选题。

(3)打开市场销路,放大社会效益

"肩负人民出版社的出版职责,新主题出版势在必行——探索时政主题读物的大众出版之路,重塑主题出版读物的创意开发和营销模式,更力求成为社会发展的'思想智库',从而凝聚社会共识和大众力量。"①2012 年以后,浙江人民出版社坚守社会效益的立场,抓住全民阅读的时机,对主题出版进行了全面的布局。"每个选题要体现品牌价值,得到市场认可,一方面要多层次多方向定位读者,另一方面也要进行市场化运作。社会效益如何体现?它是建立在一定的发行量基础上的。"②

时任浙江人民出版社社长何成梁认为:"特别是十八大以后,全民阅读的背景之下,党政干部阅读的氛围越来越浓;当然,从具体产品的角度,刚好这两年有两个畅销书衔接住了,2013 年底的《大数据》,2014 年的《之江新语》。因为有这两本畅销书,我社这四五年积累下来的时政、财经两条产品线在市场当中立住脚了。在其他的兄弟社都还没有能力去做规模化的大众出版时,我钻了这个先机。"③大规模地进行主题出版的深化与拓展,成为浙

---

① 陈香:《浙江人民社:闯出主题出版的市场之路》,《中华读书报》2016 年 7 月 20 日,第 6 版。

② 黄琳:《浙江人民出版社:用文字记录伟大时代 用精品书写改革开放》,《中国新闻出版广电报》2018 年 12 月 28 日,第 4 版。

③ 陈香:《浙江人民社:闯出主题出版的市场之路》,《中华读书报》2016 年 7 月 20 日,第 6 版。

江人民出版社占有市场的法宝。

在此思维之上,将经典理论普及化工作做好就成为一项重要的工作。

首先是将理论阐释到位,做细、做实。习近平总书记在中央党校校长任上时有个讲话,谈及领导干部要爱读书、读好书、善读书(简称"三读")。浙江人民出版社意识到那篇文章非常重要,会产生持续的广泛影响。据此,顺应建设学习型组织、学习型政党、学习型政府的需求,浙江人民出版社开发了"三读"丛书·开卷有益,每月1本,一年12本,每年都有60多万册的发行量。2017年,习近平总书记在中央政治局常委集体瞻仰南湖红船时发表重要讲话,强调要结合时代特点大力弘扬红船精神。为此,浙江人民出版社主动对接省委宣传部,遴选组织专家、学者收集整理红船精神研究资料,针对当下党员干部和人民群众迫切需要了解和学习的有关红船精神的知识点,撰写《红船精神问答》。该书在以往学习、研究、宣传红船精神的基础上,围绕红船精神的提出及其科学内涵、红船精神的历史地位、红船精神的时代价值和理论价值、红船精神的实践意义等几个方面,精心选择了20个问题,从历史的维度、理论的深度、时代的高度进行了深入浅出的生动解答和阐述。

其次是将理论与区域实践结合起来,从微角度、低角度来思考理论。主题出版所面临的核心命题为,主题出版不仅仅是"上情下达",而且是用普通民众能够接受的大众化方式,"转译"执政党的新思想,也即执政党"理论"(包括新表述、新论断、新思想)的大众化、通俗化和时代化,同时包括"民情汇聚"——民智、民舆、民情的汇聚。更重要的是,它应该成为"思想智库",服务国家战略,为社会进步提供知识参考与借鉴。"每次有大的活动,如'三严三实'、群众路线教育实践活动、'两学一做'教育,我们都提前布局、谋划选题;还有就是根据浙江的实际情况来进行选题开发,比如,浙江正在持续开展的'五水共治''三改一拆''四边三化'等经济新常态下转型升级组合拳活动。根据全面依法治国的战略,相关活动必须依法依规开展,为此,我们策划了一套服务省委重大战略部署的法律解释丛书;今年还有一些选题,比如'五大发展理念与浙江实践丛书'、《'两山'重要思想在浙江的实践研究》,

都是服务大局的选题,也会受人关注的。"①

最后是做好主题出版图书的销售工作。《之江新语》出版后,首先在浙江省内进行推荐。在相关领导同志的关心下,省委发了一个文,扩大了普及面。而借第二批群众路线教育实践活动开展之机,浙江人民出版社把《之江新语》推向市场。针对大众读物,一定要走大众传媒,去用新媒体技术,整合线上与线下的资源。比如,《共享经济》推出新的理念:将个人拥有的过剩资源分享给其他人使用,并获得某种意义上的收益,这就是共享经济。未来80%以上的产业将被共享经济所改变。特别是在政府工作报告都指出要发展共享经济的大环境下,一定会有更多的个人、组织和行业加入共享经济行业中。谁能够抓住共享经济的风口,谁就有可能赢在"人人分享,人人获益"的时代。《共享经济》一书作者罗宾·蔡斯拥有商界、学界与政界的三栖背景,早在1999年就创办了第一家共享型企业Zipcar,之后一直专注于推动共享经济的发展。她的全新力作《共享经济》从个人、企业、政府三大角度,从理论模型与实践解析两大方面梳理共享经济的过去、现在与未来。此书作者在上海交通大学演讲,中央电视台财经频道的对话栏目现场实地录播了一个节目,于2021年12月中旬播出,引爆图书的销售。《大数据时代》作者维克托学术成果斐然,有100多篇论文公开发表在《科学》《自然》等著名学术期刊上,他同时也是哈佛大学出版社、麻省理工出版社、美国社会学期刊等多家出版机构的特约评论员,受众多世界知名企业信赖的信息权威与顾问。他的咨询客户包括微软、惠普和IBM(国际商业机器公司)等全球企业;而他自己早在1986年与1995年就分别担任两家软件公司的总裁兼CEO(首席执行官),由他的公司开发的病毒通用程序,成为当时奥地利最畅销的软件产品。他于1991年跻身奥地利软件企业家前5名之列,2000年被评为奥地利萨尔斯堡州的年度人物。但此书能够真正火起来,是因为作者维克托在北京邮电大学做了一期演讲。

通过精准的传播,出版物与读者建立起对应的关系。针对不同的读者

---

① 陈香:《浙江人民社:闯出主题出版的市场之路》,《中华读书报》2016年7月20日,第6版。

群体,进行政策内容的多样化编排,比如针对各级党委中心组学习,编写口袋读本"三读"系列丛书。该丛书根据中央和省委、省政府重点工作、重大战略、重要议题,干部群众关注的热点话题和理论界探讨的焦点问题,选定主题和内容,力求为广大党员干部提供导向明确、主题鲜明、观点前沿、内容丰富、更新及时、学用结合的"口袋读本",打造具有鲜明特色的品牌理论读物。针对学生群体,推出浙江省爱国主义读书教育活动配套用书《百年潮涌·红星闪闪放光彩》(中、小学版),推进党史学习进学校、进课堂、进头脑,深入滋养中小学生心田。

(4)认真打造选题,探索精品出版

得益于出版社主题出版市场化运作、系列化开发、区域性营销等,浙江人民出版社的主题出版做得风生水起。现任浙江人民出版社社长叶国斌表示,"精品出版、精致出版、精准出版、经典出版是我们的核心竞争力"。

做好主题图书,首先需要强大的作者队伍。"十二五"以来,浙江人民出版社围绕重点宣传任务、重要工作、重大事件和重要时间节点,放眼全国,组织有时代性立意的选题。浙江人民出版社作者队伍强大,涵盖各个领域的权威与精英。《大转折——中共十一届三中全会实录》的作者张树军,先后就读于山东大学和北京师范大学,获历史学学士和法学硕士学位,曾任中共中央党史研究室科研管理部主任、研究员,获国务院颁发的政府特殊津贴,入选"百千万人才工程""四个一批"等国家级人才。张树军从事中共党史、党史人物和党的思想理论研究多年,参加中共中央交办的《中国共产党历史》等撰写,是理论研究的权威。浙江人民出版社组织出版的中央党史研究室原主任欧阳淞、新华社原社长李从军任主编的《中国共产党执政兴国图集》,入选2016年国家新闻出版广电总局主题出版重点选题项目。中央文献研究室原副主任、中国社科院原副院长、《求是》杂志社社长李捷主编的《毛泽东著作辞典》,获2012年第三届中国出版政府奖图书奖和中华优秀出版物奖。中国军科院著名军事理论研究专家马德宝的《新时期强军思想研究》,入选2017年国家新闻出版广电总局90种精品主题选题。中央政策研究室原副主任施芝鸿创作的《他重塑了中国》(6卷本),被列入"十三五"国家重点出版规划增补项目。

其次要对图书进行精打细磨,深耕主题,进行全面策划。浙江人民出版社已出版有关红船精神的图书 10 多种,印数达到 30 万册,码洋近 1700 万元。《红船精神问答》责任编辑洪晓谈到,当时省委宣传部希望在最短的时间内推出这本书,时间紧,要求高,编辑团队齐心协力、全身心地投入书稿的编辑工作中。"在沟通封面设计稿和内文版式时,宣传部领导表示虽然书稿内容严肃,但希望封面和版式能相对活泼,端庄大气但不呆板生硬。故而封面用了黄色的底色,以红船和钱江潮为主图,暗含了习近平总书记对浙江'干在实处、走在前列、勇立潮头'的期许;书名运用了红色毛体字样,并做特种工艺,既遒劲有力,又显眼突出,有层次感。"①书的内文版式疏朗,留白充足,并运用了 Q(问题)和 A(回答)的修饰元素让版面生动起来。叶国斌说:"我们会根据不同受众的特点来设计不同的版式,比如领导干部喜欢字体稍大、轻松活泼的版面,我们就会把内容做得图文并茂,用列表式、纲要式等形式展现,使之通俗易懂、贴近实际、学以致用。"还有文本的表达,叶国斌认为,"领导干部看的书一定是简明扼要、准确,不要太厚,像专著一样"。②《之江新语》和"三读"丛书的文风都非常干净、简洁,符合现代阅读的需要。

最后要高度重视现实题材,坚持小切口折射大题材,小故事反映大道理,回答时代之问,回答现实之问。主题出版要契合读者需求的大众出版方向。事实上,主题出版不仅要传达执政党的新思想,而且要创新理论的通俗化,用老百姓听得懂的话语讲大道理。比如,浙江人民出版社与重庆出版社联合出版的浙江作者朱晓军以报告文学形式创作的《快递中国》,反映了浙江独有的富阳快递之乡现象,反映了新一代中国农民的创业史,获浙江省"五个一工程"奖、中宣部"五个一工程"奖。再如,胡宏伟的《中国模范生——浙江改革开放 30 年全记录》《东方启动点:浙江改革开放史(1978—2018)》,以报告文学手笔,以浙江改革开放百姓的生动故事来全景式反映中

---

① 黄琳:《浙江人民出版社:用文字记录伟大时代 用精品书写改革开放》,《中国新闻出版广电报》2018 年 12 月 28 日,第 4 版。

② 黄琳:《浙江人民出版社:用文字记录伟大时代 用精品书写改革开放》,《中国新闻出版广电报》2018 年 12 月 28 日,第 4 版。

国改革开放历程。胡宏伟作为资深媒体人,32年来执着地关注浙江经济。这样的创作者非常少见,就像他自己所言:"我热爱浙江这片土地,要在这里打一口观察中国的深井。""别人用10年观察,我就用20年,别人用20年观察,我就用30年……我要用更多的时间记录发生在浙江的故事。"①

浙江人民出版社在过去的10年间实现了跨越式的成长,无论是社会效益还是经济效益,都战果赫赫,从一家默默无闻的地方社一跃化为业界有口皆碑、读者青睐有加的头部品牌出版社。干在实处永无止境,走在前列要谋新篇,勇立潮头方显担当——浙江人民出版社社长叶国斌总把习近平总书记对浙江工作的重要指示挂在嘴边,从见证者、亲历者到谋划者,叶国斌认为浙江人民出版社的出版实践正是对浙江出版人勇于突破、能打能拼精神的精准诠释。

"主题出版绝非没有市场。它正是我们的核心竞争力所在。"叶国斌告诉《出版人》的记者。在许多出版社仍把主题出版视作服务大局的任务的时候,浙江人民出版社就颇具前瞻性地将其纳入自身的整体框架中,逐渐摸索出了主题出版与阅读市场相结合的新模式。

多年来,浙江人民出版社以"思想引领时代、知识服务用户"为价值观,始终把守住政治方向、价值取向、舆论导向作为重中之重的任务。而在浙江人民出版社崛起的过程中,主题出版也扮演着至关重要的角色。这家位于杭州的出版社并不仅仅把使命局限在服务浙江省委、省政府上,而是精心设计了上效党和国家的中心工作,下接地方基层工作者具体需求的产品体系。

"在人员没有明显增加的情况下,浙江人民出版社能取得今天的成绩,让我倍感自豪。"叶国斌说。当记者问及这份成功背后的秘诀时,叶国斌表示:积极地往市场转型,向市场要效益是浙江人民出版社近年来的指导思想。无论是主题出版物还是一般市场书,浙江人民出版社都遵从这一原则,也正是变化了视角,让出版社在大社强社之路上看到了不一样的风景。出

---

① 虞文军:《地方出版社主题出版的创新和发展——以浙江人民出版社为例》,《出版广角》2020年第1期,第9—13页。

版社在过去几年间始终坚持主题出版市场化的战略,主动寻找读者,出版有高度、有深度、有温度的优秀作品,扩大主题出版的传播力和感召力。①

5.2　浙江电子音像出版社的主题出版

浙江电子音像出版社是省内的第三家音像出版社,它在成立之初就有鲜明的社会意识,获得中华优秀出版物奖与中国出版政府奖的次数居全省出版机构之冠。2018 年,为了整合数字板块,在浙江出版联合集团的统一安排下,浙江电子音像出版社和其他三家单位(博库网络、期刊中心、集团数媒中心)共同成立了博库数字出版传媒集团。2021 年底,为了在数字化改革大背景下进一步做大做强教育数字出版,浙江出版联合集团又将浙江电子音像出版社整合进浙江教育出版社集团有限公司。以下是对浙江电子音像出版社前任社长任路平、现任总编唐可与编辑魏嘉的采访。

5.2.1　浙江电子音像出版社主题出版概况

问:贵社是何时开始策划主题出版的?

答:在 1993 年的时候,总社成立了电子音像出版部。我们花了 3 年时间,1995 年开始分出来,1996 年正式挂牌。因为当时有编制审查,从中央到地方各级进行审批,整个流程走下来后有了我们出版社的挂牌。在音像方面,我们是省内的第三家,在电子方面,我们属于第一家。

问:贵社在 2006 年获得了中国出版政府奖(电子出版物奖)提名奖与首届中华优秀出版物(电子)奖,在主题出版方面成就很高,能否简单介绍一下做过的选题?

答:我们电子这一块也发展得比较早,当时也去参加过很多评奖。两年

---

① 出版人杂志:《不仅会做主题出版,这家地方人民社如何靠好书养活自己?》,2019 年 1 月 16 日,https://www.sohu.com/a/289501947_211393,2021 年 4 月 25 日。

评一次中华优秀出版物奖,三年评一次中国出版政府奖。在 7 届中华优秀出版物奖评选中,我们每一届都获过奖;在 5 届中国出版政府奖评选中,我们有 4 届获过该奖项。因此,我们的成果还是比较显著的。

我们出版社在主题出版方面持续的时间长。我们都很重视主题出版。我社历届领导始终坚持在做,这也涉及我社的宗旨,始终把出好书放在首位,同时坚持经济效益和社会效益两手抓。有一段时间经济不景气,我们也挺不容易,有些选题甚至会在报告会议上被指责。这种情况在当时时有发生,我们出版社在经历了那段时期之后,还是坚持了下来。出版社一直秉持着明确的办社宗旨,所以大家都围绕着主题出版去做。2006 年出版的《中国六体书法大字典》是与浙江图书馆合作的。这是一项很有意思的工程,也是个数据库,很有价值。浙江图书馆是一个很好的合作对象,他们有很好的资源,我们还合作了"中国历代人物图像数据库",获了第三届中华优秀出版物(电子出版物)奖,《浙江藏书楼》获了第四届中华优秀出版物(电子出版物)奖。其他如"中国历代人物印鉴数据库"获了中华优秀出版物奖(电子出版物)提名奖。

问:从 2003 年之后,贵社的主题出版情况如何?

答:因为主题出版的内容重大,所以主题出版实际上是一把手工程,出版社高层领导都是亲自参与的。我们一般都是为一个项目成立一个团队,基本都是从选题策划开始,一直做到出版物出版为止。因为项目重大,需要提前策划、安排、跟进,所以一年之中大致能做两三个选题,能全部完成一个已经十分不错了。

问:主题出版的作者主要来自哪里呢?

答:我们一直在积极寻找作者。作者必须有一定的资源积累,才能让出版社在后期跟进。我们的作者单位有浙江图书馆。之前浙江图书馆有一位老作家,特别热衷于创作,每年都会立很多项目。我们每年都从中挑选选题,多年来也合作得非常好,一直到老作家退休。第二个作者来源是各个电视台,还有的作者来自部队,等等。

问:贵社策划过哪些主题出版作品?

答:近几年,我们策划了《八一军旗红——少儿动漫军史故事》,这是一部庆祝中国人民解放军建军 90 周年和中华人民共和国成立 70 周年的动漫军史献礼作品。作品中用 VR 虚拟影像技术真实重现了我军历史上一系列重大历史事件和相关战役。这部作品于 2018 年入选国家出版基金项目,2019 年获中华优秀出版物奖(音像电子游戏出版物奖)提名奖。

问:有一部有声读物《红色家书》,能否简单介绍一下?

答:《红色家书》比较复杂,材料是原来的材料,名字是后来我们自己取的。最早其实叫《历史家书》,后来才改成《红色家书》。后来,《红色家书》也登上了"学习强国"学习平台和"懒人听书""红蜻蜓"等平台。

问:贵社在进行主题出版策划时,有哪些要求呢?

答:其实我社的很多作品都是综合性的,包括选题名称、作者单位。我们要求作者单位必须是权威部门,比如目前我社正在筹备的《基石——中华人民共和国第一部宪法诞生记》,需要中央档案馆来冠名,这也需要进行综合性策划。哪怕是个人作者,也必须是比较权威的作者,还需要进行重大选题备案。有些出版物的出版时间跨度比较长,有几年甚至十几二十几年的。《基石——中华人民共和国第一部宪法诞生记》是个国家基金项目,做了很多年,还在继续做。

5.2.2 浙江电子音像出版社主题出版的市场销售

问:在两个效益方面,资金是自筹的吗? 是自负盈亏吗?

答:主题出版要重视盈亏情况,集团年终考核时也需要看指标。但是,关于双重属性,出版社必须非常清楚的一点是,要知道自己在干什么,两个效益都要兼顾,当两个效益发生冲突时,一定要更注重社会效益。

问:早期主题出版效果怎样?

答:我们在建社初期就开始筹划。当时,我们策划了关于邓小平的选题,与中央文献出版社合作,做了电子出版物。因为当时的电子出版物比较少,所以这个作品出来之后就获了不少奖,包括国家级的一些奖项,也在"九五"成就展上展示过。我们是以社会效益为主,很多出版物会送到农村、革命烈士纪念馆、各地组织宣传部。

问:虽然关于邓小平的选题是和中央文献出版社合作的,但投资应该也不少吧?

答:是的。险些要把出版社拖垮了,走这条路还是比较不容易的。但是政府也会给予很大的支持。这之后,浙江教育出版社出版了《中国少年百科全书》,我们将之电子化,因为当时电子出版物还是比较少,比较新颖,所以后来也取得了不错的经济效益。

问:《中国少年百科全书》是贵社的作品,它是怎么运作的?

答:做少儿图书,其实我们不占优势,主要是和浙江教育出版社合作,当时他们也支持了我们一把。因为浙江教育出版社的《中国少年百科全书》当时非常火,书店要购买此书,需要搭售其他图书。在这个前提下做电子版,我们当时也算是搭了一个便车。之前电子出版物的势头非常好,有些光盘在当时售价 800 元,也有很多读者购买。不过电子出版物很容易被盗版,1995 年之后盗版盛行,电子出版物的价格一降再降,从几百元降到几十元甚至几元,整个行业受到了很大的冲击。

问:现在的电子出版物的发行渠道是怎样的,怎么发行?

答:我们经济来源的大头还是在教育这一块,教育方面的纸质书要配设光盘、磁带等。很多省的主要音像社还是依靠教育这一块,边缘的出版社就很难说了。像我们省的音像出版单位也有七八家,那我们社应该算是比较好的。一般的出版社其实运营得比较艰辛,之前受到盗版的冲击,现在受到网络的冲击。

问:贵社有没有开设自己的网络平台?

答:有的。现在也靠网络发行。通过网上下载等途径,出版物发行的形式已经开始转变了,光靠实体光盘的形式是不行的,现在的设备已经更新换代了。但对于比较传统的载体,我们还是在坚持,像光盘是有版权保护的,不能随便去拷贝,在实际生活中还是需要的。

5.2.3 浙江电子音像出版社主题出版的案例

问:能具体说一下贵社主题出版物的策划过程吗?

答:实际上,我社的电子出版物都有一个二次创作的环节。举个例子来说,我们后来做的《我爱这蓝色的海洋》,从选题到找作者,一直到后面的创作完成,都是由我社一手操作的,后来获得了中国出版政府奖与中华优秀出版物奖。整个流程由出版社一手操作完成,这个难度还是比较大的。当时我们找的作者是东海舰队的一位将军。

问:请谈谈《我爱这蓝色的海洋》这本书的出版过程。

答:《我爱这蓝色的海洋》的作者是我们一直都在合作的,是位军人。他最早做的是《东海丰碑》这个选题,主要讲述的是我国海军东海舰队的成长史。"海洋强国"战略被正式提出后,我们马上策划选题,刚好当时有合适的作者,后来就出版了《我爱这蓝色的海洋》。这是一本面向青少年普及海洋知识、弘扬海洋文化、唤醒海洋意识,进而让他们热爱海洋事业,引导他们畅想海洋前景,将来投身海洋强国建设的主题教育读本。书中不仅详细描述了自然海洋和人文海洋的主要特征,展现了海洋与人类休戚与共的依存关系,还介绍了人类对海洋孜孜以求的探索与发现,以及对海洋环境的深入认识。《我爱这蓝色的海洋》出版之后,还加入了游戏,这样就增加了出版物的容量与可读性。

问:从组稿到出稿,音像出版社相对于传统的出版社来说,会遇到哪些问题呢?

答:选题是没有区别的,传统出版社能出的我们也能出,但我们的出版物需要涉及多媒体的内容,纯文本的不行,一定要图文声像相结合。在找作者的时候,也需要注意这一点,作者最好不仅要会写,还要会视频创作。例如,《我爱这蓝色的海洋》这一出版物,作者是东海舰队创作社的主任,他本身就是一个作家,同时还是其创作社摄影部的成员,也承担着部队宣传报道的角色,在后期我们也一起合作拍摄。兼具两方面技能的作者是很难找的,找到之后鼓动作者一起来完成这个项目也很不容易。后来,这位作者又和我们一起做了杭州湾跨海大桥的项目,叫《海上第一桥》,也是重点出版物,是当时的国庆献礼之作。我们邀请他专门做摄影,拍摄 36 千米长的跨海大桥。在当时,我们还是第一次做这样一件事情,是非常有意思的。

问:出版过程是怎样的? 两轮三审制指什么?

答:我们是两轮三审制,比一般出版社要复杂。我们在选题认证结束之后,要进行素材的准备,这个阶段的审核和传统出版社一样,必须先审核一遍。在审完所有的素材之后,再进行多媒体出版物的二次创作。在多媒体出版物完成之后,还要审核一遍,检查图文、视频、链接等有没有错误。这就是我们的两轮三审制,实际上这个难度还是比较大的。所以,我们的有些重点出版物要几年才能完成,像我现在负责的《基石——中华人民共和国第一部宪法诞生记》已经实施两年了,还在磨,还在持续完善的阶段。

问:完成后的作品是音像作品吗? 这个技术是如何做到的?

答:实际上应该是电子化了,称为多媒体出版物,不是单纯的文本转为电子书这样的线性化,而是树状结构的、非线性的,是有交互性的内容存在的,是比较复杂的。在技术方面,我们一路走来,有很多与我们合作的公司。比如,与我们合作得比较长久的一家公司是杭州智库信息技术有限公司。我们在合作之前,也会向该公司提供一套完整的方案和脚本。大家都做得比较努力。

问:请介绍下《八一军旗红——少儿动漫军史故事》的出版情况。

答:这个出版物是和深圳的一家制作单位——环球影视公司合作的,那是家很大的公司,文本创作也是他们负责的,对方把军史压缩成几个故事,我们的编辑后来审核的时候对此存有疑虑,毕竟这样的场景设置我们还没有尝试过。该作品中运用 VR 虚拟影像技术再现我军的重要历史事件和重大战役，让少儿能够在模拟场景中接受教育，达到事半功倍的效果。这个表现手法确实新奇，场景也不是传统意义上的穿越，而是在 VR 场景中穿越。所以这个出版物是全新的尝试，它实现了产品内容制作、在线服务体系、读者经营的精准化、体系化、数字化，可谓一次极具创意的融媒体探索。

问：以后贵社准备怎样应对网络化对出版社和主题出版的冲击呢？

答：我社会和一些音频平台合作，包括"学习强国"学习平台、"懒人听书"、"红蜻蜓"等。也会和一些民营公司合作，我们目前结识的一些民营出版公司的负责人也是十分重视主题出版的。

5.3 浙江工商大学出版社的主题出版

浙江工商大学出版社是一家年轻的出版社。此社是如何进行主题出版的布局的？以下是对浙江工商大学出版社副总编郑建的采访记录。

5.3.1 浙江工商大学出版社主题出版概况

问：贵社是如何理解主题出版的？

答：近几年主题出版持续火热，主题出版图书在整体零售市场中册数比重呈上涨趋势。根据北京开卷公司的数据，2020 年共有 550 家出版单位的 27062 个品种参与到主题出版领域之中，出版单位数量连续 5 年保持增长。可见对出版单位而言，在书号政策收紧、大众出版领域新书表现乏力的背景下，更多的出版单位把选题策划的重心放在主题出版领域。对中宣部历年主题出版重点出版物选题目录中的图书进行分析，我们可以发现，在近 6 年共 532 种重点选题中，发展史/革命史类选题共有 81 种，占总选题量的 15.23%，在所有 10 类选题中排名第二，仅次于文化建设类选题。从出版社类型构成来看，有 61.33% 的图书出自中央及军队出版社，其次是地方出版社及大学出版社，分别承包了 24.69% 及 13.98% 的品种。从码洋占有率来看,中央及军队出版社的优势更加明显,占据了主题出版91.82%的码洋,其余类型出版单位的码洋占有率合计不足9%。因此,从出版数量与图书销售整体情况来看,主题出版方面的图书逐渐成为出版选题领域非常重要的构成部分。

2018年3月,中共中央印发了《深化党和国家机构改革方案》。方案提出,为加强党对新闻舆论工作的集中统一领导,加强对出版活动的管理,发展和繁荣中国特色社会主义出版事业,将国家新闻出版广电总局的新闻出版管理职责划入中央宣传部。调整后,中央宣传部关于新闻出版管理方面的主要职责是,贯彻落实党的宣传工作方针,拟订新闻出版业的管理政策并督促落实,管理新闻出版行政事务,统筹规划和指导协调新闻出版事业、产业发展,监督管理出版物内容和质量,监督管理印刷业,管理著作权,管理出版物进口等。此后,中宣部每年年初发布通知明确当年主题出版的重点方面,而且均会结合当年出版重点的工作做出相应的调整。比如,2019年中宣部提出当年主题出版的五个重点方面:抓好首要政治任务,加强习近平新时代中国特色社会主义思想的研究阐释;聚焦聚力工作主线,为庆祝新中国成立70周年营造浓厚氛围;紧紧围绕宣传阐释中央精神和重大决策部署,推动经济社会改革发展;牢牢扭住培养担当民族复兴大任的时代新人这一重要职责,深化社会主义核心价值观宣传阐释;充分展示真实立体全面的中国,不断提升中华文化影响力。其中,与重大节庆日相关的主题出版内容是:围绕庆祝新中国成立70周年着力推出一批深化中国特色社会主义和中国梦宣传教育,加强党史、国史、改革开放史学习教育的优秀出版物。同时,要围绕澳门回归20周年、西藏民主改革60周年等做好重点选题策划和出版。此外,还重点提示各大出版机构提前谋划未来主题出版的重点工作,要继续做好2020年全面建成小康社会、中国共产党成立100周年等未来两年重点选题的规划出版工作。从中宣部发布的关于"2019年主题出版五方面重点"的通知来看,不同于以往把主题出版工作放在当年出版重点工作之中来表述,中宣部首次把主题出版从出版重点工作中着重提出,并下发通知,由此可见,中宣部对主题出版的工作指导更加明确、细致并突出重点,有助于推进各大出版机构谋划做好主题出版的选题策划与组稿。

　　2020 年初,中宣部办公厅下发通知,明确"2020 年主题出版明确六方面选题重点",要点如下:一是着眼为党和国家立心,加强习近平新时代中国特色社会主义思想的研究阐释;二是聚焦聚力工作主线,营造全面建成小康社会、打赢脱贫攻坚战的浓厚氛围;三是大力弘扬科学精神,普及科学知识,加强健康安全和生态保护教育,培育公民文明习惯;四是紧紧围绕宣传阐释党中央精神和决策部署,唱响中国经济光明论;五是立足培养担当民族复兴大任的时代新人,深化社会主义核心价值观宣传阐释;六是提早谋划、提前启动,认真组织做好庆祝中国共产党成立 100 周年选题编写出版工作。从篇幅上看,2020 年的主题出版重点方面在 2019 年的基础上增加了一个项目;但从内容上看,增加了全面建成小康社会、打赢脱贫攻坚战,加强健康安全和生态保护教育,做好庆祝中国共产党成立 100 周年选题策划等内容。所增加的内容均是围绕 2020 年以及之后几年党和国家的工作重点而做方向性上的引导。

　　我们再从 2021 年的主题出版选题重点内容来看其相比较前两年有哪些变化。2021 年主题出版选题重点:一是立足新形势新要求,推动习近平新时代中国特色社会主义思想出版传播向纵深发展;二是聚焦主题主线,大力营造共庆百年华诞、共创历史伟业的浓厚氛围;三是把握育新机、开新局的主基调,激发干部群众奋斗"十四五"、奋进新征程的强大精神力量;四是立足培育时代新人、弘扬时代新风,深化社会主义核心价值观宣传阐释;五是向世界展示真实立体全面的中国,为我国社会主义现代化建设营造良好外部环境。2021 年的主题出版选题重点除在原有几个重点方面上做了进一步微调之外,增加了两项新提法:围绕国家"十四五"规划与向世界展示真实立体全面的中国。

　　因此,从近三年中宣部发布的主题出版重点方面的内容与变化来看,其均是紧扣党和国家的大政方针与战略布局指导各大出版机构做好选题策划与出版,也让原本根据不同专业定位出版各自板块图书的出版机构逐渐步调一致地统一到党和国家中心工作的宣传上,并从不同角度、不同层面围绕主题出版这个专题方向组织出版活动。不论是科技社还是文艺社,抑或是出版领域较为宽泛的大学出版社,都可以从自身的优势出版资源出发策划相关主题出版方面的选题。比如,入选中宣部"2019 年主题出版重点出版物"的 90 种选题中,上海科学技术文献出版社的《70 年邮票看中国》、中国美术学院出版社的"画说初心"丛书、中国少年儿童出版社的《美丽中国,从家乡出发》等,均是专业出版社在自身熟悉且有优势的出版资源领域施展策划优秀选题的本领而推出的主题出版物。

问: 浙江工商大学出版社是从什么时候开始策划主题出版方面的选题的?

答: 浙江工商大学出版社一直以来都非常关注党和国家的重点工作与社会重大事件。我社是 2008 年 5 月初成立的,挂牌不久,就遇汶川大地震。地震灾难发生后,全国救援物资源源不断地送往灾区。我社在 2008 年 6 月初为灾区送上了一批特殊的救援物资——《灾后心理自我调适手册》,这本书是出版社成立后的第一部图书。所以,我社从成立之初,就围绕党和国家的重大会议、重大事件和重大节庆日等活动策划选题。

2010 年,我社把握 2012 年是中英建交 40 周年与中国作为主宾国参加伦敦国际书展的良好契机,策划了《狄更斯全集》,并于 2012 年出版。通过申报,积极争取参加伦敦国际书展的活动,并最终通过审批,《狄更斯全集》入选 2012 年伦敦国际书展中国主宾国的国家礼品书。时任中共中央政治局常委李长春代表中国出席伦敦国际书展,并将《狄更斯全集》作为国家礼品书赠送给英国政府与大英图书馆,以此纪念中英大使级外交关系 40 周年,推动两国出版和文化的交流与合作。这套丛书出版后得到学术界与翻译界的广泛赞誉,还获得第 3 届中国出版政府奖提名奖。

问: 关于重大节点方面的选题,贵社策划了哪些?

答: 近年来,根据中宣部对主题出版工作的部署与要求,围绕主题出版重大节庆日活动的重点方向,我社分别策划并出版了"改革开放 40 周年浙商研究院智库丛书"(2018 年)、"中华人民共和国成立 70 周年浙商研究院智库丛书"(2019 年)、"中国共产党建党 100 周年优秀学术成果丛书"(2021 年)。这 3 套丛书中的前两套均获得浙江省哲学社会科学优秀成果奖二等奖,"中国共产党建党 100 周年优秀学术成果丛书"则于 2021 年 6 月底出版。
这 3 套丛书紧密结合国家重大节庆日活动,呈现了一批优秀学术成果。

为了纪念毛泽东同志批示学习推广"枫桥经验"55 周年暨习近平总书记
指示坚持发展"枫桥经验"15 周年,我社积极策划反映"枫桥经验"最新理论
研究成果的理论读物与普及读物。我社邀请浙江省内外研究"枫桥经验"的
多位专家全面总结"枫桥经验"最新的理论成果与实践经验,策划并出版了
《"枫桥经验"的时代之音》《枫桥经验:走向世界和谐的中国法宝》《枫桥经验
之人民调解案例故事》等一系列作品。以下分别介绍各本图书的主要情况。

《"枫桥经验"的时代之音》的作者团队是由中国社科院世界社会主义研
究中心特约研究员、浙江省公安厅纪委原副书记朱志华同志领衔的十几位
省内外的专家学者。该书从策划起便得到省政协原主席刘枫同志与省委原
常委、省人大常委会原副主任刘力伟同志的大力支持。刘力伟同志多次指
导该书的采编与创作,并为该书作序。这部作品分为发展、实践、创新三大
篇。发展篇准确分析了国际国内形势,系统解读了"枫桥经验"的重大意义,
深刻阐释了如何把"枫桥经验"坚持好、发展好,把党的群众路线坚持好、贯
彻好。实践篇则介绍了通过赴诸暨枫桥和湖州各地调查,学习、推广"枫桥
经验"的实践经验。创新篇则运用辩证思想,坚持实事求是的原则,进一步
总结经验,创新形式,指导实践。这部 30 万字的专著,是向中华人民共和国
成立 70 周年的献礼。该书对枫桥经验的"群众观""安全观""人权观""法治
观""全球观"等都有独到的总结和阐述,是一部关于"枫桥经验"理论和实践
的权威工具书,对于当代社会基层治理和学习弘扬"枫桥经验"有着积极长
远的现实意义。该书出版后,得到政法界的广泛关注,并得到中共中央政治
局委员、中央政法委书记郭声琨同志的积极肯定。

《枫桥经验:走向世界和谐的中国法宝》("中国富强之路——浙江样本"
丛书之一)是从以"枫桥经验"为核心的平安浙江的角度来观照浙江省高水
平建成小康社会的实践以及理论总结。这本书用丰富的资料介绍了"枫桥
经验"的形成、内容、发展与创新,阐述了其在基层社会治理中的重要作用,
旨在揭示从"枫桥经验"到"平安浙江""法治浙江"建设路径的历史脉络,
梳理浙江法治工作的诸多成效,总结"枫桥经验"中可供复制、可供推广的

建设经验与启示。这部作品入选教育部"2019 年全国高校出版社主题出版选题"。

《枫桥经验之人民调解案例故事》于 2018 年出版后不久,便得到社会各界的广泛好评,并获得国家级荣誉——入选 2019 年"农民喜爱的百种图书"。这部作品涵盖婚姻家庭纠纷、经济合同纠纷、意外伤亡纠纷、工伤事故纠纷、邻里纠纷、劳资纠纷、遗产纠纷、拆违纠纷等诸多方面。每一则案例故事都有对案情和案件调处经过的介绍,以及对案件调处的点评。这些案例故事是作者对"枫桥经验"深入思考的结晶,蕴含着调解贯穿的法治思想、主要理念、主要原则、重要制度以及调解的方法和技巧等,以通俗易懂的形式,深入浅出地宣传了"枫桥经验",让人们从案例故事中了解枫桥调解与基层社会治理和基层民主法治建设之间的内在联系,揭示"枫桥经验"的本质和精髓,为基层民事调解机制的完善提供有益的启发。

问:可否详细介绍一下重大节点 3 套丛书的策划缘起与主要内容?

答:先说"改革开放 40 周年浙商研究院智库丛书"。

2018 年,我社在中国改革开放 40 年之际,推出"改革开放 40 周年浙商研究院智库丛书",拟在当代中国改革开放的恢宏图景中审视当代浙江经济、社会发展的"浙江模式""浙江经验"与"浙商精神",既在历史的回溯与反思中深究未来浙江发展的应然方向与实践路径,又在"浙江模式""浙江经验"与"浙商精神"的系统阐述中挖掘后发地区可资借鉴的思想资源与实践借鉴。收入该丛书的研究成果,不同于传统意义上的浙江经济发展研究与浙商研究,它们不求面面俱到,但求视界独特;不求论述系统,但求思想创新;它们既着眼于揭示当代浙江经济社会发展与浙商精神的文化真谛,又努力澄清人们在相关问题上的认知误区。

以下介绍各分册的主要内容:

《中国范本:改革开放 40 年义乌国际贸易综合改革的理路与成就》一书通过介绍改革开放以来义乌市场的发展历程,义乌国际贸易综合改革试点的确立与进展,"一带一路"背景下义乌市场竞争新支点、电子商务与物流业的新发展等内容,展现了义乌打造国际贸易综合改革试点的创新之路。

《以利养义：改革开放 40 年浙商参与公益研究》则从改革开放以来社会主义市场经济体制建立与完善的视角解读了浙商及其文化，并从企业家的社会效应维度审视了浙商的公益参与，阐明了浙商的公益参与在促进经济增长和社会进步方面的重要作用。

《中国模式：中国跨境电商综合试验区试点实践与创新经验》在全面回顾当代中国改革开放 40 年以来电子商务及跨境电商发展历程、趋势与动因的基础上，从微观、中观和宏观的角度系统阐述了跨境电商相关理论；在总结我国跨境电商综合试验区试点背景与历程、试点方案、试点成效与存在问题的基础上，从业务模式、"单一窗口"、产业园区、物流模式、制度创新的角度系统阐述了我国跨境电商综合试验区试点的主要内容和实践创新，并从杭州、宁波、义乌跨境电商综合试验区试点建设背景与基础、现状与问题、成效与对策的角度总结了跨境电商综合试验区试点的浙江经验。

《治理转型：浙江服务型政府建设研究》主要论述了浙江服务型政府建设在简政放权、规制权力、效率提升和民生保障等方面的经验，并提出了服务型政府建设的未来趋向。

《"撤村建居"：人的现代化和社区融合》一书以多元中心的理论为主导，主要探讨了撤村建居社区的基层社会治理并探讨了基层社区重建与"城市化"建设方面的重要问题，阐明了突破"城乡二元分治"的基本路径及如何通过完善基层民主自治实现"人的城市化"等问题。

《健康浙江：社会健康治理方法与实践》一书以当代中国改革开放 40 年为背景，系统梳理了健康中国发展的主要脉络，并在中日社区健康教育比较的基础上，阐述了浙江省杭州市 30 个街道、300 个社区在社区健康教育方面的典型案例和成功经验，阐明了将社会工作方法融入公共健康教育，以及从以卫生管理与控制为目的的行政主导型健康教育发展到个人自发参与学习的以居民需求为核心的公共卫生健康教育的实践路径。

《朝廷之厨：杭州运河文化与漕运史研究》一书通过中西方历史文献、档案资料的比较研究，立体地呈现了杭州历史上漕运文化的历史变迁、演变特征与区域特点，并在大力倡议"一带一路"及大运河文化带构建的时代背景下，探讨杭州漕运文化的历史遗产价值。

《〈童子鸣集〉笺注》在对《童子鸣集》进行点校的基础上,对童珮生平及交游进行了翔实的考证,并将相关成果以笺注形式呈现,在为学界提供扎实可靠的古籍整理文本方面有所建树。

《中国商业史研究40年》是第一部针对改革开放以来中国商业史研究的学术总结类专著,作者系统梳理了40年来的中国商业史研究及其走向,并简要介绍了相关的研究论著、研究团体和研究机构等。

《南宋临安商业史资料整理与研究》通过对正史、地方志、笔记小说等中有关南宋临安商业资料的整理,深入研究了南宋临安的商业状况,再现了700多年前杭州商业的繁荣盛况。

《浙学传统与浙商精神》深入探究了浙江思想文化和社会经济发展的互动关系,阐明了浙江文化与浙学思想传统及浙江精神之间的内在关联,并揭示了浙学的基本精神对当代浙江乃至中国的经济社会发展、文化建设的重要价值和普遍意义,以及其中存在的一些问题。

《浙商与制度环境的共生演化:企业家精神配置的视角》一书基于企业家精神配置理论,对转型经济背景下浙商的行为进行解释,构建了企业家与制度之间的互动分析框架,并在总结不同时期浙商成长路径与机制和模式研究的基础上,从理论层面和实践层面诠释了浙商40年的技术创新与制度创新行为。

整体地看,当代中国改革开放的40年,是浙江经济快速发展的40年,也是浙江经验、浙江模式发展的40年。这套丛书的出版,不仅总结了40年来浙江模式作为一种具有典范性的发展模式的独特之处,并反思了其不足之处,更是希望进一步发挥浙商的创新进取精神,体现浙商精神与浙学传统在当代浙江发展中的文化力,而这种创新进取的浙商精神与浙学传统的文化力恰是未来浙江经济、社会发展的不竭的动力源泉。

第二套是"中华人民共和国成立70周年浙商研究院智库丛书"。

浙江工商大学是以"商"科为特色的高校,我社理所应当要总结和记录浙江70年的发展历程,以及浙江70年来围绕"商"的发展历程。为此,我们设计和组织编写了"中华人民共和国成立70周年浙商研究院智库丛书",梳理、总结浙江70年来在"商"领域所取得的成就、收获的经验。

此系列中,《大国经贸:新国际贸易冲突理论构建与中美经济关系》一书建立和发展了适应世界经济发展形势与生产技术水平的新贸易冲突理论,以更好地解释中美国际贸易摩擦及 21 世纪国际贸易冲突问题,在重构全球贸易规则和经济贸易体制、促进世界经济贸易格局的健康发展等方面提出了相应的建议。

《跨境电商:数字经济第一城的新零售实践》一书深入探讨了杭州跨境电子商务综合试验区的成功经验,总结了杭州在解决数字经济体制性难题方面的先行先试经验,为基于大数据分析的政府管理创新提供经验借鉴,以推进杭州成为"世界商店"在中国的主窗口、成为中国数字经济第一城。

《卓越流通:数字经济时代流通业高质量发展与浙江经验》一书在分析数字经济时代流通业变革背景与趋势的基础上,系统评估了浙江省流通业发展现状与竞争力,并从批发零售业、电子商务业、现代物流业、跨境电商综试区等方面,提出了流通业高质量发展思路与浙江经验。

《撬动全球:复杂制度环境下浙商海外直接投资高质量发展机理研究》一书梳理了浙商全球化发展的文化、经济与政策环境,总结了浙商海外直接投资所取得的成就及在合法性获取和高端资源获取方面的经验,并提出了浙商海外直接投资高质量发展的具体策略。

《品质民生:浙江民生服务的创新与发展》一书以全球公共服务改革为基本背景,系统总结分析了浙江省自中华人民共和国成立以来在民生方面的发展历程、发展的阶段特征和取得的主要成就,系统阐述了近 70 年来尤其是进入 21 世纪以来浙江省在民生方面的创新实践,并对浙江省未来构建以人民为中心的高质量发展型服务体系提出了框架性展望。

《文旅融合:理论探索与浙江产业发展实践》一书从理论上建构了文化产业和旅游产业的耦合机制与模式,并利用翔实的案例分析了文化产业和旅游产业耦合发展的问题及解决对策。

虽然该套是系列丛书,但是我们并不追求面面俱到,而是利用浙江工商大学的研究积累对浙江 70 年"商"的特色进行了不同角度的透析。在总结浙江经验的同时,我们更希望这些经验能够为浙江未来的高质量发展提供借鉴。

第三套是"中国共产党建党 100 周年优秀学术成果丛书"。

全面总结、系统阐释党的光辉历程是理论界义不容辞的责任。作为一所习近平同志在浙江任职期间亲自视察并寄予厚望的省重点建设高校,浙江工商大学发挥在哲学社会科学领域的优势,宣传、阐释浙江乃至全国各地在党的领导下开展的伟大实践和探索,是使命与担当。为此,我社策划了"中国共产党建党 100 周年优秀学术成果丛书"。对于浙江工商大学来说,这套丛书在 2021 年出版发行具有双重意义。首先,这套丛书是我们向建党 100 周年的献礼;其次,2021 年浙江工商大学迎来了 110 周年校庆,因此这套丛书的出版发行也是校庆系列活动中的标志性项目。这套丛书涉及政治学、历史学、管理学、法学、经济学、统计学、语言学等学科,涵盖党的历史、现代化建设、党建业务、社会治理、经济发展、对外交流、数字经济等多个主题。各分册从不同视角展现了浙江儿女、全国人民在中国共产党的领导下投身革命救亡图存、改革开放发展经济、走在前列实现跨越的伟大实践与探索。

问:除这几个系列之外,贵社还在哪些方面进行了主题出版选题拓展?

答:我们在脱贫攻坚、全面小康的主题出版方面策划了一些选题。

党的十八大以来,以习近平同志为核心的党中央提出并形成了"四个全面"战略布局,开辟了我们党治国理政的新境界,是当前和未来中国发展的理论指导和行动指南。在"四个全面"战略布局中,全面建成小康社会是处于统领地位的战略目标。浙江作为沿海发达省份,必须有条件有信心,以干在实处、走在前列的实际行动,努力建成更高水平的全面小康社会,为实现"两个一百年"奋斗目标和中华民族伟大复兴中国梦做出积极贡献。

全面建成小康社会是我党、我国一定要实现的第一个百年奋斗目标。这一历史性的成就值得记录与总结,以文学作品这种海内外读者喜闻乐见的形式展示中国共产党带领全国人民取得这一伟大历史性成果的壮丽历程,献礼中国共产党成立 100 周年更加值得。为此,我社策划了《小康江南——浙江省建设共同富裕示范区纪实》,全面、真实、艺术地呈现这一历史进程,叙写全省广大党员干部按照习近平总书记关于小康社会建设的重要指示，励精图治、齐心协力、不怕困难、一心为民，始终以高昂的斗志，全力以赴投身于伟大事业的生动故事。本书通过大量生动形象、感人至深的典型实例和精辟的剖析论证，展示和总结浙江率先高水平全面建成小康社会的实践经验，为在全国范围内实施乡村振兴战略，推进"美丽中国"建设，实现"五大发展"理念，提供现实样本和文学读本，具有相当大的参考价值和借鉴意义。这部作品入选教育部"2019 年全国高校出版社主题出版选题"。

另外，关于社会主义核心价值观，我们也策划了相应选题。

2019 年 3 月，中宣部明确该年度主题出版五个重点方面，其中之一便是"牢牢扭住培养担当民族复兴大任的时代新人这一重要职责，深化社会主义核心价值观宣传阐释"。为此，我社邀请国信办下属的中国文化网络传播研究会副秘书长、中国传媒大学传播研究院兼职研究员曹雅欣来撰写《中国价值》一书。这部作品是已经由外文出版社编译出版并以英、法、德、俄、西、阿、日、韩 8 国语言在全球推广的《中国价值观——中国传统文化与中国当代价值》的姐妹篇。该书从中国传统文化的角度解读社会主义核心价值观，以社会主义核心价值观中的每个词作为一章的主题内容，为社会主义核心价值观的每个词找到古典文献的依据，并从中国传统文化的角度予以阐释说明，附以案例故事，赋予每个词丰富的思想内涵，使社会主义核心价值观更加通俗易懂、更加深入人心。为了增强图书的宣传效果，作者为每章都录制了一段讲解主题词的短视频，并以二维码的形式放置于相关内容旁，令图书具有了融媒体的特点，使平面的图书更加立体化与可视化。

5.3.2　浙江工商大学出版社对主题出版的思考

问：关于主题出版方面的图书，贵社在选题策划与出版过程中遇到过哪些问题？原因是什么？

答：在策划和出版主题出版方面的图书上，对于许多出版社而言，除各地的人民出版社之外，不仅领域陌生，而且缺少相关出版资源的有效积累，但随着中宣部对于主题出版工作指导的重视以及出版社社会效益考核的更加具体与细致，大部分的出版机构都在着力策划与组织主题出版方面的选题或书稿。但出版社在具体工作中，面临不少困难与问题：

　　其一，出版社策划主题出版方面的选题投入大，出现不少入不敷出的情形。一方面，策划和出版主题出版方面的图书一直以来多是由各地人民出版社唱主角，不少专业出版社还处于摸索与尝试阶段，对选题的策划与把握能力较弱，往往在成本控制方面出现亏损的情况。另一方面，主题出版方面的图书多是出版社投资的本版书，要策划好选题必然要邀请高端作者，则稿费支出必然居高不下。同时，此类选题往往篇幅较大，比如记述改革开放 40 周年历史或庆祝中国共产党成立 100 周年的选题涉及的史料丰富，大大增加了图书出版的前期成本。

　　其二，主题出版方面的选题中获得资助的项目较少。目前，主题出版方面的项目获得资助的途径主要是国家出版基金资助项目。虽然近几年主题出版方面的项目入选国家出版基金资助项目的比例与数量有较大增加，但是毕竟总量有限。2019 年度国家出版基金资助项目共 760 个，2020 年度国家出版基金资助项目共有 633 项入选，其中与主题出版相关的项目不超过 50％。对于全国 580 多家出版社而言，策划的主题出版项目入选概率非常低。同时，需要考虑的是，对于国家出版基金资助项目，一般出版社只有 2 个申报名额，所以，要靠国家出版基金资助项目的经费来支撑主题出版项目的持续策划，对各家出版社而言都是不小的压力。虽然我国有些省份的宣传部有专设基金，但是给予资助的经费非常有限，一般不能完全覆盖前期的出版经费的投入。再加上，出版社至少要策划 10 个优质选题才可能有一两个项目入选国家出版基金资助项目或中宣部主题出版重点出版物项目，那么，对于没有入选的项目而言，前期的策划成本与人力成本亦是不菲。此外，主题出版方面的图书中既叫好又叫座的作品凤毛麟角，大部分是以社会效益为主，销量往往不高。对于出版社而言，投入大量经费与编辑力量策划和出版主题图书，最终相当大比例的项目要担负不小的亏损压力，只得通过其他图书的经济效益来弥补。长此以往，策划编辑的积极性与主动性便会大打折扣。因此，我们非常希望上级主管主办部门能够加大资金支持力度，促进更多更好的主题性作品出版。

　　其三，主题出版专业策划人才稀缺。近些年各大出版机构越来越重视主题出版，但是这方面的人才培养需要一个过程，尤其是要策划大型的主题类项目,对编辑策划水平的要求非常高。在许多出版社,主题出版方面的图书是社长或总编亲自抓的一号工程,但是社长与总编的精力毕竟有限,更需要主动积极的骨干编辑勇挑重任认真执行,而这样的骨干编辑在各大出版社原本就是稀缺资源,势必让主题出版专业策划编辑变得更加稀缺。一个中大型的主题出版项目,往往不是一两个骨干编辑就可以胜任的,而是需要五六个编辑组成的团队才能做好各项工作,那么对于出版社人员分配而言,确实是一个短期内不容易解决的难题。另外,做主题出版的策划或编辑人才待遇往往不高,也是一个限制条件。由于各大出版社是经营性单位,对编辑均采取利润考核模式,但是主题出版方面的图书投入经费多,销量有限,总收益不高,甚至有可能亏损,获得国家出版基金资助项目的难度很大,这使得与利润挂钩的编辑不愿意承担这些任务。这确实成了出版社策划高质量主题出版选题的约束。

其四,主题出版方面的图书出版进度难以把握。主题出版方面的图书常涉及新中国史、党史、改革开放史、社会主义发展史等内容以及党和国家的重要领导人的生平事迹与评价问题,对于出版社的审稿与把关能力要求很高。其中相当大部分需要申报重大选题备案或各省委宣传部安排审读专家进行把关,这势必延长图书的出版时间。由于重大选题备案或党史方面专家审读的时间比较久,常会出现为了赶某个重大节庆日或会议的节点,许多出版社的图书一起进入重大选题备案或审读流程的情况,造成任务拥挤,最终导致出版时间变得不可控。然而,一旦一部为了某个节庆日而出版的作品错过了这个时间节点,那么这部作品的宣传意义与效果就会大打折扣,失去了最佳宣传与推广的机会,也失去了最佳的销售时机,既影响了社会效益,也影响了经济效益。所以,对主题出版物出版进度的把握确实是一道大家都不容易处理的难题。

主题出版虽然已经成为热门板块,但是也面临着上述诸多问题和改进空间。由此,对于我们出版人而言,紧扣中宣部的主题出版的重点工作,聚焦时代关切,打造经典主题图书,让主题出版更加贴近时代的需求与大众读者的诉求,更多高质量的主题出版物必将成为新时代出版业的最强音。同时,主题出版也应大胆走出去,讲好中国故事、传递中国声音。

5.4 主题出版的民间策划

在出版中，出版物从出版单位向消费者转移时经历的通道称为发行渠道。发行流量小的，称为"窄渠道"。不经过任何发行单位，由出版单位自行零售的，为"直接渠道"（亦称"零渠道"）。在图书市场，有一类面向单位读者的，发行量小、相对不易进行间接发行的图书，构成了独特的系统渠道发行。读者对象为企事业单位的图书可以归入这个发行渠道。对应这一渠道，策划内容必须围绕政府部门的核心议题，因此策划具有很强的主题意识。

元法编辑部是注重系统渠道发行的民间策划力量，成立于 2006 年。这家公司的编辑业务非常小众，就是基于浙江省的层面，对浙江区域发展进行总结。在近 20 年的发展过程中，编辑部策划的相关主题图书不下 20 种。下文是基于对元法编辑部负责人程雷生的采访所进行的总结。

5.4.1 元法编辑部策划主题出版的过程

问：请问元法编辑部是从何时开始关注系统图书的编辑的？

答：20 世纪 90 年代的时候，我还在政府机构任职，因为从事的是文字编辑工作，所以很关注政府每年产生的信息以及文字的最后流向。我发现，这些部门的工作内容除了很少数能够通过出版的方式进入发行渠道，很多都被搁置起来，而这些文字对于记录地方建设的过程，对于佐证历史还是很有价值的。所以我就产生了一个念头，就是通过文字出版，来记录这个历史过程，同时为这么多部门的业绩做一个书面的总结。

问：您策划的第一部书是什么？是怎么做的？

答：当时我的一个朋友在做《浙江建筑博览》，我看了这个册子，觉得"博览"二字真的能够展现建筑业日新月异的变化。建筑业当时是生气勃勃的。记得当时有一个很有影响力的活动——吉尼斯之最的评选，那些记录给了我很大的震撼。这些记录可能并没有很大的意义，但是让人感受到了各行的真实面貌,让人印象深刻。因此,我就想,是不是也能够做一部《中国之最》。我的想法很宏大,先做《中国之最·浙江卷》,然后再做其他省区的。浙江省的建设在当时有许多可圈可点的地方,先出《浙江之最》,来体现浙江省发展的各个层面。这部书现在看起来有点追赶市场的味道,但是当时确实是想把它当成一部记录浙江发展的册子。后来发现,做个全国的本子,期望过高,这是我的能力无法达到的。当时就有很多人文关怀与浪漫情调吧。

有了这个想法,我就去找单位合作。做这类书的策划很难:一是数据大多在有关部门掌握之中,一般人拿不到,所以编起来有困难;二是这种书有很强的权威性,个人来编辑缺乏信服力。所以,最好是与政府机构合作。记得当时,我找到的是省统计局。这是个很权威的部门。反复找了好几回,一遍遍地说明自己的想法,终于把对方说动了。但是省统计局提供的资料有限,很多资料还需要自己找,而且他们没有专门的人员来配合做这件事,政府人员都是各司其职的,让他们来做这件事也不太现实,这毕竟不是他们的本职工作,能够答应来审定稿子就已经很好了。

当时接了这个工作,我觉得压力很大。像元法编辑部这样的策划编辑公司,实际上既缺人又缺钱,但是要把工作做好。我是搞史志工作的,所以把书策划出一个框架倒是不难。编辑部有三四个老师,还有一位是从地方志办退休的,比较懂行。我们按照省统计局提供的资料划了些重点,也就是能够展开成较大篇幅的内容。那时最倚重的还是《浙江日报》,报上提供了各行各业最新的信息。我们看到相关的内容就剪下来,然后将这两部分内容整合起来分析,分头与各行业可以写成重头戏的具体单位联系,跑现场,拿一手资料。这个工作现在看上去就是期刊社干的事情。我们的编辑部是个项目制的编辑部,那个时期做一个项目,所有工作都围绕那个主题。那一阵子全编辑部都在忙这个事情。

我记得当时的阿里已经挂出牌子了,而且自称是最大的互联网电商。我还专门去打了电话核实。对方对这个项目不是很感兴趣,所以几句话后就挂断了。有几家公司很感兴趣,不仅希望能上版面,而且想上照片。他们很热情地让我们到厂里实地调研拍照。我们还真的去了几趟,拍了几张照片,做了些采访,把资料又整理了一遍。这样,与省统计局合作出版《浙江之最》第一辑,大概做了400多页,16开本,精装,条目总共1100多条,重点条目有600来条,大致反映了浙江省建设的各个行业的最新动态。初稿出来后,请各单位审了一遍,省统计局也审了一遍。然后,联系出版社出版。之后,又与省档案馆合作出版了《浙江之最》第二辑。

《浙江之最》第三辑是2013年出版的。现在百度百科还有这部书的介绍:"《浙江之最》以图文并茂的方式,较为全面地反映了浙江独具特色的山水、生态、历史人文以及经济社会发展情况,资料翔实,史实生动,精华荟萃,雅俗共赏,是一部省情教育的好题材,对于宣传浙江形象、展示浙江成就、提炼浙江精神、实现浙江梦想必将起到积极的推动作用。"①

问:出版《浙江之最》后,元法编辑部又做过哪些项目?

答:其实《浙江之最》做出来之后,我们也有反省。就是以民间策划力量来做这件事,是有些力不从心的。但依照我的习惯,我还是想反映浙江的当代史。所以我们策划的第二部书是《浙江纪事》,这部书就是用全面的眼光来看待浙江省的当代发展。

我的想法是把省市县乡镇各级政府以及重要企事业单位的工作进行梳理,给一个宏观的印象。当时联系的单位是浙江省发改委。有了发改委的支持,还得找资料。因为收集整理是很花费时间与功夫的,所以,还是把编辑部的人手腾出来做这件事,当时编辑部有十来个人,规模与正式的期刊编辑部很相近了。但是我们做这件事还是比较辛苦的,一是上游缺乏发布平台,二是下游的发行渠道还需要自己架构。所以说到底,只是比作者的作用大了一点而已。上下游全部靠整合资源。这个选题做了十几年,每期作品分上下册,1000多页,精装,16开本,非常厚的2册,做成资料集来翻阅是可以的。现在百度百科还有这部书的记录:"《浙江纪事(2013)(套装上下册)》精选了2012年浙江省级部门、各市区县、部分乡镇街道、部分大中型企业和

---

① https://baike.baidu.com/item/％E6％B5％99％E6％B1％9F％E4％B9％8B％E6％9C％80/16313562? fr＝aladdin,2021年4月15日。

高校的大事记,按月记录。内容涵盖政治、历史、文化、经济等各方面。是全面掌握浙江省情、查询重要工作史料的年度工具书。"①

说回编辑策划的问题。民间力量策划比较尴尬的地方,就是你只能做策划的事情,权威发布还是政府的事。《浙江纪事》后来的几期没有联系政府机构,是以编辑部的名义组织的,算是站在民间立场。材料都是见诸各种媒体的公开资料。我做的就是将其编辑成册,集少成多,宏观立体再现而已。但纸质的出版物毕竟不太方便,现在数码技术这么先进,各类数据库制作也很迅速,实际上储存这类资料性的文本也是很方便的。但问题是各个职能部门之间的协作较弱,如果进行统一协调,那么既宏观又丰富的数据库还是易于建成的。

其实,元法编辑部在媒介变革中是很能跟上潮流的。在 2003 年的时候,我们就注意到了视频的作用,感觉到了未来发展中视频力量的强大。所以,我们曾尝试进行网络视频的开发。当时的思路,是做各类政府活动的现场报道,并且将之制成视频,就像现在的直播。但是当时的网络条件还不太好,制成视频播放的时候经常会卡顿,观看效果不好。另外,直播这样的形式在当时没有得到正式的许可,所以这样的内容很难播出。这个计划只做了一期,然后就不做了。那时,我甚至想依照电话黄页簿的样子做《浙江网址大全》。因为那时还没有什么搜索引擎,找网址还不是那么方便。这个工作完全是编辑部业余的工作,联系的单位是浙江省经济信息中心,结果也没有得到多少材料。我们编辑部做的事就是在网上抠资料,将浙江省企事业单位的网址全部下载下来。但是后来搜索引擎一出来,这个网址大全也就没有什么用处了。这也提醒我,做出版、做策划需要技术眼光。

我还想把省社会科学院的蓝皮书做成公开发行的图书。当时的省社会科学院每年都会有一个集子,汇集该年度在社会、政治、经济等方面的研究成果,只是没有公开出版。我感觉这很可惜。所以,我辗转联系到了

---

① https://baike.baidu.com/item/％E6％B5％99％E6％B1％9F％E7％BA％AA％E4％BA％8B％282013％29/50883710? fr＝aladdin,2021 年 4 月 15 日。

省社科院的领导，谈了这件事。当时省社科院的领导很支持我的想法，因为他们有成果，但是成果发布有瓶颈，我的加入正好解决了后面的一个环节。我的想法是通过编辑整理蓝皮书，使之进入各类馆所以及政府单位的书单。于是这个书就做成了，当时双方对合作还是满意的。这件事发生在 2005 年左右。后来，省社科院自己把出版的事情做了，而且整理规模更加宏大。

问：这些书籍的策划是围绕着地方政治、经济的大事展开的。有没有围绕着特殊时间节点进行过策划？

答：确实，除了历史文献梳理，我还想到了对特殊的历史节点进行总结以及回顾。所以，我的主题出版意识拥有得还是比较早的。当然，这个"主题"，已经比较接近当下"主题出版"的"主题"了。

浙江在改革开放中的地位是很特殊的。现在我们总结浙江有"三个地"优势，这是很好的，也能够让浙江人看清自己的优势。改革开放要总结改革成果，展望未来发展，这是必然的。在改革开放 20 周年的时候，我就和一些新华社的朋友开始提前策划编辑《浙江改革开放二十年》，那时是 1997—1998 年间，我在业余跑跑资料。我记得当时这个册子是个画册，我为这个册子还去富阳等地调研采访。到了地方，了解情况，收集资料。当时的经验还很少，时间不够，册子做成后有 100 多页，当时也联系了出版社，但是资料单薄，有没有出版，现在不记得了。这是比较早的经历。

改革开放 30 周年，那是 2008 年。我们策划了一部画册，那时就有了不少经验，比如注重积累数据，将重要的资料存起来以供查阅调用。而且多年来积攒了不少人脉，包括各行各业宣传口子的朋友。元法编辑部也有固定的采访人员、编辑人员、发售人员。那时候省里已有不少出版单位关注到了主题出版的重要性，单位来策划，比起民间力量来就强多了。但是民间也有民间的优势，容易往下走，深入、细微，倒是很符合现在"公共史学"的研究思路。

改革开放 40 周年，是 2018 年，那个时候主题出版的风气已经起来了。我们去查阅资料的时候，往往会听说某个出版社也在征稿。《改革开放 40

周年》这本书稿是用民间眼光来策划的。每个章节以图为主,反映各行各业
的发展面貌。这期间,新华社工作的朋友提供的资料很有用。另外,我们也
去各个相关机构征集照片。我看到有几个机构通过媒体公开高价征集照
片,这是大手笔,我们做不了。

另外,我们还关注了中华人民共和国成立这个时间节点。在中华人民
共和国成立 60 周年时出版《浙江发展六十年》,在中华人民共和国成立 70
周年之际出版《浙江发展七十年》,将来还要在中华人民共和国成立 80 周年
时出版《浙江发展八十年》。做这类书有一个特点,就是史料要丰富。在这
几部作品中,我们抽走了部分图片,又增加了部分图片。随着图片库的增
大,图片可以保证使用更好的,图片的反映广度更宽,而且图片渠道畅通后,
图片的征集也不显得那么捉襟见肘了。2018 年出版的《浙江发展八十年》在
体例上采用了先做大事记,然后以图片证史的做法。排序上,我将这部书分
成了百废待兴、重整山河、步履蹒跚、万类霜天、春暖花开、繁花似锦、科学发
展以及走入新时代这几个章节,力求对各行各业都有展现。有的图片现在
看来很有历史感,比如解放军进城、"千岛湖案件"公审、娃哈哈企业早期的
厂区、朱家尖跨海大桥建成等。在这部书中,我还在每个章节前加入了统计
图表,反映这一时期的经济发展情况,以给人直观的印象。

中国共产党建立也是重要的时间节点。我们在建党 80 周年时出版了
《党的光辉照浙江》,在建党 90 周年时又修订了原版,增加了不少照片。做
这部图册时,我与党史办的朋友多次沟通,最后的框架是结合了党史办专家
的意见以及编辑部的编辑规划做出来的,大致分成这样几个章节:开天辟地
(1919—1927);砥柱中流(1927—1937);抗日救亡(1937—1945);解放前夕
(1945—1949);万象更新(1949—1956);曲折发展(1956—1966)。之后的内
容还没有做下去,因为我们要慎重考虑到结构与措辞,另外图片资料也不够
完善。

这个作品中借用了时任中共浙江省委书记赵洪祝的一段话:"浙江省从
1922 年建立第一个党组织发展到现在,已经有 17 万多个基层党组织,有
330 万名共产党员。回顾党的 90 年历程,她用 28 年夺取了革命的胜利,建
立了人民当家作主的新政权;用 29 年时间基本建立了社会主义制度;用 33

年的改革开放取得巨大的成就。历史证明,没有共产党就没有新中国,没有共产党就没有人民的幸福生活,没有共产党就没有中华民族的伟大复兴。中国共产党不愧为伟大、光荣、正确的马克思主义政党,不愧为领导中国人民开创伟大事业的核心力量。"这段话奠定了全书的基调。

书做成双色印刷,在黑色之外,书口处印上了拟金色,既庄严又大气。在具体的图片选择中,我想到既要体现出党在各个历史时期的活动与使命,又要突出浙江一地的革命历史。但这个要求其实是比较高的。我们在图片选择上,选择了"一师风潮"、《共产党宣言》和《新俄国之研究》出版、浙江印刷公司工作互助会、中共一大与嘉兴南湖、萧山衙前农民协会等富有地区特色的照片,也放入了长征等历史性照片。这里面也有不少珍贵的影像,比如浙江大学西迁、澉浦战役、浙东浙南的游击根据地、毛泽东主席视察小营巷等。

2021年是中国共产党建立100周年,我有一个新思考:现在是读图时代,但是纸质的图书阅读不便,所以,能不能采用新形态来进行线上线下的互动?我策划做一份《中国红色地图》,但是首先要做《浙江红色地图》。思路是将浙江省的红色地名进行排名,选择最有代表性的二三十个地名,将其标注在地图之上。同时在每个红色地名上加注二维码,这样既能一目了然地看到浙江省红色地名的分布,又能通过扫描二维码阅读地名故事。这样就把线上线下结合了起来。我已根据省委宣传部公布的党史教育基地以及地名办公布的红色地名进行筛选,编写故事,地图制作也在申办之中。这是一个很新的思考,但是做起来是很困难的。审批、文稿的审核都需要专门部门来协作。

抗日战争胜利70周年时,我们策划出版了《浙江抗日战争图史》。这部书也是图册,但是图片的获得非常困难。我们到图书馆、档案馆等地进行了资料收集,但不能保证每个历史节点都有图像说明。杭州有个专门收集地方史图像的人,之前策划"杭州大运河丛书"时我就向他要过图片。这次我们也想向他购买一些图片。这位先生姓赵,据说他的一些照片是从海外收购的,所以量很大。我去找了他。他的图片收集很有规模。听了我们的来意,他就进了自己的图书室拎出照片来让我们选。选好后,他负责将照片扫描成电子稿。就这样,我们又找到了一些图片,充实了文稿。

另外,我们在党的十八大召开前策划了《浙江走进十八大》,策划了反映科学发展观的《浙江科学发展实践报告》,思路就是立足浙江本土,针对重大的事件、历史进行内容策划。

问:这么多年的策划编辑中,有没有不成功的案例?

答:也有的。之前讲过,做这类书的时效性特别强,错过一个点就很难销售。另外,图书的质量必须有保证,因为我们走的是渠道销售,不是大众市场,所以要体现高端、权威的出版风格。再是与出版社的合作过程中,这类图书的审查耗时非常长,这个时间周期一定要想好。

有一次,我犯了一个低级错误。G20 在杭州召开的时候,我们在这个会议之前做了一个策划,想把杭州针对 G20 所做的前期工作反映出来,策划时想的是图册能够放在各个社区的橱窗中作宣传之用。图片收集好了,也编排好了,但是我们犯了个错误,就是没有去量橱窗的具体尺寸,是按照一般开本来设计的。结果图册出来之后,我们发现图片不能横放,只能竖放,这样一大块版面就浪费了,放在橱窗里效果也不太好。

5.4.2 对民间力量策划主题出版的思考

对元法编辑部负责人的采访,反映出民间策划力量能够在主题出版中找到微视角,以民间立场来反映重大题材或重大事件,这对丰富主题出版的选题视角是有利的。在元法编辑部近 20 年的编辑实践中,也可以发现这样几个问题:

第一,民间的主题策划需要协调的社会关系相对复杂。首先,不同的主题出版项目寻找不同的机构成为常态。元法编辑部在不同的项目中与不同的主管部门进行接触,也与不同的机构联系,如宣传部、发改委、社科院、档案馆、统计局等,但始终不能形成一种较为稳定的合作关系,这既是项目性质所致,也是目前机构设置与人员调整的结果。元法编辑部在后期变为纯民间的策划力量,把与机构合作调整为与关键专家合作,这就显得很重要。其次,除内容策划需要协调诸多关系之外,出版环节也需要不断变换合作对象。有些选题因其重要性与专业性,并非所有出版社都能合作,而且这类选题的出版是极其严肃的,民间立场的表达往往不能达到出版的要求,所以合作中稿子被拒的情况也常常发生。最后,销售问题也很复杂。因为是小众化出版,所以此类出版物的去向是企事业单位。在元法编辑部销售图书的过程中,曾有一家经营馆配(图书馆配货)的公司愿意购买一些图书,但因折扣过低而无法谈成。依借主题出版图书的销售额来维持编辑部运转的时候,编辑部的发展也是一个问题。因此,民间策划主题出版还是一件较为困难的事情。

第二,民间的主题策划面临着更严峻的挑战。主题出版的发展越来越壮大,它不仅是主流出版机构的关注对象,也是很多职能部门以及相关机构的策划重点。如果说之前的民间策划力量还能发挥积极开挖市场、填补出版市场空缺的功能,那么随着主流出版单位的介入以及相关力量的投入,民间的策划力量会显得更微小。这一力量的悬殊要么驱使其更加下沉,以更微观的角度来进行主题叙事;要么促使其错位进入,以更新的形态与思路来开掘自己的市场;要么推动民间策划力量进行其他形态的合作,使自己的力量融入更强势的力量之中。

第三,民间的主题策划需要正视媒介技术的力量。媒介技术发展快速,已经对生活与生产格局产生了巨大的影响。传统的图书销售市场也在发生变革。技术主导下的阅读习惯也在发生变化。因此,民间策划力量若坚守传统销售模式,恐怕难以为继。

5.5　主题出版研究院

杭州电子科技大学融媒体与主题出版研究院是 2018 年 6 月成立的机构,成为国内主题出版理论和实践发展的孵化基地,于 2022 年 6 月入选国家新闻出版署该年度出版智库遴选培育名单。下文是对杭州电子科技大学融媒体与主题出版研究院院长韩建民的采访的记录。

5.5.1 融媒体与主题出版研究院的成立及工作

问:您成立了一所出版研究院,能否介绍一下这个机构的大致情况?

答:2016 年前我在上海交通大学出版社工作,2016 年调任上海世纪出版集团副总裁。在出版社当社长时做选题和具体项目较多,去集团做副总裁有点不太习惯,因为在集团,副总裁就是一个行政高管,做不了项目。我的骨子里有两种情怀:一是我一直愿意到大学里去做教师,轻松自由些,也能发挥我的特长;二是我很喜欢杭州的人文历史。我因偶然的机会去了杭州电子科技大学,他们当时想发展数字出版融媒体,想成立一个融媒体研究院,我坚持加上主题出版,因为我认为主题出版会引领市场,我自己在这方面也有优势。而且目前学界做的都是主题出版的历史和文献,出版这个学科是离实践比较近的,我是从一线过来的,做过很多主题出版项目,比较有优势。

我们这个研究院是 2018 年 6 月 12 日正式成立的,全称是杭州电子科技大学融媒体与主题出版研究院。研究院的工作主要分为两块:融媒体和主题出版、"走出去"研究。我在上海交通大学出版社做"走出去"项目积累的实践经验较为丰富,所以现在做"走出去"这方面的内容就比较得心应手。主题出版做得就更多了,我们的定位就在主题出版上,虽然起步也就两三年,但因为专门做这个,所以发展很快。

学界现在多做主题出版史,但是这样很模糊,现在出现了很多新的变化,比如主题出版到底要如何面对两个市场——国内和国际市场。现在国际市场更重要,中国很多发展模式和理念外国人理解不了。我们要讲好中国故事,向国际世界传播我们的理念,目前学界还没有触碰到这些问题。我们还是刚刚开始,研究院也是在起步阶段,要真正做好至少需要五年。

问:研究院有多少人员,工作怎么开展?

答:我们在校内的结构相对简单,几个助理都是兼职,团队总共十几个人。主要工作就是主题出版的学术研究和实际策划,大致是我出方案,具体由他们执笔。除此之外,我们还撰写研究论文,合作出版项目,另外还举办相关的会议。

问：请问从成立到现在，研究院做过哪些主题出版的策划？

答：就说这次建党100周年申报优秀主题出版物，已上报的出版物中与我们研究院有关系的至少有10本。其中浙江省内的有4本：浙江科学技术出版社的《为了万家灯火：中国共产党百年抗灾史》、浙江大学出版社的《跟着党史去旅行》、浙江工商大学出版社的《穿越时空的大拇指》，以及浙江人民美术出版社的《坐着高铁寻访革命圣地》。

为什么我们能够保持旺盛的研究生命力？就是因为我们策划了很多主题出版项目，这也是我们的优势和特色。

问：从报道中看到，郝振省先生很看好研究院策划的《钱学森说——一个科技工作者的自白》。他认为，杭州电子科技大学融媒体与主题出版研究院、浙江科学技术出版社以"家国情怀"作为主题展开策划，很好地体现了文化自信，也在策划团队和人才建设方面积累了经验，由此引发了出版界对主题出版策划人才培养的思考。您怎么看待这个稿子？

答：这本书的作者依托上海交通大学钱学森图书馆的馆藏资源和研究平台，在多年研究积累的同时进行写作创新，这也为出版界发现、挖掘主题出版物提供了思路。另外，钱老在思考"编辑系统工程与美学"时将编辑工作定性为"审美创造"工作，这种思想为研究编辑学和编辑家培养指明了方向。

问：请问您是怎么做主题出版策划的？

答：我们现在因为合作项目太多，所以不能进行项目的具体跟进，只能进行宏观的规划指导。有些主题出版的策划想做，但是系统跟不上来，做着也很难受。

每种书策划的方法都不一样。过去我们策划人的角色很难书写，书上有两种写法，署名为项目组编委会主任，或者项目组总策划，但是这样写与现在的环境对不上号，相关部门不知道你是干什么的。所以我现在做的书基本上都署名丛书的执行主编，这样相对名正言顺，这是一个变化。

另外，我们基本上不负责组稿，关键是掌勺，掌勺就是判断。判断非常关键。用什么样的作者就是判断,判断他写出来的东西与我们设想的是不是合拍。另外,封面、样张都是我们说了算的,宣传也要我们来定,就是说内容和形式我们都要负责的。

问:请您介绍下 2019 年首届主题出版学术研讨会的情况。以后还会继续开展吗?

答:首届主题出版学术研讨会是在杭州召开的,由浙江联合出版集团和杭州电子科技大学共同举办。中国出版协会常务副理事长邬书林,中国编辑学会会长郝振省,浙江省委宣传部副部长卢春中、王四清等到会并讲话,全国各地出版单位负责人以及全国多所高等院校的专家学者,近 200人与会。

当时研究院发布了《主题出版发展学术报告(2019)》,其实 2018 年也发布了报告,本来打算每年都发,但 2020 年因为疫情就没有发。目前暂时做不到每年都召开一次会议。全国大部分做主题出版的出版社负责人都参加了首届主题出版学术研讨会,会议取得了积极的成果,为浙江省主题出版做了很好的宣传。

5.5.2 融媒体与主题出版研究院对主题出版的策划探索

问:跟研究院合作过的集团,比如浙江出版联合集团,对研究院的看法如何?

答:这些合作都很愉快,尤其是举办首届主题出版学术研讨会,那个会表面上是我们做的报告,看起来是为我们研究院搭台,实际上是研究院为浙江省主题出版做了开创性的工作,研讨会上来了很多重要人士。举办首届主题出版学术研讨会还被列入 2019 年中国出版十件大事,当然这更是浙江出版史上的大事。对于研究院的性质,我想做个介绍。第一,我们这个研究院应该是全国第一个主题出版的研究院;第二,我们不仅连续发布多篇主题出版报告、召开会议,而且得到了学界和业界的认可;第三,我们是和业界高度融合,对全国主题出版发展既有理论引领,也有实践的创新突破。

我们还提出了三大理念:首先,提出了三种文化,包括中华优秀传统文

化、党领导的革命文化和社会主义先进文化。其次,强调科技类专业类主题
出版大有可为。科技对党和国家很重要,不仅是科学家的家国情怀、科学精
神,科技在国家战略上也大有作为,甚至在对中国的改变上。最后,提出主
题出版要面向国内国际两个市场,这是今年第一次提出的。2019 年还提出
了主题出版的轻型数字化问题,主题出版需要借助新的业态,要拥抱数字媒
体。我们要做主题出版融媒体产品,更加偏向大众,拥抱市场。

问:您认为,目前在全国兴起的主题出版应该怎样划分阶段,您怎么评
价各个阶段的主题出版?

答:我觉得主题出版可以划为三个阶段。2003 年以前没有提"主题出
版",但是也有,当时不叫主题出版,而叫红色出版。后来中央部署,每年抓
主题出版工作,这是主题出版发展的初级阶段。2014—2015 年主题出版重
大选题得到国家资助,各个出版社开始重视主题出版工作。主题出版真正
迎来高潮是 2018 年以后,出版社被纳入中宣部管理,各出版社更加重视社
会效益,主题出版变成主动的意识行为。这几年还会达到新高潮,尤其是建
党 100 周年,是主题出版新的高峰。

问:您觉得主题出版以后会越来越好吗?

答:主题出版现在是重中之重的板块,它与其他板块也有结合,会一直
向好,并且以后会朝着市场化的方向发展。

问:主题出版研究院跟浙江省哪些出版社有合作?

答:研究院与浙江大学出版社、浙江科学技术出版社、浙江人民美术出
版社、浙江工商大学出版社都有合作。专业出版社做主题出版有自己的角
度与优势,这点是我们可以共同开发的。

问:以后是否会出现各个出版社都做主题出版的现象?

答:主题出版没有领地,以后大家应该都会做。浙江省主题出版在实践
层面要兼顾各个出版社,还要汇聚多方面的力量。

5.6　主题出版物创作者

主题出版的创作队伍非常广泛,有智库专家、专业科技人员,也有专职作家以及承担职务写作的企事业从业人员。

5.6.1　主题出版物作者访谈

本书主要著者沈珉是浙江省写作学会副会长、高校教授,多年来发表了一些文字,也加入了主题出版的行列,并对主题出版有一些感想。本节是本书课题组成员对沈珉老师的采访的记录。

5.6.1.1　参与的主题出版项目

问:请问您是从何时开始参与主题出版项目的,参与过哪些项目?

答:很早之前,2000 年初吧。当时大运河申报世界文化遗产,国家对运河的治理效果也有了很大的提升,当时杭州出版社出版了一套《杭州运河文献集成》,对当时已有的运河文献做了一个整合。与之同时期,杭州运河集团也组织出版了一套“杭州运河丛书”。整套图书一共有 8 本,包括《杭州运河历史研究》、《杭州运河文献》(上、下册)、《杭州运河风俗》、《京杭大运河图说》、《杭州运河古诗词选评》、《杭州运河桥船码头》、《杭州运河遗韵》。我当时参与的是《杭州运河桥船码头》。之后又跟着杭州文联组织出版一套丛书,我负责撰写其中一部图书,叫《文学解读新运河》。

之后,我又参与了动漫节相关的项目,写了《动漫之都》这本书,这本书还获得了杭州市“五个一工程”奖。

问:《动漫之都》之后,您又参加了什么主题创作项目?

答:2019 年,我参与了“讲好杭州故事”之“优秀传统文化丛书”的编写工作。这套丛书规模非常大,有百余种,而且类别非常多,从杭州风貌(城史文化)、杭州风景(山水文化)、杭州风华(名人文化)、杭州风迹(遗迹文化)、杭州风雅(辞章文化)、杭州风韵(艺术文化)、杭州风物(工艺文化)、杭州风情(起居文化)、杭州风俗(风俗文化)、杭州风尚(思想文化)等 10 个方面分别展示杭州优秀传统文化。有的选题与之前的"杭州文化丛书"有些相似,有的则非常新奇。从写稿到审稿,前后大约有大半年的时间,现在稿子已经进入编辑阶段了。

总体来说,主题出版还是挺好的,各方机构、专家都非常重视,虽然写作过程中遇到很多困难,但落实后的成果还是很好的。参与其中,既是锻炼,也是学习。

5.6.1.2 运河图书的写作

问:在做运河文化相关的图书时,整个出版流程是怎样的?

答:当时国家对运河这块是非常重视的,杭州运河集团出面组织,大家聚在一起开过数次会议,互相商讨,包括怎样把书的各个细节都做好,怎样从各个角度去反映运河文化。我记得当时杭州师范大学的顾希佳老师负责的是《杭州运河风俗》。在我加入之前,这本书已经在做了。这本书做得很仔细,涉及杭州运河流域内民间历史悠久的传统文化和风俗,对礼仪、节庆、传统表演艺术等内容都有详细的记述。还有一部很大的图册《京杭大运河图说》,里面的图片是由一位老先生提供的,他搜集了几十年杭州的老报纸,把上面有关运河的内容全部裁下来。大家都花了很大的心思。

当时杭州要做一个基础性的工作,对运河地段重新开挖。时任市长王国平提出了一个概念,称运河为民生之河、商贸之河、文化之河。因此,当时在整个运河边上设置了很多人文景观,包括一些运河桥的修缮、步道的开辟、淤泥的清除等。我们刚开始做这套书的时候,其实对运河的概念和历史是不太清晰的,因为我当时研究的范畴,与运河是相去比较远的。所以要对运河有所了解,第一步就是去走运河,实地考察。从杭州运河的入海口,从闸口那里开始一直往北走,走到了塘栖那里。结果发现是走不通的,因为当时重新开挖运河时,有好多地方被一些村庄、大型码头阻隔了。不过杭州市内的一些河段还是可以走通的,当时就是这样一种情况。在实地考察的过程中,我们对杭州运河有了一个最初步的了解。

在实地考察运河的过程中,我们发现了一些遗址,包括南星桥,还有运河和萧山之间的一个码头,叫作杭州第二码头。我们当时去的时候,那里还是一片工地,正在开发。后来我们在库房里找到了一块牌匾,写着"杭州第二码头",我们发现现在的这个码头和以前的码头不在一个地方,两者相距很远。于是我们又去调研,专门找人问,后来才发现其实我们现在的河岸线,较晚清时江水的位置往前推进了 50 米。现在的河面是越来越窄,以前的河面比现在的河面要宽。就这个点,我们找到了一些资料,当时也进行了一些拍摄。据文献记载,汉代运河码头要用牛车。一个说法是牛车是载行人的,一个说法是牛车是拉渡船的。还有一个故事是说,胡雪岩在修义渡的时候发生过一件事,当时小妇人通过码头到达渡船要走很长一段路,这段路是淤泥,人很容易下陷。小妇人脚小往下沉,所以就改用牛车载客。是不是这么回事,闹不清。后来我找到了一张图片,才知道当时从码头到渡船的确是一片淤泥。因为船根本驶不进港来,所以要靠牛车把船拉上来停泊。从码头到渡船有一条很长的栈道,有百米长。这条道就像是加长版的跳板,人要去坐船,就要通过栈道。栈道也就两三根木板宽,人如果要拿着行李过去,是非常吃力的。尤其是担扁担的行人或者拿重物的小脚妇人,很容易掉下来没到淤泥里。

之后在调研的过程中,我们又查阅了一些文献,跑了杭州市内的两座古桥。一座是拱宸桥,这是一座明代的大桥;还有一座很小的桥,是运河支流上的一座桥,目前在浙江工业大学的老校区里。之后我们又发现了一些零星散布的古桥,比如在今拱墅区境内,我们发现了欢喜永宁桥,桥名的寓意非常好,欢喜永宁,欢欢喜喜,永远安宁。现在这座桥坐落在居民区内。这些主要是古桥,除此之外,我们还对一些新桥进行了查证。其实写《杭州运河桥船码头》这本书还是很难的,因为我们不是运河方面的专家,这方面的基础还是比较薄弱的。我们当时一路走过来,大概发现了杭州市境内的大大小小 10 余座桥,每座桥都有各自的特色,在开发的过程中,也有一些特色。比如,艮山门以前是个水门;历史上很有名的卖鱼桥,之前的鱼市就在卖鱼桥附近,那里是大运河的精华地段,附近还有很多桥,如江涨桥、大关桥,附近还有香积寺,那是一座很大的寺庙。除此之外,我们当时还发现了一个很大的粮仓,叫富义仓,属于国家粮仓,是一个转运仓。大关桥是当时设置关卡的地方。我们在考察的过程中发现,这些运河遗迹的原址和现址是不一样的,有些原址没有复原,比如当时富义仓就很破败,还在维修之中。香积寺也没有复建。在江涨桥边的白塔只有一座,还有一座在几十年前被毁了。

所以,要写好《杭州运河桥船码头》这本书真的是不简单的,可以说非常难,这是我参加的第一个运河项目。《杭州运河桥船码头》这个书名还是很合适的,整本书围绕桥、船、码头的内容展开,一步步落实到位。但是这本书不是学术性的,而是深描性的,把事情说清楚了就行。这个工作确实让我了解了杭州城市里以前没有注意到的事项,比如运河挖掘、新运河的走道、旧运河的走道、运河与民生之关系、运河边的历史等。

问:这个"杭州运河丛书"的项目与之后的第二个关于运河的项目,有什么异同呢?

答:第二个项目也是围绕着运河展开的,叫作《文学解读新运河》,当时还有相应的配套图书《文学解读新西湖》《文学解读新西溪》等,都属于"文学解读新杭州"丛书。当时提出了一个"江湖河海"的概念,我们知道杭州市水系特别发达,有湖——西湖,有河——运河,有海——入海口,有溪——西溪,各种水的形态都有,因此,我们对这些都做了一系列的策划。

二者虽然是两个不同的项目,但都是围绕着运河来做的。《杭州运河桥船码头》在前,《文学解读新运河》在后。前者主要围绕着水利建设内容展开,运河上究竟有着怎样的水利设备,这些水利设备现在是否还在使用,过去运河上的船是怎样的,码头的形态又是如何的,大致进行这些方面的探索;而后者偏向于文学性,主要是探索当时运河沿岸的历史人物故事、人文故事,主要关注的是人文方面的内容。

首先是查阅文献、梳理结构,随后开始实地调研。在跑运河的过程中,我们特别注意到,运河在新中国成立之后还改过道,现在武林门这一带的运河是新开通的。在元朝时期,张士诚挖了从武林门到拱宸桥一带的运河。所以其实隋唐时期的运河,只到我们现在的拱宸桥这一带。经过考察,这一段运河的历史大致就比较清晰了。在厘清了大致脉络之后,我们就要找几个比较清晰的点。因为我们知道,运河所承载的最大的一个功能就是漕运,南北的物资通过运河流转。首先,拱宸桥是皇帝南巡之时一个迎接的地方,拱是拱手的意思,宸是帝王过来的意思,拱宸桥桥名的寓意便是拱手迎接帝王。除这层意思之外,还有另一层意思,我们也把拱宸桥附近定位为民众聚居之地。像香积寺也是当时最大的一间寺庙,举办过很大的庙会。这两层定位和现在的运河开发的理念是不谋而合的。

《文学解读新运河》中还包括南宋的部分历史,其实当时在运河边上发生了很多故事。比如,现在的梁红玉像,就是为了纪念南宋的梁红玉,她是抗金大将韩世忠的夫人。这段历史讲的是南宋高宗时期杭州的一次内乱,叫苗刘兵变。当时在阻退叛军的时候,情景很危急,梁红玉一夜奔驰数百里,召韩世忠入城平叛,韩世忠从外地赶来勤王。最终,叛乱被平息。

拱宸桥还有一个故事,太平天国时期,在太平军杀进杭州之时,在拱宸桥这一带发生了一段非常惨烈的战事,当时桥上就有很多弹坑,后来进行了一些修补。当时有一位乡贤叫丁丙。太平天国战乱时,杭州的《四库全书》被太平军烧了,这些纸张到处流散。丁丙看到后,就一张张捡起来,后来经过不断的努力,修复了《四库全书》。探索拱宸桥沿岸发生的故事,其实也是对杭州历史的一个回顾。

再延展到塘栖这一块,这是运河沿岸很重要的水镇。塘栖有座桥叫作永济桥,是杭州古桥里面积比较大的一座桥,位置不在市区。我们当时也去考察了,当时城市正在改建中,旧城已经拆掉了一半,还剩了一半古城在那儿,整个情形可以说是非常破败。当时正在挖运河的文物,在永济桥边上有一块碑,记载了当年乾隆皇帝来杭州考察时的情形。碑文中大致讲的是,当时江南的很多小镇不交税,乾隆皇帝觉得杭州做得很好,就算有灾情,还是按时交税,因此就对杭州进行了表彰。

《文学解读新运河》这部作品前前后后做了一两年,其间不断开会,和各个部门沟通,实地调研。各级政府都很重视,调研过程中也做了很多安排。我们当时光是坐船走运河就坐了两回,从武林门一路坐到了塘栖,感受运河沿岸的水路文化。现在的船只只能到拱宸桥,已经到不了塘栖了。不过现在从拱宸桥到塘栖运河沿岸的步道建设得非常好,非常漂亮。

当时杭州运河集团的老总还专门去了英国的泰晤士河和法国的塞纳河,说大运河开发要比它们做得好。我也认为我们要比它们做得好,我也去过泰晤士河,就觉得泰晤士河十分拥挤,两岸布满了高建筑,看着十分不舒服。我们当时的运河开发也是很有规划的,比如距离运河多少米不能有高建筑等,这样的规划给了我们狭小的城市一个很大的景观空间。我觉得我们运河的规划做得非常好。

所以,在不断查资料、调研、挖掘运河周边人物和故事的同时,其实也串起了杭州的整个历史脉络。将这些故事进行分类,《杭州运河桥船码头》中的故事较为严谨,《文学解读新运河》这部作品里的故事则偏于文学性。在杭州大运河这样一个大的区域性项目中,这是我们所做的小小的事情。

除了以上两部专门研究运河的作品,其实文联系统还做了一些与运河有关的系列丛书,我贡献了其中的两三篇文章,这两三篇文章也是在不断挖掘运河地段人文故事的基础上写出来的。我还记得当时我创作的作品中,有关于塘栖运河地段的内容,其中一个故事特别感人。在南宋快要灭亡之时,元军进入皇宫,南宋朝廷准备投降,这时有个嫔妃就在自己的宫中自杀了。这让我联想到一个传说,宋高宗在初进杭州,从半山逃进来的时候,后面的军队一直追杀他,这时他看到一个女孩,是半山那边的一个蚕农,于是就求助于她。这个女孩就把宋高宗赵构藏进一个农具筐子中,用盖子盖住,地上也扫得乱七八糟,为他做了掩饰。后面元军到来询问时,她便瞎指了一个方向,宋高宗因此获救。宋高宗承诺,在即位之后就迎娶这个女孩当娘娘,可是当他真正定都杭州时,便忘却了此事。后来此女去世,人们称之为半山娘娘。我们创作文学的,想象力很丰富,于是将之策划为"两个传奇女子与一个王朝的命运"。南宋的这段历史,起于一个女子,又终于一个女子。这几百年的历史,其基调是非常低沉和哀婉的。

还有当时的艮山门其实是个水门,水位也高高低低的,中间有很多闸、堰,很多闸我们现在已经看不到了。当有船过闸时非常考验人的体力。当时过闸的情形是非常震撼的,可以说是惊心动魄。

5.6.1.3　动漫项目的写作

问：运河项目之后的动漫项目又是怎样完成的呢？

答：在这之后便是一个动漫的项目，是在 2014 年还是 2015 年的时候，当时这个主题是为了反映杭州市的新建设、新面目。我刚接到项目时也有些迷茫，有一种两眼一抹黑的感觉。提的概念是很好的，但还是缺乏历史，所以第一步还是需要做方案。我们当时就对接了动漫孵化园，有很多动漫公司在那儿做动漫和产品。除此之外，杭州每年会举办一次动漫节，于是我们就对接了动漫节，当时还请了几位学生一起去现场，包括亲历、听报告、现场采访，去了解这个项目具体是做什么的。当时我们在会场看到了很多引进的动漫以及动漫周边产品，甚至还有皮影演出，其中有东南亚的皮影，是比较少见的。还有一些 cosplay（costume play，指利用服装、饰品、道具还有化妆等手段来扮演动漫、游戏中人物角色的一种表演艺术行为）。通过实地调研，我们对动漫有了大致的了解。

　其次是做历史方面的内容，我列了清单，亲自去找做动漫的人。后来就找到了第一批做动漫的人，于是就马上去采访。采访反馈回来的结果，其实和我们当初预想的不太一样。中国的动漫历史最早可以追溯到 20 世纪 30 年代，中国漫画界著名的张氏三兄弟——光宇、美宇、正宇，是中国第一代漫画家的引路人。商务印书馆也有专门的动画部。那个时期的动漫奠定了中国动漫产业的基础。新中国成立之后，上海美术电影制片厂制作过很多动画片。比如在 1960 年，创作了中国第一部水墨动画片《小蝌蚪找妈妈》，把典雅的中国水墨画与动画电影相结合，艺术风格极具中国特色，之后制作的水墨动画片《牧笛》也在国际上获得了很高的荣誉。当时比较典型的是水墨动漫，比如《小蝌蚪找妈妈》《大闹天宫》《神笔马良》《草原英雄三姐妹》等具有民族风格的作品。后来上海美术电影制片厂也做了一些好片子，但是没有很好地发展下去，"文革"时期逐渐没落。因为当时的漫画都是手绘，工作量很大，不像现在这样技术这么发达。到了 20 世纪八九十年代，中国就形成了动漫产业，也对动漫进行了扶持，有些人认为这是劣币驱逐良币的一个过程，因为一些动漫公司将动漫项目承包过去，大量的钱就花在承包上，因此动画做得就比较粗糙,没有什么特色,和之前的不太一样,水平也没有提高。当时的动漫作品在国内国际上获过奖的不多,因此我们对获过奖的动漫项目负责人一一进行采访。我采访的不是很多,印象比较深刻的是去中国美术学院采访常虹老师。他可以说是动漫的获奖专业户,曾留学加拿大,有很多学术性的作品。他的作品主要运用技术来反映对社会的思考,因此作品的艺术性比较高,商业性较弱。除此之外,我还采访了浙江工商大学艺术学院的几位老师,浙江工商大学的动漫专业也是不错的,也出了好多人才。

最后就是做动漫相关企业的内容。作品中主要反映他们对动漫产业的挖掘、探索,主要是纪实文化类作品。《动漫之都》这个作品我做了大半年,后来因为时间冲突没继续做下去,后来又有一位作者加入,花了大半年时间进行补充润色,最后完成了这个作品。这也算是对杭州地方文化的一个方面的总结,从宏观和微观的角度,点面结合地反映了动漫产业的发展。这个作品也取得了不错的成果,获得了杭州市"五个一工程"奖。

5.6.1.4　写作过程中的困难与问题

问:在做主题出版的过程中,有遇到不如意的时候吗? 当时的情况是怎样的?

答:有一次不太愉快的经历,是关于地方文化的一个作品。当时我是跟着社科联做的,有一个有关乡贤文化的作品。一开始是我的导师找到我,他不是研究这一块的,知道我毕业后一直在美院工作,就把这个项目介绍给我了。当时社科联的老师也打电话给我,鼓励我接下这个项目。项目主要是研究画家蒲华。社科联给了我几个样本。在沟通的过程中,我理解为这个项目是要做成类似于"百家讲坛"的形式,并将其定位为具有故事性、思辨性、文化性的格调。这其实也是件很困难的事情,这个领域我也不是很精通,一系列问题也很多,比如关于蒲华的生平和事件、身份、作品的断定与评价等问题。

有关蒲华的文献并不多,基本上我都找来看了,他的生平中还有一些模糊的地方,我找了些史料,构建出蒲华大致的人物形象。蒲华其实是一个很有意思的人,他的字也很有特色,像蚯蚓一样扭来扭去,因为他爱用羊毫;人也很有特点,很邋遢,他后半辈子就是个鳏夫,生活缺乏人料理。他画得很好,很爱画,随便就给人创作,他当时的画要价不高。我查过清代的润例,确实是这样的。这个人也爱交朋友,在上海的时候与上海滩上许多人都熟悉,而且也爱做公益。

那怎么去反映他、怎么找角度去描述他、怎么评价他、怎么去描写他的社交,这些其实也是很难写的。当时我做了很多工作,然后根据内容分主题,最后才写出来一个完整的作品。其中有几块内容是做得比较深入的,一个是蒲华到日本的考察,一个是对他作品的评价,以及他最后是怎么去世的。蒲华生前去了日本好几次,但其实他是不通日语的。于是我就找了很多中日艺术文化交流的资料,其中包括陈振濂老师的一些研究作品,发现蒲华是到日本卖画的。我写完书稿后就及时交稿了,但后来才发现,我的书稿的整个基调和当时的一系列作品是不太相符的,他们的作品基本上是偏学术性的,只有我的作品偏文学性。这也是因为一开始没有沟通好。这给我一个经验教训,就是前期准备、洽谈的时候一定要当面沟通清楚,还有就是不要轻易进入自己不懂的领域,因为真的太难了,相当于从头开始。这个册子出来之后,我碰上了几位台州的朋友,他们说感觉还行,对画作的评论也不算外行,但是若要上升到学术写作,那么套路不是这个样子的。

问:现在做主题出版项目有什么困难吗?

答:2020 年,我接了杭州出版社的一个项目,是"讲好杭州故事"丛书。这套丛书是为了迎接亚运会策划的。丛书着眼于传播普及,以大众读者特别是年轻读者为主要阅读对象,突出"讲故事、轻阅读、易传播",力争成为广受读者欢迎、宣传推介杭州的精品力作。这一系列应该要出百余种,有关部门也非常重视,成立了专门编辑组与审稿组进行审稿把关。审稿组还分成了文学组、意识形态组以及综合组,分别对书稿进行评价。

我不是第一时间加入这个项目的。我的这个册子之前已经有作者在写,是关于杭州商贸的,写了三稿,审稿组通不过,只好换人。这样编辑组就找到了我。我之前做了个浙江省社科联的课题,对浙江商贸做了个大概的勾勒。有些简单的课题做了是有好处的,能够让你沉下心来看一些平时不看的东西。你们知道我的专业不在这个领域,我自己的学术课题是获得国家社科基金项目立项的,那个做起来比较顺手。但我喜欢挑战自我,所以也在本专业之外申请其他课题。我觉得《浙江传统商贸文化读本》比较好的是把浙江的区域与商贸特征梳理了一下,基本上把几条行商线路以及历史留存问题都搞清楚了。但是写杭州商贸,还是有难度的。

这个作品的难度是很少有抓手,它不是一个具体的人,也不是一件具体的事。而且总体来说,中国轻商思想还是严重的,历史上留下文献资料的商人并不多,商人的事迹要写具体也很难。特别是这个书要传递杭州的优秀文化,按一般人的思维理解,商人总是利欲熏心,怎么挖掘他们的精神?再一个,课题越往下深入,资料挖掘越难。当时我请教了几位老师,请他们列了一些杭州商人的名单。但是除了胡雪岩等几个人名,没有人能够说得很到位。一个小小的项目也需要很多的文化积累,可能要去通读杭州的文化史、经济史,全部读下来之后才有可能做出其中一小点,也是不太容易的。

我花了一周写了一个初稿,写了关于范蠡与蒋抑卮的两篇稿子,同时拟了一个提纲。专家组看了认为基本可以,但是提出了不少意见。我没有想到一本小册子比学术书还难搞。因为做学术可以完全听凭自己,写这个稿子则必须尊重审稿组的意见。但是既来之,则安之,当时我答应就是想把这个事做得尽量好些。我还是接下去做。实际写作时的困难还不少。比如我写到"敢为天下先"这节,就写了杭州发行交子,也就是世界上最早的纸币。一写下去发现太难了,中国的货币史如此复杂,虽然只是蜻蜓点水写到几点,但是不对货币史有个大致了解还是不行的。关于这篇稿子我专门向北京一位了解货币史的朋友征询过意见,他给了我关于中国货币史的启蒙教育。这本书中还写到了经纪人,同样也得对中国的牙人制度有了解。写杭州的外贸,就要读外贸史。所以这三节实际上就是三个领域的问题。

通过这本小册子,可以看到杭州商贸的许多侧面,比如外国人对杭州的经济与商业的看法、全民皆商的南宋社会、杭州的乡贤组织、文化商人、以商佐教的实例等。对于书中的商人,我现在也可以列出几个名字来:范蠡、谢国明、钱端礼、陈宗之、陆云龙、邵之岩、丁丙、胡雪岩、王星斋、孙翼斋等。

因为这本册子是为年轻人打造的,所以要求语式符合年轻人的阅读习惯。为了这个我还真是听了几个月的郭德纲相声。现在书中的调子很适合做成音频。我听了已上线的文稿,其实这套丛书的风格还是很多样的,有的老师写得很抒情,描述性场景很多。但是我的作品采取的还是非虚构的写作方式,把事情写清了,信息量很大,但是很少做描绘。这本书已经完成,通过了三个专家组的审稿,并根据他们的意见进行了修改,写作周期比以往的书长得多。

5.6.2 《快递中国》作者访谈

《快递中国》获得浙江省文化精品工程项目和杭州市文学精品工程项目立项,2017 年获得中国报告文学领域最具权威性的、代表中国报告文学最高水准的"徐迟报告文学奖",并入选《北京文学》评选的 2015—2016 年重点优秀作品。该书以中国民营快递公司"三通一达"(申通、圆通、中通、韵达)的发展为脉络,揭示了这几家快递公司如何以超速度冲入"中国快递第一集团军",并创造传奇的历程,展现了中国民营快递这个特殊群体迅猛发展的缩影,诠释了中国新一代农民的梦想和辉煌。以下是对《快递中国》的作者之一朱晓军老师的采访的记录。

5.6.2.1 图书选题的抓取与设想

问:请问您是从什么时候开始关注快递行业,并有写作相关题材内容的想法的?

答:在我们众多的文化作品中,许多城市都有一部反映自己的作品,像温州有《温州一家人》,义乌有《鸡毛飞上天》,宁波有《向东是大海》,但杭州一直没有。我一直很想发掘一些民间的元素和力量来写杭州,通过这些内容展示杭州的风采。作为"三通一达"的起源地,杭州有着与其他地方不同的新经济、新活力,于是我就把目光聚焦在当下"新"的创造上,结果就有了写快递行业的念头。某种程度上,《快递中国》这部书可以说是一部能够局部反映杭州的作品了。浙江的很多城市都有反映浙商精神的作品,杭州的经济发展直接体现浙商精神的内核,《快递中国》让杭州有了表现浙商精神的作品。快递业的发展与杭州产业升级发展、竭力打造电子商务之都有着密切的关系,《快递中国》的应运而生是杭州经济发展转型的重要表现。

　　问:在策划和撰写《快递中国》的时候,您具体是怎么做的?

　　答:文化需要反映生活,我们需要关注社会现实生活。快递业是伴随商品流通需求而出现的,几个山乡农民为了适应社会需要,打破规则,不断创新。在中国的大地上,一群没有受过良好教育,也没有什么经营和管理经验,没有任何政府背景和资金来源的年轻人却各自建立了数十亿产值的庞大商业帝国,这些成就靠的是什么? 我们认为是文化。这种文化接续了传统文化中各个阶层所认同的普适性观念,如仁、义、礼、智、信。他们的成功不是由于高级精英的顶层设计和规划,而是源于朴素的生活信念和吃苦耐劳的品质,体现了家族文化和宗族文化,同时也体现了底层自然形成的情义江湖、精诚互助等民间文化。这些都是我们民族宝贵的财富。

　　相比较宏大叙事,大时代下小人物创业创新的故事更有吸引力和传播价值,从一个当代中国农民寻梦、追梦、筑梦、圆梦的故事里,可以看见一部新时期中国农民的创业史。时代与民族、时代与国家、时代与个人、社会进步与企业成长、国家命运与个人命运的关系等,这些都是我们当下需要关注的对象和主题,中国梦的时代主题需要我们去书写。

　　问:为什么采取报告文学的形式?

　　答:人们对报告文学的理解往往过于简单化,认为报告文学是一种介于新闻报道和文学作品之间的文学样式,是用文学手段处理新闻题材的一种文体。在一般人的眼里,其文学性又被简单化地理解为文学手法,而没有视为文学自身的属性。文学性只是文学手法吗? 报告文学的核心究竟是新闻性还是文学性? 事实上,文学性的要义不是具体的手法和手段,而是文学所蕴含的文学理性和对于“人”的关切。高尔基说“文学是人学”,报告文学也要把“人的命运”放在重要位置。作品以赖梅松、陈德军、聂腾飞、喻渭蛟、聂腾云等创办的中通、申通、圆通、韵达四家公司为叙述对象,设计了四条相互交织的线索,以网状艺术结构来书写人物命运。

赖梅松的祖祖辈辈都是没有文化的农民。初中时代的赖梅松在 80 多人的班级里名列第二,中考时却以 3.5 分之差落榜。赖梅松不得不为了家庭生计而辍学,那无法交付的 200 元学费就成了他心中永远的痛。赖梅松的经历,也是整个农民阶层命运的缩影。这群探索民间快递出路的先行者和中坚力量,都是在民间底层滚打摸爬中长大,他们不屈服于命运的安排,敢于挣脱现实束缚,为改变自身命运和农民命运而不懈努力。人生而不同,有的人离罗马很远,有的人离罗马很近,还有的人生在了罗马。如果说赖梅松的中国梦是在大山里酝酿的,那么,史密斯则是天空里的追梦人。他是一个疯狂的冒险家,1965 年在耶鲁大学攻读政治经济学。他先知先觉地做出判断——未来计算机主导的商业物流必将取代传统物流——然后决断地创办航空快运。同样是胸怀梦想的年轻人,一个蛰伏贫瘠的大山,祖祖辈辈是农民;一个拥有良好的高等教育背景,出身美国田纳西州孟菲斯城的运输世家。这样一对比,则更凸显出命运的残酷与中国底层命运的坚韧。

5.6.2.2 图书选题与主题出版

问:朱老师,您为什么策划快递这个选题?

答:一个是 1993 年为中国民营经济起步阶段,一个是 21 世纪为新媒介语境下电子商务的迅猛发展期。中国当代史上这两个划时代的时间点决定了中国民营快递业的命运:前者催生了中国民营快递业的破土;后者则借助新媒介的力量,使草根阶层释放出巨大的生命活力,以锐不可当之势,与传统快递业形成良性有序竞争。中国快递业发展史上很多的秘密都隐藏在这里。新媒介不仅是一种载体,还是一种生产力,它极大地解放了生产关系。

桐庐是中国快递业的发源地和大本营,桐庐的文化和历史,也反映出中国农民的文化变迁和历史变迁。桐庐的聂腾飞、陈德军、赖梅松、喻渭蛟所书写的快递业小史,既是一种崭新的时代现场,又扎根于地理文化岩层之中。

习近平总书记指出,人民既是历史的创造者,也是历史的见证者,既是历史的"剧中人",也是历史的"剧作者"。只有牢固树立马克思主义文艺观,真正做到了以人民为中心,文艺才能发挥最大正能量。对于选题,我认为,要坚持正确的政治方向,以政治统领全局工作,讲政治、顾大局,切实增强政治敏锐性和政治鉴别力,在大是大非问题上始终站稳政治立场;要坚持弘扬社会主义核心价值观,唱响主旋律,承载表达当代中国精神和全体人民共同的价值追求,大力挖掘文艺作品的社会效益和社会价值;要坚持以人民为中心的创作导向,深入生活、扎根人民,不断适应人民日益增长的美好生活需要,立足新时代新征程;要进行现实题材创作,立足当代中国现实,聚焦实现中华民族伟大复兴中国梦主题,着力表现党领导人民开启新征程、迈向美好生活的伟大成就,着力表现建设社会主义现代化强国的宏伟历程等。

问:在书写他们的过程中,您是如何感受到中华民族的文化力量的?

答:这些来自大山里的创业者,没读过几年书,缺乏应有的创业资金,没有城市社会的人脉网络,甚至还要长期顶着来自当时僵硬体制的"黑快递"罪名和种种实际压力,他们白手起家、不畏艰难地开始了新一轮创业。首先是在创业的起点上,他们采用了人弃我取的低调而卑微的方式。他们发现不少城里人"怕苦怕累",不愿意干重活累活,而这些在大山里从事过体力劳动的第一代快递人完全不在乎这些,客户的需要就是他们的动力,无论手段多么原始(开始他们只能搭火车、骑自行车)、量多么少、利润多么薄、困难和阻力多么大,再苦再累他们也不言放弃,就这么一直坚持下来。没有吃苦精神,他们不可能成就今天的事业。其次是创业发展过程中的酽酽亲情、乡情和友情。远离都市隐藏在大山皱褶里的许多乡村,自古形成的"熟人社会"的情感伦理还顽强地保留着,熟人之间的信任感还未被唯利是图的商业欲望彻底冲垮,所以在筹资创业、异地网点拓展等活动中,亲情、友情、乡情这些传统价值美德就成了建立相互信任感的基础,而获得信任的人也往往都不负重托、不辱使命,很好地完成这些家人、朋友以及同乡所交付的企业拓展任务。倘若不是以这些传统美德为底蕴,他们的快递王国也一定不是今天的面貌和样态。最后是企业发展到相当规模以后的情义导向。这在中通集团的企业发展理念中尤其显著。在春节这样的传统节日期间,以集团名义给坚守在第一线的中通员工的父母发红包,这确实是仁义之举,可以大大增强企业的凝聚力和员工对企业的情感认同。在每件快递面单上加1分钱,建立"中通网络互助基金",以便及时救助突然遭遇天灾人祸的员工或某个网点。中通集团甚至拍下了家乡县城的一块地,准备建立"中通之家",让退休以后的本乡员工可以在这样的家园里,像当年在老家村庄时一样,每个家庭都敞开着大门,邻居可以随时进来串门聊天儿,真正做到像许多传统古村落那样路不拾遗、夜不闭户……在这些举措和尝试里,甚至隐隐显露出企业负责人某种桃花源似的乌托邦情怀了。

在中国农民创业梦和创业实践的背后,还有数千年中华优秀传统文化的滋养和依托。中国进入近代以来,所受外寇欺凌压迫往往从沿海口岸、从东北华北肇端,远离都市与沿海口岸的一些偏僻乡村所受到的冲击与破坏的程度往往略轻,在不少南方村落,受到的震荡似乎相对更小。于是,一些传统文化的优秀因子得以潜伏下来。就像一场冲天大火之后,某些种子因为隐藏于地表深处,得以侥幸存活下来,之后遇有大雨的冲刷以及适宜的气候,便得以浴火重生,仿佛涅槃的凤凰。这些南方山村往往有数百上千年的历史,中华民族文化的坚韧性、丰富性与广泛性等优秀品质就一直流淌和渗透在这些大地、山川、草木及村民的骨血之中。

问:您是如何抓住这一群体进行创作的?

答:《快递中国》是一部走出大山的中国梦主题创作,书写的是新时期中国农民的创业史。在以往的创作中,反映农村和农民的作品写的大多是农民工、留守在农村的"993861"部队(老人、妇女和小孩),即便是反映农民创业的作品,也往往写的仅仅是一个人,或两三人的成功。《快递中国》反映的是一个农民群体——"三通一达",拥有百万员工的这4家快递公司,其70%以上的员工是农民。这部书反映的是近百万农民的中国梦。

作品凸显的是这群从浙江桐庐农村走出来的农民企业家身上所具有的勤劳、智慧和执着的精神,鲜明地表现了"快递改变中国、改变生活"这一具有强烈时代色彩的主题。"剧中人"的主体是农民,鉴赏和评判的主体是读者,能很好地体现以人民为中心的创作导向。

为了把握好这一题材,我们深入基层、体验生活,花了3年时间进行采访与创作。从"三通一达"的创始人（申通创始人之一聂腾飞已去世），到北京、天津、上海、浙江、广东、宁夏、新疆、湖北、甘肃等地的网点快递员，我们走遍大江南北，采访了近百人，形成了百万字的创作素材，最终浓缩成 26 万字的报告文学。

这是一部反映新时代中国农民创业创新的"群英谱"，我们关注的不仅仅是"三通一达"的创始人，更有诸多名不见经传的小人物；记述的不仅仅是他们创业创新的传奇故事，更注重对人物性格、情感和命运的揭示。他们都是有血有肉、有情感、有爱恨、有梦想、有内心冲突和忧伤的鲜活、真实的人物，"大火废墟上再次崛起的新疆快递人""风雪夜遭遇车祸断掉肋骨也要将散落在路上的快件拾回来""特别快递，山里的母亲的两罐蜂蜜"等情感细节，都让人难忘。

问：如何看待《快递中国》里的浙江精神？

答：习近平总书记指出，一个民族的复兴需要强大的物质力量，也需要强大的精神力量。实现中国梦必须走中国道路、弘扬中国精神、凝聚中国力量。中国精神是社会主义文艺的灵魂。什么是中国精神？就是以爱国主义为核心的民族精神和以改革创新为核心的时代精神。文艺作品如何弘扬中国精神？就是要高扬社会主义核心价值观旗帜，把以爱国主义为核心的民族精神和以改革创新为核心的时代精神作为文艺创作的主旋律，追求真善美，传承和弘扬中华优秀传统文化。《快递中国》这部作品，记述的是一群浙江农民创业创新的故事，折射的则是与时俱进的浙江精神。这群山里人，最初是靠农民特有的文化和乡情、亲情、友情走上了创业之路；在艰辛创业的十多年中，他们历经千辛万苦、说尽千言万语、走遍千山万水、想尽千方百计，最终以自己的智慧、勤劳、勇敢和坚韧坚持了下来，取得了成功，谱就了中国乃至世界的一个商业传奇。这种乡情、亲情、友情，这种勤劳、勇敢、坚韧，在这些创业者身上所体现出来的与时俱进、永不满足、永无止境的追求和品格，正是对"自强不息、坚忍不拔、勇于创新、讲求实效""求真务实、诚信和谐、开放图强""干在实处、走在前列、永立潮头"的浙江精神的最好诠释，也是对以改革创新为核心的时代精神的最好诠释。

浙江省主题出版书目

6.1 2013—2022年入选全国主题出版选题目录的浙版图书

6.1.1 2013年深入学习宣传贯彻党的十八大精神主题出版重点选题

2013年,浙江教育出版社的《生态文明与生态自觉》、浙江人民出版社的《群众路线与党内教育活动》、浙江少年儿童出版社的《信仰的种子》和浙江文艺出版社的《一片叶子》入选重点选题目录。

(1)《生态文明与生态自觉》

图书信息见4.3.1。

(2)《群众路线与党内教育活动》

图书信息见4.3.1。

(3)《信仰的种子》

图书信息见4.3.1。

(4)《一片叶子》

作者:王旭烽

出版社:浙江文艺出版社

出版时间:2016年

ISBN:9787533946579

内容简介:《一片叶子》是一部以第一人称为叙述主体,以日记体方式完成的长篇纪实文学作品。作者王旭烽在充分的田野考察基础上,以安吉白茶为叙述纵线,从深山中那株唯一的母茶说起;以历史的叙述为起点,直到十万茶山的现状;以作者有关生活中的茶事为横断面,全面解读茶在人类生命历史进程中的文化呈现。

6.1.2 2014年培育和践行社会主义核心价值观主题出版重点选题

(1)《天地良心——中国最美渔民郭文标》

图书信息见 4.3.2.4。

6.1.3 2015年主题出版重点出版物选题

(1)《陈云家风》

作者:中央文献研究室第三编研部、陈云纪念馆

出版社:浙江人民美术出版社

出版时间:2015 年

ISBN:9787534043598

内容简介:《陈云家风》由中央文献研究室第三编研部和陈云纪念馆共同编著,依据多年来对陈云同志夫人、子女、孙辈,以及身边工作人员的采访资料整理编辑而成,共编入 21 位人员的回忆文章 27 篇。全书采用图文并茂的形式,共约 10 万字,包含 100 余幅珍贵的历史图片,其中不少内容是首次公开发表。

(2)"闻香识好茶"系列丛书

书名:《闻香识好茶之识茶寻味》

作者:慢生活工坊

出版社:浙江摄影出版社

出版时间：2015 年

ISBN：9787551408905

内容简介：茶的世界，纷繁而广阔，绿茶、红茶、乌龙茶、白茶、黄茶、黑茶和花茶，种类繁多。中国作为茶的故乡，大江南北，各有名茶。喝茶从识茶开始，该书以图文结合的方式，带读者认识茶的品种、产地、辨别方法以及展示茶独有的色、香、味、形，科学而翔实。

书名：《闻香识好茶之花茶与健康》

作者：慢生活工坊

出版社：浙江摄影出版社

出版时间：2015 年

ISBN：9787551408929

内容简介：该书介绍了茶的冲泡步骤，同时还附加了花草茶品鉴、健康特辑等小栏目，以方便读者根据个人需求和特点选用不同的花草茶。

书名：《闻香识好茶之泡茶有道》

作者：慢生活工坊

出版社：浙江摄影出版社

出版时间：2015 年

ISBN：9787551408899

内容简介：该书以介绍泡茶技艺为主，涉及中华茶艺基础知识、茶席的设计、茶艺的礼仪、习茶的技艺、泡茶实例和少数民族茶艺等，知识面广，说明详尽，操作性强。

书名:《闻香识好茶之茶器珍赏》

作者:慢生活工坊

出版社:浙江摄影出版社

出版时间:2015 年

ISBN:9787551408912

内容简介:器为茶之父,一部深厚的茶文化史,茶器占了不少的篇章。该书从不同历史时期、不同民族以及不同的场合,介绍茶器的种类、搭配与运用。名茶配美器,书中也介绍了历史上著名茶人与名家名器。

6.1.4　2016 年主题出版重点出版物选题

(1)"中华好故事"系列丛书

书名:《中华好故事:文明美德》

作者:《中华好故事》栏目组

出版社:浙江少年儿童出版社

出版时间:2016 年

ISBN:9787534295294

内容简介:该书采用问答题、连线题、关键词题、汉字墙题、图片题等题型,以"乡试—会试—殿试"由易到难的晋级方式,多角度、多层面讲述中华好故事。此外,该书还加入了拓展、链接板块,帮助读者对相关的人物、时间、历史背景等有更深入、全面、立体、生动的了解。中华民族是一个具有优秀文明美德的民族,5000 年来,各种文明美德的佳话层出不穷。春秋时期尾生守信,东汉黄香 9 岁温席,唐代李白勤奋苦学……他们高洁的品格,是中国人的骄傲,也是中国人永远奋发向上的动力。

书名:《中华好故事:民俗亲情》

作者:《中华好故事》栏目组

出版社:浙江少年儿童出版社

出版时间：2016 年

ISBN：9787534292620

内容简介：该书从《中华好故事》题库中萃取重大  史实、圣贤事迹、思想典籍、文艺杰作、科技发明等内容，采用问答题、连线题、关键词题、汉字墙题、图片题等题型，以"乡试—会试—殿试"由易到难的晋级方式，深入浅出地讲述中华好故事，普及中华优秀传统文化。

(2)《中国历代家训集成》(12 册)

作者：楼含松

出版社：浙江古籍出版社

出版时间：2017 年

ISBN：9787554011409

内容简介：该书收录历代编纂的以 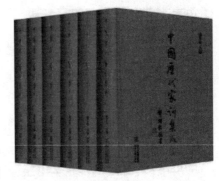 治家教子为主要内容的家训文献，并酌情收录具有家训性质、作用或影响的蒙学、女学、乡约与训俗文献。该集成所收家训著作，每种包括提要和正文两部分。提要部分主要包括书名、卷次、作者简介、著作评述和版本介绍等内容，正文部分根据底本录入原文，并予以分段、标点。提要末尾括注撰写者姓名，正文末尾括注点校者姓名和所据版本。

6.1.5　2018 年重点主题出版物选题

(1)《心无百姓莫为官——精准脱贫的下姜模式》

图书信息见 4.3.4.8。

(2)《大决策：邓小平与改革开放》

图书信息见 4.3.4.4。

6.1.6 2019年主题出版重点出版物选题

(1)"创新报国70年"大型报告文学丛书

"创新报国70年"丛书是中国科学院、中国作协、中国科协多部门合作开展的报告文学作品创作出版项目。它以文学的形式回顾中华人民共和国成立70年来的科技发展历程,讲述科学界的真人真事,颂扬我国科技工作者锐意进取、开拓创新、勇攀科技高峰的伟大精神,旨在弘扬主旋律、传播正能量,在全社会营造勇于创新、无私奉献、锐意进取的氛围,培育和践行社会主义核心价值观,凝聚起实现中华民族伟大复兴的蓬勃力量。全套丛书计划出版30部,截至2023年10月,已出版17部,此处择录10部如下。

书名:《大地无疆》

作者:杜怀超

出版社:浙江教育出版社

出版时间:2019年

ISBN:9787553693606

内容简介:该书讲述了一段可歌可泣的新中国成立后的中国植物分类学科的建设史,一代代中国植物分类学家献身科学、报效祖国的动人故事。

书名:《大对撞》

作者:叶梅

出版社:浙江教育出版社

出版时间:2019年

ISBN:9787553693521

内容简介:北京正负电子对撞机是我国第一台大科学装置。它的出现,标示了我国从一个贫弱的旧中国到富强的新中国,从一个奋发向上的大国到世界强国的艰辛历程。经过中国科技工作者数十年的卓越努力,这一大科学装置成为中国继原子弹、氢弹、人造卫星之后,所取得的又一伟大成果,是中国科技发展史上一个标志性的科研项目,在世界高科技领域占有一席之地。它的成功建造是世界加速器建造史上的一个奇迹,是中国科学家为人类创造的一把揭开物质微观世界之谜的"金钥匙"。它就像一条从雪山发源的河流,延伸、牵引着无数涓涓小河,催生了一大批新技术、新工艺和新发明,被广泛应用于农业、工业、林业、采矿业、制造业、航天、卫生、信息等各个领域,造福于中国,造福于全人类。

书名:《托卡马克之谜》

作者:武歆

出版社:浙江教育出版社

出版时间:2019 年

ISBN:9787553693583

内容简介:该书讲述了中国科学院等离子体物理研究所改革开放 40 年来风雨兼程的科学历程。作者经过深入采访,掌握了大量历史资料,书写了中国核聚变领域科学家和工程技术人员,从"跟跑""并跑"到"领跑",将中国磁约束核聚变研究逐步推向世界前沿的感人故事。作品语言灵动鲜活,情节跌宕起伏,人物性格鲜明饱满。"托卡马克之谜"的谜底就是"中国精神"。

书名:《钟情一生》

作者:裘山山

出版社:浙江教育出版社

出版时间:2019 年

ISBN:9787553689531

内容简介:该书以中国科学院成都生物研究所几代人数十年来致力于中国两栖爬行动物研究这一事迹为蓝本,围绕以费梁、叶昌媛为代表的三代两栖爬行动物研究科学家展开叙事,描述我国两栖爬行动物研究从空白到结出硕果的艰难且漫长的历程。

作者经过深入采访,结合大量资料,将复杂的现实背景、众多的事件、几代科学家的努力,一幕幕不断推进,如同一部纪录片展现在读者面前。作品情感真挚,体现了科学家永无止境探索未知真理的情怀和默默奉献的精神。

书名:《耕海探洋》

作者:许晨

出版社:浙江教育出版社

出版时间:2019 年

ISBN:978755369376

内容简介:该书是一部长篇报告文学。作者跟随我国最先进的"科学号"科学考察船,前往西太平洋进行科学考察,以亲身经历的远航日记为线索,生动地讲述我国的海洋科考历程——从第一艘海洋调查船"金星号",到改革开放时期的"科学一号",再到21 世纪国际一流的"科学号"。随着科考船的更新换代,我国海洋科学事业迅猛发展,终于从"望洋兴叹"到"走向深海大洋",为国计民生做出了重大贡献。全书以不同时期具有代表性的人物为主线,展示我国海洋科学事业的历程和成就。该书文笔清新、故事感人,讴歌了一代代海洋科学家呕心沥血、乘风破浪的传奇事迹和奋斗精神。

书名:《追风沙的人》

作者:李春雷、李艳辉

出版社:浙江教育出版社

出版时间:2019 年

ISBN:9787553693590

内容简介:该书描述了科学家王涛用一生的坚守,为中国沙漠及沙漠化治理做出了傲人的成就,为生活在沙漠边缘、处于沙漠化及风沙侵害之中的人们带来希望。在王涛的世界里,只有沙漠的荒凉,没有人生的荒凉,他不为名利,默默地在沙漠世界里战斗,用汗水、泪水和血水,践行了一位科学家对祖国和人民的无限忠诚。

书名:《飞蝗物语》

作者:陈应松

出版社:浙江教育出版社

出版时间:2019 年

ISBN:9787553693743

内容简介:该书以报告文学的形式,讲述以马世骏、陈永林等为代表的中国科学院动物研究所的专家们,在洪泽湖、微山湖等蝗灾多发地区开展灭蝗研究和实践的故事。他们用勤劳和坚守,谱写了一首首动人的治蝗之歌。全书详细讲述了"治蝗群英谱"中各位科学家的事迹以及后人对他们的评价,展现了我国一代又一代科学家治理飞蝗、造福人类的传奇人生和科学报国的伟大精神。

书名:《国事橡胶》

作者:薛媛媛

出版社:浙江教育出版社

出版时间:2019 年

ISBN:9787553693576

内容简介:20 世纪 60 年代,中国还是一个依赖橡胶进口的国家,要用 20 吨大米才能从国外换回 1 吨橡胶。橡胶是国家不可缺少的物资,从一双胶鞋到汽车轮子,从一根导体线到工业大车场,从战略装备到人造卫星等,都要用到橡胶。在中国急需橡胶而又紧缺橡胶的情况下,以周望岳为首的一群科学家研制出了处于世界领先水平的橡胶工业新技术产品——顺丁橡胶,为国家创造了巨大财富。

书名:《世界屋脊的光芒》

作者:杨丰美、纪红建

出版社:浙江教育出版社

出版时间:2019 年

ISBN:9787553693750

内容简介:中华人民共和国成立以后,中国科学家开始对青藏高原进行一系列全面、系统的科学考察,取得了举世瞩目的成就。从无人禁区到原始森林,从巍峨冰川到壁立峡谷……这项涉及地理、地质、土壤、冰川、动物、植物、大气、地球物理、古生物、湖泊、地热等多个学科,牵动我国上千位科学研究人才的伟大事业,在世界科学史上写就了一部波澜壮阔的史诗。为国为民、艰苦奋斗、团结合作、无私奉献、不怕牺牲等科学精神经久印刻在这段峥嵘岁月的每一个细节里。该书力求全面、真实地再现历史,凸显科学精神,献礼伟大的科学事业,以慰前人,以启后世。

书名:《泥沙中的石头》

作者:葛水平

出版社:浙江教育出版社

出版时间:2019 年

ISBN:9787553693538

内容简介:作者深入现实生活,把握时代脉搏,以中国科学院成都山地灾害与环境研究所的科学家治理泥石流的经历为蓝本,讲述了科学家数十年与泥石流生死相搏的令人难以忘怀的往事。他们以坚定的信念和不畏艰险的精神,在泥石流研究和治理中攻克了一个又一个难关,为防治泥石流灾害和灾后重建工作贡献了毕生的力量。

(2)"画说初心"丛书

图书信息见 4.3.4.8。

(3)《红色家书》

图书信息见 4.3.4.8。

6.1.7　2020 年主题出版重点出版物选题

(1)《脊梁——共和国勋章获得者的故事》

图书信息见 4.3.4.8。

(2)《诗意栖居:在"浙"里看见美丽中国》

作者:何玲玲、方问禹、王俊禄

出版社:浙江摄影出版社

出版时间:2020 年

ISBN:9787551429481

内容简介:"绿水青山就是金山银山"理念已经成为
全党全社会的共识和行动,成为新发展理念的重要组成
部分。实践证明,经济发展不能以破坏生态为代价,生态本身就是经济,保
护生态就是发展生产力。希望乡亲们坚定地走可持续发展之路,在保护好
生态前提下,积极发展多种经营,把生态效益更好转化为经济效益、社会效
益。全面建设社会主义现代化国家,既要实施城市现代化,也要实施农业农
村现代化。要在推动乡村全面振兴上下更大功夫,推动乡村经济、乡村法
治、乡村文化、乡村治理、乡村生态、乡村党建全面强起来,让乡亲们的生活
芝麻开花节节高。该书以报告文学的方式展现"千万工程"的浙江经验、浙
江模式,并配以优美的图片进行艺术化的解读。

6.1.8　2021 年主题出版重点出版物选题

(1)《革命与复兴:中国共产党百年图像志》

作者:《革命与复兴》编写组

出版社:浙江摄影出版社

出版时间:2022 年

ISBN:9787551433273

内容简介:该书按新民主主义革命时期、社会主
义革命和建设时期、改革开放和社会主义现代化建设

新时期、中国特色社会主义新时代分为 4 个篇章。精选 500 余幅摄影作品，全程全景勾勒党领导人民争取民族独立、人民解放和实现国家富强、人民富裕的百年征程史，全面地反映中国人民由"站起来"到"富起来"再到"强起来"的伟大成就。该书是国内首部以党史影像为载体，艺术地全面反映党和人民筚路蓝缕砥砺奋进、中华民族伟大复兴的奋斗史诗。

(2)《为了万家灯火：中国共产党百年抗灾史》

图书信息见 4.3.4.8。

(3)《红船启航》

作者：丁晓平

出版社：浙江教育出版社

出版时间：2021 年

ISBN：9787572220197

内容简介：该书是一部长篇报告文学。作品分为上、下两卷。上卷"红船劈波行"，记述了党的一大召开的前前后后；下卷"精神聚人心"，书写了红船精神，也就是伟大建党精神的传承和发扬。

(4)《我们的队歌》

作者：张品成

出版社：浙江少年儿童出版社

出版时间：2022 年

ISBN：978755972755

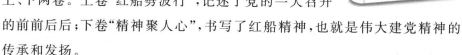

内容简介：小说由新时代中国红色题材儿童文学扛旗者、国家一级作家张品成创作，以影响了新中国几代人的《中国少年先锋队队歌》为内在线索，谱写了发生在"队歌"诞生地厦门的一个感人故事。75 岁的老人方庆来曾是厦门某少年合唱团成员，因为命运沉浮，他一度消沉暴躁；6 岁的盲童钱小小天生残疾，却有着音乐天赋。两代人在《中国少年先锋队队歌》的旋律中实现了个体精神的自我超越，合奏出一首积极明亮的生命赞歌。一首队歌，是老人方庆来的珍贵回忆,是年轻的音乐教师何鹤清和高小凡的当下演绎,是小小、巧巧等新时代少年儿童的深情歌唱。歌声永在,希望和力量永在。

(5)《点亮:一位摄影师眼中的邓小平》

作者:杨绍明

出版社:浙江人民美术出版社

出版时间:2021 年

ISBN:9787534089770

内容简介:该书收录摄影师记录下的邓小平生活的点点滴滴,包括了"风云人物""指点迷津""平凡生活"3 个板块。

6.1.9　2022 年主题出版重点出版物选题

(1)《干在实处　勇立潮头——习近平浙江足迹》

作者:本书编写组

出版社:浙江人民出版社

出版时间:2022 年

ISBN:9787213105685

内容简介:该书通过一个个原汁原味的感人故事、一幕幕至真至情的场景再现、一段段情真意切的深情口述,翔实记述了习近平同志在浙江工作期间,擘画作为浙江省域治理总纲领和总方略的"八八战略",制定实施创建生态省、建设"平安浙江""法治浙江"、加快建设文化大省、加强和改进党的建设,为浙江改革发展奠定坚实基础的故事,生动展现了习近平同志带领浙江广大干部群众干在实处、走在前列、勇立潮头,率先推进浙江经济社会转型升级、科学发展,不断完善区域现代化建设布局所取得的一系列重大突破。

(2)《列车开往乞力马扎罗》

作者:王璐琪

出版社:浙江少年儿童出版社

出版时间：2022 年

ISBN：9787559727374

内容简介：该书从少年的探寻起笔，在现实与回忆两条线索的交叉叙事中使得宏大主题悄然洞开，以三位主人公身处不同时空场域的守望与凝思，围绕新中国成立以来第一大援外工程"坦赞铁路"的历史与当下，勾连起三代人的命运流转，表达了中非友谊源远流长的主旨，呼应"一带一路"宏伟倡议，亦对奉献与大爱的时代精神进行了动情的讴歌。

（3）《美术经典中的党史》

作者：慎海雄

出版社：浙江人民美术出版社

出版时间：2023 年

ISBN：9787534099311

内容简介：该书是一部以中央广播电视总台特别节目《美术经典中的党史》为基础，整理改编而成的以美术经典反映百年党史的图文结合的大型画册。该书用"以画为体，以史为魂"的结构方式，从中国共产党成立以来各个历史时期，特别是党的十八大以来反映新时代面貌的美术作品中，遴选出最具代表性的经典之作，通过党史叙事和美术作品解读的双重视角、双重语境的建构，全景式再现中国共产党成立 100 年来波澜壮阔的发展之路，带领读者从中领略信仰之美，礼赞中国共产党带领人民矢志奋斗、接续奋斗，开辟中国特色社会主义道路，创造人类发展史上伟大奇迹的光辉历程。

（4）《月上》

作者：陈新

出版社：浙江教育出版社

出版时间：2022 年

ISBN：9787572231438

内容简介：该书是全面、系统、真诚地书写中国
探月工程的长篇报告文学。以中国工程院院士、中
国探月工程总设计师吴伟仁从四川大巴山中一个普
通的农民成长为中国探月工程总设计师，主持设计
"嫦娥号"的艰辛付出及成长历程为主线，讲述中国
探月工程从"嫦娥一号"到"嫦娥五号""绕""落""回"
全过程，真实再现以吴伟仁为核心的中国探月工程

的科学家们为了国家强盛，敢于走出地球，探索月球，探索人类未来资源，不
计个人得失、坚毅执着的高尚情操和科学精神。这是一部专门的关于中华
探月的科技史，也是一部写给青少年的文学精品，更是一首献给科技工作者
的动人赞歌。

(5)《历程》

总编剧、总导演：黄亚洲

出版社：浙江电子音像出版社、浙江科学技术
出版社

首播时间：2022 年

ISRC：CN-R22-22-00004

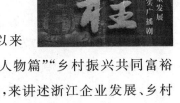

内容简介：广播剧《历程》是浙江改革开放以来
发展、飞跃、蝶变的一个缩影，以"改革开放先进人物篇""乡村振兴共同富裕
篇""数字化改革示范篇""未来服务篇"4 个板块，来讲述浙江企业发展、乡村
建设、社会进步、科技突破进程中可歌可泣的真实事例。

6.2 其他主题出版物

6.2.1 地方革命史与党史主题出版物

以地方革命史与党史为主题的出版物保持着稳定的出版量。本小节搜
集的出版物，反映了浙江革命史与党史主题出版的简要历程。

(1)《浙东抗日根据地》

作者：中共浙江省委党史资料征集研究委员会、
浙江省档案馆

出版社：中共党史资料出版社

出版时间：1987年

ISBN：11310·44

内容简介：浙东敌后抗日根据地，包括四明、会
稽、三北(指余姚、慈溪、镇海三县姚江以北地区)和浦东4个地区，位于杭州
湾两岸，沪、杭、甬之间，东濒东海，南迄东阳至宁波的公路，西跨浙赣路金
(华)萧(山)线两侧，北达黄浦江两岸地区，是个战略要地，为抗日战争时期
全国19个解放区之一。该书是对浙东抗日根据地的历史文献汇编。分成
综述、历史文献和报刊资料以及回忆录3个部分。

(2)《衙前农民运动》

作者：中共浙江省委党史资料征集研究委员会、中
共萧山县委党史资料征集研究委员会

出版社：中共党史资料出版社

出版时间：1987年

ISBN：11310·66

内容简介：该书由杨福茂主编，介绍了发生在浙江
萧山衙前的农民运动。1921年4月，中共早期党员沈定一从上海回到家乡
萧山县衙前村，开始实施其"中国底社会革命，应该特别注意农民运动"的革
命实践。衙前及附近村子的农民在衙前东岳庙集会，宣告成立衙前农民协
会，发布了经全村农民议决的《衙前农民协会宣言》和《衙前农民协会章程》，
提出了"世界的土地应该归农民使用，由农民所组织的团体保管分配"的革
命主张。后衙前农民运动惨遭镇压。衙前农民运动是中国共产党成立后领
导的第一次有组织有纲领的农民运动，被称为"全国农民运动的历史上最先
发轫者"。这次农民运动虽然时间不长，但它揭开了中国现代农民革命斗争
的序幕，显示了农民群众潜在的伟大力量。

(3)《红十三军与浙南特委》

作者:中共浙江省委党史资料征集研究委员会、浙江省档案馆、中共温州市委党史资料征集研究委员会

出版社:中共党史资料出版社

出版时间:1988 年

ISBN:7800230406

内容简介:1930 年初夏,在浙江南部诞生了中国工农红军第十三军和中共浙南特委。红十三军当时直属中央军委,是被编入正式序列的全国 14 支红军之一。这支红军队伍在浙江南部独当一面,全盛时期拥有 6000 余人,足迹遍及浙南的温州、台州、丽水、金华地区的 20 余县,经历了百余次的战斗。但是,由于种种原因,这支红军队伍的功绩一直鲜为人知。该书作为研究党史、军史的资料,为我党、我军的历史补上一笔,同时也是对那些早年为革命捐躯、默默长眠于青山之下的先烈的一次祭奠。书中收集的史料展现出红十三军广大指战员高举革命武装大旗、不畏强暴、前仆后继、英勇奋斗的情景。

(4)《先驱的足迹》

作者:中共浙江省委党史资料征集研究委员会

出版社:浙江人民出版社

出版时间:1988 年

ISBN:7213001949

内容简介:该书是一本珍贵的革命史料书。它记述了新民主主义革命时期先后为革命牺牲的王家谟、张秋人、徐英、罗学瓒、卓兰芳、龙大道、李硕勋、夏曦、刘英等 9 位中共浙江省委书记、代理书记的光辉业绩。

(5)《浙江解放》

作者:中共浙江省委党史资料征集研究委员会、中国人民解放军浙江省军区政治部

出版社:浙江人民出版社

出版时间:1989 年

ISBN:7213004298

内容简介:1949 年 4 月 21 日,毛泽东主席和朱德总司令发布了《向全国进军的命令》,中国人民解放军相继有 6 个兵团 13 个军进入浙江作战,在地下党组织和浙东、浙南游击队的配合下,解放了浙江全境。该书描绘了这一战斗历程。全书包括综述和 41 篇专题史料,以介绍杭州、宁波、温州等中心城市及沿海岛屿的解放斗争为重点,突出反映南下大军、地下党和游击队对浙江解放的作用及贡献;对于国民党军政人员在地下党策动下的起义和投诚,也择其主要者做了介绍。

(6)《中共浙江党史大事记:1919—1949》

作者:中共浙江省委党史资料征集研究委员会

出版社:浙江人民出版社

出版时间:1990 年

ISBN:7213005448

内容简介:该书概括地记载了浙江党组织从诞生到新中国成立前各个时期革命斗争的业绩,再现了浙江共产党人前仆后继、不怕牺牲、英勇奋进的战斗风貌。

(7)《浙江剿匪纪实》

作者:中共浙江省委党史资料征集研究委员会、中国人民解放军浙江省军区政治部、浙江省公安厅

出版社:浙江人民出版社

出版时间:1990 年

ISBN:7213006118

内容简介:该书是一本党史资料专题集,包括综述、39 篇典型介绍文章和图表,再现了浙江解放初期浙江军民同潜留的武装匪特展开英勇斗争,并将其彻底肃清的光辉业绩。

(8)《创业路》(上、下)

作者:中共浙江省委党史研究室

出版社:浙江人民出版社

出版时间:1991 年

ISBN:7213006800、7213006908

内容简介:该书讴歌了新中国成立 40 年来浙江经济建设中发扬艰苦奋斗创业精神所取得的巨大成就。

(9)"浙东抗战与敌后抗日根据地史料丛书"(全九卷)

作者:宁波市新四军暨华中敌后抗日根据地研究会、沈宏康

出版社:中共党史出版社

出版时间:2001 年

内容简介:该丛书对浙江地方党史和革命史从多角度、多层面做了史料挖掘。

(10)《浙江人民革命史画册:1840—1949》

作者:中共浙江省委党史研究室

出版社:浙江摄影出版社

出版时间:1991 年

ISBN:7805361231

内容简介:《浙江人民革命史画册:1840—1948》真实形象地再现了近代浙江人民革命历史发展的基本进程,揭露了帝国主义、封建主义和官僚资本主义的残暴统治,记录了浙江人民的屈辱和苦难,歌颂了 100 多年来,尤其是中国共产党诞生以来,浙江人民前仆后继、浴血奋斗的革命精神和光辉业绩,是一部浙江百余年革命斗争风云录,是今天对广大党员干部和群众,尤其是对青少年进行爱国主义教育、革命传统教育和共产主义理想教育的生动教材。

(11)《浙西抗日根据地》

作者:中共浙江省委党史研究室

出版社:浙江人民出版社

出版时间:1992 年

ISBN:7213008315

内容简介:浙西抗日根据地,为苏浙

皖边抗日根据地的重要组成部分。它是
按照中共中央关于发展东南的战略部署,由新四军主力一部南下浙西后,在
抗战前期我党组织和浙西人民已在当地进行过艰苦斗争的基础上,逐步开
辟而成的。其地域包括钱塘江、富春江以北与以西的郎广长、天北、天东、杭
嘉湖 4 个地区之长兴、孝丰、安吉、广南、吴兴、武康、德清、余杭、临安、新登、
富阳等 11 个县。它北靠苏南,西连皖南,以天目山为依托,有京杭国道横贯
全境,是我军拟大举跃进东南和准备反攻收复京沪杭的战略基地。该书收
入有关历史文献、报刊资料及回忆录等。

(12)《周恩来与浙江》

作者:浙江省毛泽东思想研究中心、中共浙江省委
党史研究室

出版社:中共党史出版社

出版时间:1992 年

ISBN:7800235637

内容简介:该书收录了浙江与周恩来有过直接交
往的各界人士的回忆文章 40 余篇。

(13)《毛泽东与浙江》

作者:浙江省毛泽东思想研究中心、中共浙江省
委党史研究室

出版社:中共党史出版社

出版时间:1993 年

ISBN:780023701X

内容简介:该书收录 30 余篇回忆文章,记述了毛泽东对浙江革命和建设倾注的无尽关怀。

(14)《足迹——党和国家领导人在浙江》(画册)

作者:浙江省毛泽东思想研究中心

出版社:中央文献出版社

出版时间:1994 年

ISBN:7507302350

内容简介:新中国成立后,毛泽东曾到浙江 40 多次。他在全省各地巡视,在杭州主持召开党的重要会议,会见重要外宾,并在这里起草或主持制定了一系列历史性的光辉文献。他把浙江视为第二故乡。其他老一辈无产阶级革命家也十分关怀浙江,周恩来、刘少奇、朱德、邓小平、陈云等都先后到浙江各地视察工作,从东海之滨到浙西山麓,从杭嘉湖平原到瓯江两岸,处处留下了他们的足迹。党的十一届三中全会以来,邓小平、陈云、江泽民、李鹏等党和国家领导人的足迹遍布浙江的山山水水。他们深入部队、工厂、农村、学校,调查研究、指导工作;他们倾听群众的呼声,关心群众的疾苦,所到之处给浙江人民留下了宝贵的精神财富。党和国家领导人来浙江视察,是浙江全省人民的幸福和荣耀,也是浙江当代史上光彩夺目的篇章。

(15)《中国共产党浙江历史大事记:1949—1993》

作者:中共浙江省委党史研究室

出版社:中共党史出版社

出版时间:1996 年

ISBN:7801360079

内容简介:该书简要地勾勒出当代浙江党史的骨架和轮廓,约略地记录了新中国成立后浙江历届省委和各级党组织在党中央的领导下,带领广大干部群众进行社会主义革命和建设的历程。

(16)《民族魂:浙江百年反侵略斗争纪实》

作者:浙江省委党史研究室

出版社:中国广播电视出版社

出版时间:1997 年

ISBN:7504327352

内容简介:该书以中国近代的历史为背景,系统地
记载了浙江近代反侵略斗争的重大历史事件和重要历
史人物。

(17)《邓小平与浙江》

作者:浙江省毛泽东思想研究中心、中共浙江省委
党史研究室

出版社:当代中国出版社

出版时间:1998 年

ISBN:7800928543

内容简介:该书用文字和照片再现了小平同志在浙
江的活动,收录了浙江与邓小平同志有过直接交往的各界人士的 50 篇回忆
和悼念文章以及部分照片,再现了小平同志的领袖风采。

(18)《浙江百年沧桑》(画册)

作者:中共浙江省委党史研究室、浙江省土地管
理局

出版社:当代中国出版社

出版时间:1999 年

ISBN:7800928438

内容简介:该书以图册方式展现了浙江近百年来
的社会变迁。

(19)《当代浙江简史：1949—1998》

作者：中共浙江省委党史研究室、当代浙江研究所

出版社：当代中国出版社

出版时间：2000 年

ISBN：7800928543

内容简介：该书记述了新中国成立以来浙江省社会主义革命和建设的辉煌成就与历史经验教训，为"中华人民共和国地方简史丛书"之一。

(20)《钱江魂：浙江革命故事选》

作者：中共浙江省委党史研究室

出版社：当代中国出版社

出版时间：2001 年

ISBN：7800929973

内容简介：该书反映了在中国共产党的领导下，浙江人民在革命建设和改革开放中所取得的光辉业绩。

(21)《中国新时期农村的变革：浙江卷》

作者：中共浙江省委党史研究室

出版社：中共党史出版社

出版时间：2002 年

ISBN：7801367111

内容简介：该书反映了新时期浙江农村改革、发展的全景，展现了改革、发展的各个阶段和有关层面，揭示了改革的历史必然性和客观依据。

(22)《中共浙江党史：第一卷》

作者：中共浙江省委党史研究室

出版社：中共党史出版社

出版时间：2002 年

ISBN:780136774X

内容简介:该书选录了浙江部分著名爱国志士、革命先烈和英模人物故事 61 篇(以浙江籍人物或发生在浙江的事件为收录标准)。同时组织编写了"浙江历史大事概览(1840—2000)"作为附录,收入百余件重大历史事件。全书热情讴歌了爱国志士、革命先烈和英模人物的奋斗精神和崇高品格,勾勒了浙江近代以来的历史概貌,着重反映了在中国共产党的领导下浙江人民的奋斗程和所取得的光辉业绩。

(23)《陈云与浙江》

作者:中共浙江省委党史研究室、浙江省毛泽东思想研究中心

出版社:中央文献出版社

出版时间:2005 年

ISBN:750731894X

内容简介:该书讲述了陈云与浙江的方方面面。新中国成立后,陈云曾 30 多次到浙江视察、工作和居住,为浙江的建设和发展倾注了大量的心血。

(24)《浙江抗日战争事件人物录》

作者:中共浙江省委党史研究室

出版社:中共党史出版社

出版时间:2005 年

ISBN:780199261X

内容简介:该书介绍了抗日战争时期发生在浙江地区的历史事件和当时浙江地区的知名人物。

(25)《过去现在未来:长江三角洲中的浙江》

作者:中共浙江省委党史研究室

出版社:中共党史出版社

出版时间:2005 年

ISBN:780199311X

内容简介:该书对浙江参与长江三角洲地区合作与交流进行了全景式的回顾、分析和展望,找出问题,探索对策,总结经验,有助于浙江在竞争中更快、更好地发展。

(26)《"大跃进"运动:浙江卷》

作者:中共浙江省委党史研究室

出版社:中共党史出版社

出版时间:2006 年

ISBN:7801994884

内容简介:该书研究了 1949 年之后浙江地方党史的一个侧面。

(27)《红军挺进师与浙南游击区》

作者:浙江省新四军历史研究会

出版社:浙江人民出版社

出版时间:2007 年

ISBN:9787213035739

内容简介:该书以时间为经,以事件为纬,如实记叙红军挺进师的战斗历程和游击根据地的建设过程。

(28)《干在实处　走在前列——中共浙江省第十一次代表大会以来》

作者:中共浙江省委党史研究室

出版社:浙江人民出版社

出版时间:2007 年

ISBN:9787213035050

内容简介:该书介绍了中共浙江省委自第十一次代表大会以来,领导浙江省真抓实干、开拓进取、团结奋斗,扎实推进经济、政治、文化、社会和党的建设,圆满完成浙江省第十一次党代会确定的目标任务,各方面工作都取得显著成就的历程。

(29)《中共浙江省第一次代表大会》

作者:中共浙江省委党史研究室、中共温州市委党史研究室、中共平阳县委党史研究室

出版社:中共党史出版社

出版时间:2007 年

ISBN:9787801996763

内容简介:中国共产党浙江省第一次代表大会,于 1939 年 7 月 21—30 日在浙江省平阳县凤卧乡的冠尖和马头岗两地召开。出席大会的代表有 26 名,代表全省约 2 万名共产党员。这是 1922 年 9 月浙江建立党组织后的第一次党代会,也是新民主主义革命时期浙江党组织召开的唯一一次全省党代会。这次大会通过了《关于抗战形势与浙江党的任务的决议》等一系列文件,选举刘英为中共浙江省委书记和中共七大浙江代表团团长。该书介绍了这次会议的历史背景与经过。

(30)《浙江省中国共产党志》

作者:《浙江省中国共产党志》编纂委员会

出版社:浙江人民出版社

出版时间:2007 年

ISBN:9787213035005

内容简介:该书介绍了浙江省中国共产党组织 80 年来的建设历程,包括机构沿革、代表大会、组织建设、宣传教育、统一战线、纪律检查、政策研究、党校教学等。

(31)《江华传》

作者:《江华传》编审委员会

出版社:中共党史出版社

出版时间:2007 年

ISBN:9787801997210

内容简介:江华(1907—1999),原名虞上聪。湖南江华人,无产阶级革命家。《江华传》共有 18 章,另外附有《江华生平大事年表》,真实地再现了江华同志从一个贫苦农民的儿子成长为一位共产主义战士和我党党务工作与政法战线的杰出领导人的不凡人生经历,再现了江华同志传奇的一生、革命的一生、光辉的一生。书中既有他上井冈山跟随在毛泽东身边、参加长征、保卫陕甘宁边区、参加齐鲁抗战、创建辽东解放区的内容,也有他领导建设新杭州、率领浙江走上社会主义道路、推动"四清"运动和领导国民经济进行重大转变、在"文化大革命"中不屈抗争的内容,还写了他在最高人民法院院长任上和中国共产党中央顾问委员会常委岗位上的工作,以及他离休之后对我国改革开放和社会主义现代化建设事业的关心。

(32)《周恩来在浙江图片集——纪念周恩来同志诞辰 120 周年》

作者:中共浙江省委党史研究室

出版单位:中共浙江省委党史研究室

出版时间:2018 年

内容简介:周恩来一生忠于人民,为中国人民的解放事业英勇斗争,鞠躬尽瘁,无私地奉献了自己的毕生精力,赢得了全党、全军、全国各族人民的衷心爱戴。浙江是周恩来的祖籍。20 世纪 30 年代,在中华民族生死存亡的紧急关头,他风尘仆仆来到浙江,为促进国共合作和抗日民族统一战线在浙江的巩固和发展做出了卓越贡献。新中国成立后,他又 30 多次亲临浙江,利用开会调研、陪外宾来访、治病休养的间隙,深入茶乡田头、工厂车间、水电建设工地、科研院所、文艺团队和学校等基层一线,关心浙江的经济社会发展和群众的生产、生活,钱江两岸留下了他闪光的足迹和诸多佳话。

(33)《历史的永恒——浙江革命遗址集锦》

作者:金延锋

出版社:浙江人民出版社

出版时间:2011 年

ISBN:9787213045356

内容简介:浙江是中国古代文明的发祥地之一,历史悠久、人文荟萃,素称"文物之邦",从史前文明到古代文明,从近代改革到当代发展,都为中华民族留下了众多弥足珍贵的文化遗产。勤劳智慧的浙江人民历经千百年的传承与创新,在保留自身文化特质的基础上,兼收并蓄外来文化的精华,形成了具有鲜明浙江特色、深厚历史底蕴、丰富思想内涵的地域文化,这是浙江人民共同创造的物质财富和精神财富的结晶,是中华文化中的一朵奇葩。如何更好地使这一文化瑰宝为我们所用、为时代服务,既是历史传承给我们的一项艰巨任务,也是时代赋予我们的一项神圣使命。深入挖掘、整理、探究,不断丰富、发展、创新浙江地域文化,对于进一步充实浙江文化的内涵和拓展浙江文化的外延,进一步增强浙江文化的创新能力、整体实力、综合竞争力,进一步发挥文化在促进浙江经济、政治和社会建设中的作用,具有重要的现实意义和深远的历史意义。浙江是中国共产党的诞生地之一,是全国最早建立中共地方组织的省份之一,自从 1922 年 9 月建立第一个党组织——中共杭州小组以来,党的旗帜一直在浙江大地上飘扬。不论在大革命的洪流中,还是在土地革命战争的艰苦岁月里,不管在抗日战争的烽火硝烟下,还是在解放战争高歌猛进的进军号角声中,浙江的共产党人前仆后继、浴血奋战,为浙江的解放和中华人民共和国的成立做出了重大贡献,他们的精神永远激励着我们前进。《历史的永恒——浙江革命遗址集锦》共分 4 个部分,主要内容为:党的创立与大革命时期、土地革命战争时期、抗日战争时期、解放战争时期。

(34)《红船扬帆远航——中国共产党在浙江 90 年纪事》

作者:王祖强

出版社:浙江人民出版社

出版时间:2011 年

ISBN:9787213045349

内容简介:该书完整记录 1921 年以来,中国共产党领导浙江人民在各个历史时期所进行的重要活动和取得的伟大成就。

(35)《90 年 90 事:中国共产党在浙江》

作者:舒国增

出版社:浙江教育出版社

出版时间:2011 年

ISBN:9787533890889

内容简介:该书选取了中国共产党成立 90 年来发生在浙江大地上的 90 个具有影响力、感染力、凝聚力的历史事件及其人物,客观地再现了在中国共产党领导下,浙江新民主主义革命时期、社会主义革命和建设时期、改革开放和社会主义现代化建设新时期的历史。

(36)《浙江中共党史人物:新民主主义革命时期》

作者:中共浙江省委党史研究室

出版社:中共党史出版社

出版时间:2012 年

ISBN:9787509816615

内容简介:为进一步总结新民主革命时期浙江中共党史人物的研究成果,更好地保存史料、资政育人,由中共浙江省委党史研究室牵头,经全省各级党史部门的努力,编撰了这部《浙江中共党史人物:新民主主义革命时期》。该书共收录党史人物 952 人,后增补 60 余人。这些党史人物包括党的创建和大革命时期浙江早期中共党员,各县最早党组织的创立者,有影响的国民党左派人士,土地革命战争时期中共浙江地方组织、苏维埃政府正县级以上人员等。

(37)《情满西湖——毛泽东在浙江纪实》

作者:李林达

出版社:中央文献出版社

出版时间:1993 年

ISBN:7507301788

内容简介:该书是为纪念毛泽东诞辰 100 周年而撰写的,记述了毛泽东从 20 世纪 50 年代到 70 年代 40 多次到浙江杭州的活动和生活。

(38)《伟人手笔 浙江记忆——毛泽东对浙江工作指示批示的故事》

作者:金延锋

出版社:浙江人民出版社

出版时间:2014 年

ISBN:9787213063381

内容简介:该书是为纪念毛泽东同志诞辰 120 周年而精心制作的一部历史图书。全书以翔实的史料,生动再现了毛泽东指导人民军队解放浙江,深入基层指导浙江经济建设,在浙江召开重要会议、酝酿重大战略决策等精彩瞬间。从字里行间,读者可以深刻感受到毛泽东对浙江社会经济发展的关心,也能看到他生活简朴,与群众在一起的亲和场面。该书具体由毛泽东对浙江工作的数十个批示背后的故事组成,详细记述了毛泽东在浙江期间主持拟定《一九五六年到一九六七年全国农业发展纲要》、率工作组深入农村调研农业合作化问题、大力推广"枫桥经验"等重要历史事件。全书布局合理、可读性强,其中有不少毛泽东的批示都是极为珍贵的资料。因此,该书是一部缅怀伟人丰功伟绩、继承和发扬中国共产党优良传统的优秀政治读物。

(39)《红色名人印迹》

作者:浙江省中共党史学会、浙江现代革命历史文化研究基地

出版社:中共党史出版社

出版时间:2014 年

ISBN:9787509824962

内容简介:该书选取了领袖、先驱、模范、英烈、建设、科教、文化、统战等 10 个方面的 428 个党史人物,共 40 万字。全书除记述这些党史人物的生平事迹外,还将与之相关的、分布在全国各地的故居、纪念场馆、陵园、墓碑、塑像、纪念碑亭、著作、人物命名机构以及多种类多形式的研究文集、纪念文本、影视作品等印迹,进行分门别类,为广大读者提供角度新颖、内容丰富的史料,是一部特殊类型的爱国主义教育教材、建设马克思主义学习型政党的重要参考书,也是一部内容独特的旅游参考书。

(40)《中共浙江简史(1949—1978)》

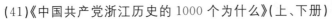

作者:中共浙江省委党史研究室

出版社:中共党史出版社

出版时间:2016 年

ISBN:9787509836927

内容简介:该书记叙了中国共产党在浙江的发展与活动简史。

(41)《中国共产党浙江历史的 1000 个为什么》(上、下册)

作者:中共浙江省委党史研究室

出版社:浙江人民出版社

出版时间:2017 年

ISBN:9787213077050

内容简介:该书用通俗易懂的文字,以问答的形式,按照中国共产党浙江历史的基本脉络,从中国

共产党初创时期、大革命与土地革命战争时期、抗日战争与新民主主义革命胜利时期、社会主义革命和建设时期、改革开放新时期、社会主义现代化新时期等几个历史阶段对党在浙江的历史进行了实事求是的讲述,详细解读了浙江历史上的一些重要史实和鲜为人知的细节,可读性较强,具有一定的史料价值。

(42)《浙江通志·中国共产党志》

作者:《浙江通志》编纂委员会

出版社:浙江人民出版社

出版时间:2020 年

ISBN:9787213099472

内容简介:该书是《浙江通志》的第十一卷,由浙江省委办公厅牵头,省委党史和文献研究室承编,省纪委监委、省委组织部、省委宣传部、省委统战部、省委政法委、省委政策研究室、省直机关工委、省委老干部局、省保密局、省信访局、省委党校、省委巡视机构等部门参编,参与编写者达 60 余人。该书集中展示了 1921—2010 年浙江省共产党组织建设事业起始、发展、壮大的光辉历程,全面、忠实记录了党在浙江大地的探索实践。全书有 113 万余字、100 余幅图照,共 14 章、54节。从 2012 年启动编纂工作到正式出版,历时 9 年。该书的出版,为庆祝中国共产党成立 100 周年献上了一份厚礼,也为党史学习教育提供了一部重要的资料用书。

(43)《钱塘情怀:刘少奇与浙江》

作者:中共浙江省委党史和文献研究室

出版社:浙江人民出版社

出版时间:2020 年

ISBN:9787213098789

内容简介:刘少奇是伟大的马克思主义者,伟大的无产阶级革命家、政治家、理论家,是中国共产党和中华人民共和国的主要缔造者和领导人之一,是以毛泽东同志为核心的党

的第一代中央领导集体的重要成员。钱塘江两岸留下刘少奇闪光的足迹和诸多佳话,这也充分展示了一代伟人的钱塘情怀。抗日战争时期,刘少奇就曾对在浙江开辟抗日根据地做出过多次重要指示。新中国成立后,他又十几次对有关浙江的问题做重要批示和指导;他关心着浙江的经济建设、社会发展和群众的生产、生活,至少 10 次亲临浙江。他利用调研、开会、休养的间隙,深入学校、部队、海防前线等基层,他还先后邀请过 16 个国家的重要外宾到杭州参观访问。他的亲切关怀和悉心指导,给了浙江人民和当地驻军以巨大的鼓舞和鞭策。虽然刘少奇停留浙江的时间并不长,前后累计大约 60 天,但一代伟人为新中国建设呕心沥血、殚精竭虑的光辉形象,已永远铭刻在浙江人民的心中。

6.2.2 浙江改革开放主题出版物

(1)"浙江省改革开放时期党史国史研究课题丛书"

浙江省委党史研究室规划的"浙江省改革开放时期党史国史研究课题"立项的指导思想是,高举中国特色社会主义伟大旗帜,坚持以邓小平理论和"三个代表"重要思想为指导,深入贯彻落实科学发展观,紧密结合浙江实际,开拓创新,在科学的理论分析与调查研究的基础上,以史为鉴,为各级领导和有关部门提供切合实际的、可操作的科学对策、建议和措施,为建设社会主义精神文明服务。

书名:《探析浙江改革开放——改革开放以来浙江海洋经济发展史》

作者:《改革开放以来浙江海洋经济发展史》课题组

出版社:中共党史出版社

出版时间:2013 年

ISBN:9787509823569

内容简介:该书是 2010 年浙江省改革开放时期党史国史研究课题"浙江海洋经济的发展"的研究成

果。历时 3 年,于 2013 年 10 月由中共党史出版社出版。该书依据改革开放以来浙江省委、省政府重大战略实施以及海洋产业发展状况,把浙江海洋经济的发展划分为 4 个时期,即海洋经济大省起步时期(1978 年 12 月—1992 年 11 月)、海洋经济大省正式提出时期(1992 年 12 月—2003 年 7 月)、海洋经济强省全面建设时期(2003 年 8 月—2011 年 1 月)和海洋经济发展示范引领时期(2011 年 2 月—2013 年 3 月),基本反映了浙江海洋经济发展的脉络。全书总计 30 万字,由绪论、正文 4 篇 21 章组成,对于了解浙江省海洋经济发展的历史、现状和未来具有重要的参考价值。

书名:《探析浙江改革开放——浙江省老龄事业发展研究》

作者:《浙江省老龄事业发展研究》课题组

出版社:中共党史出版社

出版时间:2013 年

ISBN:9787509823200

内容简介:作为"浙江省改革开放时期党史国史研究课题丛书"成果之一,该书从社会史的角度系统梳理和总结了浙江省养老服务事业、社会文化事业、老年社会服务管理事业、老年社会救助事业等发展历程;概括和分

析了浙江省老龄事业发展的内在机制和创新实践;总结和揭示了浙江省老龄事业发展的成功经验和存在问题。全书总计 43 万字,由正文 9 章和附录文件共 10 个部分组成,对于深入了解浙江省老龄事业发展的历史、现状和未来具有重要的参考价值。

书名:《探析浙江改革开放——义乌现象探究:从"鸡毛换糖"到全面小康》

作者:《义乌现象探究:从"鸡毛换糖"到全面小康》课题组

出版社:中共党史出版社

出版时间:2013 年

ISBN:9787509823200

内容简介:该书力求通过原始准确、翔实丰富的史料来展现改革开放以来,义乌人民在地方党委、政府的领导下解放思想、实事求是,创造性地贯彻落实党中央、国务院一系列路线、方针、政策所创造的举世瞩目的"义乌经验"的历程。全书总计 45.8 万字,共分 10 章,系统梳理和总结了义乌发展的时代背景、兴商强县的历程以及义乌在统筹城乡发展、加强政治文明建设、全面建设小康社会中所取得的成就和经验,对于读者较全面地了解义乌现象,更好地推广"义乌经验"具有重要的参考价值。

书名:《探析浙江改革开放——浙江开放型经济研究》

作者:《浙江开放型经济研究》课题组

出版社:中共党史出版社

出版时间:2013 年

ISBN:9787509818275

内容简介:该书记叙了浙江改革开放 30 多年来,浙江对外开放、对外投资、对外贸易等方面的成就。

书名:《探析浙江改革开放——专业市场研究:从自主谋生到创业发展》

作者:《专业市场研究:从自主谋生到创业发展》课题组

出版社:中共党史出版社

出版时间:2014 年

ISBN:9787509825303

内容简介:该书以改革开放以来中国经济社会发展的巨大变革中,以市场化、民营化推动工业化、城市化的"浙江现象"为现实背景,形象地展现了浙江农民从自我谋生的市场活动转变为市场制度下的创业活动,并带动更多的人接受市场制度和专业化分工,推动区域经济发展,实现"创业富民"的

过程。作为"浙江省改革开放时期党史国史研究课题丛书"成果之一,该书专题回顾了浙江"省管县"的历程和经验,其中多以"浙江经验""浙江成果"剖析走过的路径与取得的成效,对全国其他省的情况、对历史的沿革和未来的可能也有所涉及。该书对于探索、总结国家行政体制的改革具有积极的作用,也是研究党史工作如何对现实发挥服务作用的有益、积极尝试。

书名:《探析浙江改革开放——浙江民营企业经营管理创新样本研究》

作者:《浙江民营企业经营管理创新样本研究》课题组

出版社:中共党史出版社

出版时间:2014 年

ISBN:9787509825709

内容简介:该书是"浙江省改革开放时期党史国史研究课题丛书"成果之一,于 2014 年 4 月由中共党史出版社出版。浙江民营企业的发展史,不仅是浙江省改革开放 30 多年来的一个缩影,也是中国特色社会主义理论在浙江的生动实践。该书从企业组织生态创新、企业经营战略创新、企业商业模式创新、企业科技创新和企业文化创新 5 个角度,选取了不同行业、不同规模的有代表性的样本企业,提炼出近年来浙江民营企业在经营管理创新方面的独特理念和具体实践,为更多的民营企业经营管理创新提供参考。

书名:《探析浙江改革开放——历程与经验:浙江"省管县"体制改革》

作者:《历程与经验:浙江"省管县"体制改革》课题组

出版社:中共党史出版社

出版时间:2014 年

ISBN:9787509825303

内容简介:浙江"省管县"体制的成功实践,是全国范围内以制度创新促进地区经济发展的一个成功典型案例。该书通过梳理与分析改革开放以来浙江积极实行的"省管县"的财政体制、人事体制,以及着力推进"强县扩权"与"扩权强县"的改革演进进程,探析了被视为浙江最重要的制度创新之一的"省管县"体制改革的历程与经验,分析了"省管县"体制改革与"浙江现象"之间的关联性,以及"省管县"行政体制改革的前景,提出了优化"省管县"改革制度环境的建议。全书总计 23 万余字,共分 7 章,对于读者了解行政管理体制改革的未来走向具有重要参考价值。

书名:《探析浙江改革开放——浙江民间金融发展研究:历史、组织与典型问题》

作者:《浙江民间金融发展研究:历史、组织与典型问题》课题组

出版社:中共党史出版社

出版时间:2016 年

ISBN:9787509836699

内容简介:该书利用浙江民间金融案例、制度档案及部分监测数据,对改革开放以来浙江民间金融进行初步探索,按照金融—经济—社会—文化的递进层次,探究浙江民间金融自身发展及其与浙江地方政治、经济、社会及文化的关系,为当今浙江民间金融健康发展提供一个纵向比较的历史经验。

书名:《探析浙江改革开放——教育体制改革与教育发展的"浙江现象"》

作者:《教育体制改革与教育发展的"浙江现象"》课题组

出版社:中共党史出版社

出版时间:2016 年

ISBN:9787509836217

内容简介:改革是浙江 30 年发展历程的主旋律,而体制改革又是浙江改革发展进程中的核心和关键。这一特性不唯在经济社会领域如此,在教育领域同样如此。回顾浙江教育改革发展 30 年历程,有一个鲜明特点,即浙江教育改革是以体制机制的改革与创新为核心和突破口,并由此带动浙江教育事业的跨越发展的。可以说,教育体制改革是浙江教育改革发展的关键词,是改革开放以来贯穿于浙江教育改革发展的一条主线。按有关学者的观点,一场真正的教育改革必须解放思想,敢于触及和解决重大问题。这主要是两方面,一是教育指导思想、教育价值的更新,二是教育体制、机制的改革。如果没有解放思想,树立新的教育指导思想、教育价值,改革就缺乏明确的目标和方向;而如果没有实质性的体制改革,改革就会陷入"头痛医头、脚痛医脚"的误区,事倍而功半。浙江教育改革发展 30 年的探索实践从一个侧面印证了上述论断。

(2)《大潮起之江——浙江改革开放 40 年图片集》

作者:中共浙江省委党史和文献研究室

出版单位:浙江省委党史和文献研究室

出版时间:2018 年

内容简介:该图册分为"序篇""忆·如歌岁月"
"立·时代潮头""享·美好生活"4 个篇章,以文字、图片、影像等形式,共展出 680 幅(组)1300 余张作品。

(3)《浙江改革开放口述史》

作者:王祖强

出版社:中共党史出版社

出版时间:2018 年

ISBN:9787509849347

内容简介:该书通过收录关于浙江改革开放的回忆文章、口述资料及访谈资料等,反映 1978—2018

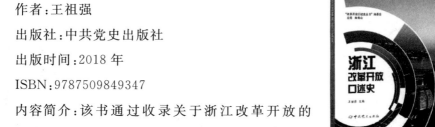

年的 40 年来,浙江省党组织团结带领浙江广大人民群众推进政治、经济、文化、民主、生态、社会等各方面建设及党的建设的主要历程与概况,突出

了改革开放历史进程中所取得的伟大成就,并总结了其中多方面的基本经验。

(4)"浙江改革开放 40 年研究丛书"

40 余年来浙江的经济开放与发展走在中国前列,为全国的开放与发展提供了有益的借鉴与启示。本丛书联系实际,尽可能全面地总结浙江区际开放、国际开放 40 年来的发展历程、特点、绩效与经验,分析未来开放面临的新环境与新问题,探讨新时代开放之路径与策略,为全国更好地构建新时代开放的新格局提供有益的参考。

书名:《浙江开放 40 年》

作者:徐剑锋

出版社:社会科学文献出版社

出版时间:2019 年

ISBN:9787520136105

内容简介:该书书写立体、全面、系统,分析深入、细致、准确,反映出作者对浙江经验,以及中国现代化过程中的规律性问题的深入思考,为推进国家治理体系和治理能力现代化提供了丰富的理论和实践素材,同时也为构建中国特色哲学社会科学体系贡献了丰富的理论成果。

书名:《浙江市场 40 年》

作者:应焕红

出版社:社会科学文献出版社

出版时间:2019 年

ISBN:9787520143103

内容简介:该书以马克思主义经济学为指导,通过对浙江市场 40 年来的发展轨迹进行梳理,深

刻认识市场对于浙江经济发展的重要性,深刻领会"市场是浙江经济的灵魂,市场是浙江经济的核心,市场是浙江经济的命脉"。通过剖析浙江市场的发展特色和发展态势,总结浙江由市场大省向市场强省转变的矛盾和问题。进一步明确浙江市场的提升战略,要加快改造提升传统市场,大力拓展新兴市场,遵循市场规律,进一步激发市场活力,以开放不断拓展国际市场空间,以转型升级不断增强浙江经济的竞争力和后劲。

7 附　录

7.1 浙江省主题出版相关报道

7.1.1 《中国新闻出版广电报》关于浙江省主题出版的报道

表 7-1 《中国新闻出版广电报》关于浙江省主题出版的报道一览表

序号	标　题	作　者	发表时间
1	"浙江文丛":精雕细琢文化精品	吴重生	2013-8-13
2	浙江文艺社:主题出版海外飘红	黄　琳	2014-12-16
3	浙江力争主题出版迈上新台阶	黄　琳	2018-04-16
4	《浙江画报》:以影像诠释浙江精神　以视觉塑造浙江形象	黄　琳	2019-01-29
5	数字阅读完善全民阅读生态圈	黄　琳	2019-04-11
6	浙江省委宣传部要求:围绕新中国成立70周年开展全民阅读	黄　琳	2019-06-04
7	《习近平新时代中国特色社会主义思想学习纲要》发行进行时	杨志成	2019-06-21
8	抗击疫情选题优先纳入今年主题出版范畴	黄　琳	2020-02-28
9	浙版好书:为大众读者制定精品书单	黄　琳	2020-05-22
10	浙江:15个书屋分别获赠600册书籍	黄　琳	2020-07-30
11	浙江主题出版搭建"四梁八柱"——在"浙"里阅读红色初心	黄　琳	2021-03-23

7.1.2　其他报纸关于浙江省主题出版的报道

表 7-2　其他报纸关于浙江省主题出版的报道一览表

序号	标　题	作　者	报刊名称	发表时间
1	浙江人民社:闯出主题出版的市场之路	陈　香	《中华读书报》	2016-07-20
2	记录腾飞史,致敬四十年! 全省近 50 种主题出版物陆续面世	李月红	《浙江日报》	2018-11-28
3	浙版主题图书缘何获追捧	陈　菲 严红枫	《光明日报》	2019-01-24
4	今天我们怎样重新看待主题出版? ——关于主题出版的内涵拓展和出版之变	韩建民	《中华读书报》	2019-05-01
5	地方性书展如何脱颖而出	曾　毅 干杉杉	《光明日报》	2020-11-17

7.1.3　浙江出版联合集团网站有关主题出版的报道

表 7-3　浙江出版联合集团网站有关主题出版的报道(2013 年 3 月至 2023 年 3 月)

序号	标　题	发表时间
1	第二届主题出版学术研讨会顺利举行	2023-03-25
2	浙江出版联合集团与杭州电子科技大学共建"中国主题出版发展研究院"	2022-10-10
3	1 年 10 万册,品牌化运作的主题出版物有多大想象空间?	2022-03-09
4	顶层设计、厚植优势、精品引领,建党百年献礼图书擦亮主题出版浙版品牌	2021-03-12
5	如何打造主题出版的核心编辑力——集团举办第四场"微课堂　微分享"	2019-12-11
6	中国新闻出版广电报头版头条:以家国情怀开掘主题出版宝藏	2019-09-20
7	集团主办首届主题出版学术研讨会	2019-04-28
8	鲍洪俊董事长出席 2018 长三角主题出版论坛	2018-08-21
9	集团召开 2018 年主题出版、重点出版、品牌出版工作推进会议	2018-08-13
10	集团 2 种图书选题入选中宣部 2018 年重点主题出版物选题	2018-06-08
11	集团召开 2018 年主题出版专题工作会议	2018-03-09

序号	标　题	发表时间
12	浙江人民出版社召开专题务虚会　推进主题出版和重点出版工作	2018-03-02
13	迎十九大相关主题出版物奏时代强音　出版集团围绕中心各显身手双效俱佳	2017-10-23
14	集团召开主题出版和库存管理专题工作会	2017-05-15
15	浙江省新闻出版广电局单烈副局长到教育集团　调研指导主题出版工作	2017-03-21
16	浙江省新闻出版广电局单烈副局长到人民社调研主题出版工作	2017-03-13
17	集团召开主题出版工作务虚会	2017-03-01
18	浙江人民社:闯出主题出版的市场之路	2016-07-25
19	浙少社《中华好故事》入选 2016 年国家主题出版重点选题	2016-05-26
20	集团 2 种图书入选 2016 年主题出版重点出版物选题	2016-05-26
21	人美社、摄影社图书入选 2015 年国家主题出版重点选题、"2015 年向全国老年人推荐优秀出版物"	2015-11-05
22	省委宣传部副部长鲍洪俊到集团调研指导主题出版工作	2015-04-15
23	关于公布培育和践行社会主义核心价值观主题出版重点选题的通知	2014-07-16
24	主题出版新景观:上连"天线"　下接"地气"	2014-07-07
25	关于开展培育和践行社会主义核心价值观主题出版活动的通知	2014-03-14
26	关于做好深入学习宣传贯彻党的十八大精神主题出版工作的通知	2013-06-17
27	集团 4 项选题入选新闻出版广电总局十八大精神主题出版重点选题目录	2013-06-17
28	关于制订和报送深入学习宣传贯彻党的十八大精神主题出版重点选题的通知	2013-03-11

7.2　浙江省主题出版研究论文与报告

本节收录的论文与报告,均为浙江籍出版人或浙江省内出版单位工作人员撰写的主题出版研究论文与报告。

7.2.1　浙江省主题出版研究相关论文

(1)《政治、技术、社会维度下新中国成立 70 年来的中国主题出版》

作者:崔波

刊物:《编辑之友》2019 年第 9 期,第 40—47 页

摘要:文章从政治、技术、社会维度探讨了新中国成立 70 年来主题出版产生和发展的原因、功能定位、传播效果等,说明主题出版中蕴含着的社会效益与经济效益、精品出版与大众接受、国内市场与国外市场的矛盾运动,以及由此引发的主题出版推陈出新、不断发展。未来主题出版将在坚持基本原则的基础上,内涵和外延持续发生变化。而在互联网环境下,主题出版只有传播形式和途径发生变化,才能占据主流市场。

(2)《新时代主题出版新理念》

作者:崔波,韩建民,郝振省,聂震宁,魏玉山,叶国斌

刊物:《编辑之友》2019 年第 10 期,第 14—22 页

摘要:辉煌 70 年,奋斗新时代。新中国成立 70 年来,出版界因事而化,因时而进,因势而新,在唱响主旋律、积聚正能量的同时,聆听时代新声音,展示时代新成就,体现时代新风貌。主题出版更被赋予多种身份和含义,逐步呈现精品化、高水准、高质量的发展特点,主题出版物常做常新、亮点频频,策划含量愈发凸显,题材涉猎更加广泛,表现形式更加多样。在此情景下,回归时代本质,追溯出版本源,剖析主题要义,对于充分实现习近平新时代中国特色社会主义思想引领、深入贯彻党和国家的重要精神指导、切实服务人民群众文化生活需求,具有重要的指示作用和现实意义。

(3)《新时代主题出版的八大转变》

作者:韩建民,熊小明

刊物:《出版广角》2018 年第 6 期,第 6—8 页

摘要:党的十九大报告通过对过去 5 年的总结,做出了"中国特色社会主义进入了新时代"的重要论断。文章根据近年来主题出版的发展状况,总结了新时代主题出版在选题方向、内容创作、出版主体、读者范围、内容风

格、学术含量、销售市场和出版形态等 8 个方面呈现的重大转变,以期为下一步做好主题出版提供参考。

(4)《新时代主题出版如何助力全民阅读》

作者:韩建民,熊小明

刊物:《中国出版》2018 年第 16 期,第 21—23 页

摘要:主题出版是当前重要的出版领域,全民阅读也是党和政府全力推动的一大文化建设工程。两者因其内核和宗旨的高度一致,相互影响和促进,共同提升了社会的文化氛围。为推动两者进一步健康发展,有必要深入研究主题出版与全民阅读的关系。本文认为主题出版能够为全民阅读提供正确的导向和丰富的载体,因此需要大力发展面向大众的主题出版,同时全民阅读应呼应国家各类主题,倡导读者向上向善,确保活动开展更加扎实有效,为早日实现中华民族文化的伟大复兴、建成"书香中国"的宏伟目标做出更大贡献。

(5)《新时代主题出版的发展思考》

作者:韩建民,熊小明,王卉

刊物:《出版广角》2019 年第 4 期,第 24—29 页

摘要:随着主题出版工程的实施,尤其是党的十八大的召开,主题出版迎来了黄金发展期,选题数量和质量显著提高,成为我国出版业的核心内涵和重要使命。众多出版单位纷纷将主题出版作为头等大事来抓,精品力作频出,主题出版日益成为出版单位实现社会效益和经济效益相统一的有力抓手。进入新时代,主题出版呈现了若干积极求变、不断更新的迹象,同时,我们需要清醒地看到当前主题出版存在若干问题,影响了其更好更快发展。

(6)《关于主题出版与学术出版关系的思考》

作者:韩建民,杜恩龙,李婷

刊物:《科技与出版》2019 年第 6 期,第 43—50 页

摘要:该文首先对主题出版、学术出版的概念进行了梳理和分析,在此基础上对主题出版与学术出版的关系进行分析,提出学术出版是主题出版

的基础,二者在部分目标上具有趋同性,二者互相促进、相互依存,出版单位开始重新审视学术出版,主动把学术出版向时代主题靠拢,并将之作为一种选择。

(7)《我国主题出版研究现状和趋势浅析》

作者:韩建民,李婷

刊物:《出版与印刷》2019 年第 2 期,第 7—10 页

摘要:目前,主题出版是我国学术界和出版界深入探讨的热点问题之一。主题出版在实践层面不断推陈出新的同时,理论层面的思考与建设也有序推进。学术界开始从不同角度阐发主题出版的内涵与意义,随着主题出版的不断发展,其研究领域日益拓宽,这将为我国的主题出版提供理论支撑和实践指导。

(8)《主题出版发展新动向:创新模式　把握规律　引领转型》

作者:韩建民,熊小明

刊物:《中国出版》2019 年第 15 期,第 18—21 页

摘要:2018 年以来,主题出版以内涵扩展为契机,不断追求"既有长镜头也有小切口,既接天线也接地气,既有意义也有意思",横跨大众出版和专业出版,成为出版业不可或缺的重要板块。2018 年我国主题出版领域的实践呈现出四大效应以及若干新型发展模式,与此同时,主题出版此前积累的若干问题依然存在。因此,深刻认识和把握主题出版与出版社发展战略、市场品牌、学术出版、数字化及国际化本质上的有机统一,成为推动主题出版实现更高层次发展的关键。

(9)《主题出版转型升级高质量发展的新思考》

作者:韩建民,李婷

刊物:《科技与出版》2020 年第 5 期,第 20—23 页

摘要:作为"讲好中国故事"的排头兵,主题出版近年来逐渐成为出版业界和学界研究的热点。文章在归纳主题出版存在的问题后,系统思考并提出主题出版真正实现转型升级、提质增效的新思路和新举措。

(10)《从"相加"到"相融":主题出版融媒体传播模式与路径创新》

作者:李婷,韩建民

刊物:《中国出版》2020年第15期,第33—37页

摘要:推动媒体融合发展成为当前中国出版界面临的一项紧迫课题。本文以主题出版融媒体传播的实践为突破口,重点研究5G时代我国主题出版借力融媒体传播提质增效的内涵和动因,发现并提炼我国主题出版融媒体传播的模式,进一步构建并优化我国主题出版融媒体传播的实现路径。

(11)《"史、学、情、趣"与"长、优、外、融"——专业出版社打造优秀主题出版物内容与路径分析》

作者:韩建民,蒋玞玞

刊物:《出版发行研究》2020年第8期,第14—18页

摘要:主题出版是我国出版界的重要使命之一,也是坚定文化自信、传播主流价值、凝聚社会共识的重要手段。在主题出版的发展过程中,专业出版社由于在理念机制、专业特性等方面的限制,主题出版工作尚未充分展开,甚至存在一些认识误区。厘清专业出版和主题出版的学术理论关系,分析专业出版社如何依托自身资源优势与品牌特色,创新主题出版发展路径,为主题出版事业的全面发展做出应有贡献是本文探讨的主要内容。

(12)《主题出版的历史与内涵》

作者:郝振省,韩建民

刊物:《出版与印刷》2021年第1期,第28—33页

摘要:文章是就"主题出版的历史与内涵"进行的深度对谈。两位对谈人结合各自的工作实践和学术背景,就主题出版的概念、发展历程、内涵和特征展开了深入的讨论,并达成如下共识:从2003年开始,主题出版成为一个热词,成为一个重要的出版门类,甚至成为我国基本出版制度的重要组成部分,2003年可看作新时代主题出版工作的标志性起点;在2003年前虽然没有主题出版的概念,但围绕着党和国家的工作大局开展的出版工作也具有主题出版的性质;新时代主题出版工作是一种创造性的转化和创新性的

发展,意义重大;主题出版的内涵也与时俱进、不断创新,需要从时间、空间和技术三个维度对其建设的规律性进行深入探讨。

(13)《主题出版如何实现高质量发展七问》

作者:韩建民,李婷

刊物:《中国出版》2021 年第 7 期,第 5—10 页

摘要:近年来,主题出版逐渐成为我国出版业界和学界的热点,但是依然存在矛盾和问题。在新发展阶段,主题出版的理念和需求都发生了深刻的变化,这也加快了主题出版从理念到实践的快速转型与蓬勃发展。本文基于对主题出版概念、边界、作者、市场、融媒体、国际化等方面深层次问题的集中思考,探讨立足中国现实、影响世界的主题出版原创理论,使主题出版真正进入先进理性、高质优效的道路,成为凝聚社会共识、传播主流价值的平台,为建设文化强国做出独特而重要的贡献。

(14)《做好主题出版:大学出版社何为?》

作者:袁亚春

刊物:《中国出版》2021 年第 7 期,第 16—20 页

摘要:做好主题出版,是大学出版社服务大局、履行社会责任的题中之义,也是其实现自身健康发展的必要途径和能力体现。主题出版是针对体现党和国家意志,响应时代发展大课题,适应国家重大战略需求,满足人民群众精神文化需求的主题,进行的有组织的策划、编辑和出版活动。要做好主题出版,大学出版社必须提高政治站位,结合自身资源优势和实际条件,找准重点领域与方向,尤其要注重主题出版物的学术内涵、品质,以及呈现方式的创新。在思想方法上,要尽快实现从"要我做"到"我要做"、从"贴标签"到"讲规划"的转变。

7.2.2　主题出版发展相关报告摘要

(1)《主题出版发展报告(2018)》摘要

2018 年,主题出版回归出版最朴素的出发点。许多重要的事件在这一年发生。主题出版在实践层面不断推陈出新的同时,理论层面的思考与建

设也开始有序推进。学界开始从不同角度阐释主题出版的内涵与重要意义,为主题出版实践提供理论支撑。许多出版类核心期刊围绕主题出版组织专题研讨,一些高校也开始启动主题出版相关方面的理论研究,国内首家以主题出版命名的大学研究机构于 2018 年 6 月 12 日正式宣布成立。这一年,全国与主题出版相关的各类座谈会举办了 20 多场,其中,8 月在上海举行的长三角主题出版论坛则拉开了主题出版区域协同发展的序幕。这一年,国家给予主题出版的相关政策支持力度再次加大,市场给予主题出版物的回应让出版社更有信心。这一切都使得 2018 年成为对于主题出版发展而言意义深远的转折年。

《主题出版发展报告(2018)》对近年来主题出版的内涵和意义做深入分析,提出主题出版发展的 4 个趋势,包括:第一,从事主题出版的出版主体发生了改变,越来越多出版社参与到主题出版工作中来。第二,出版社的市场意识在迅速发生变化,从过去完成任务式地策划不接地气的出版物,向主动策划面向市场的主题出版物转变。第三,从过去注重打造主题出版作品向注重打造作者开始。出版物的传播是一个复杂的过程,但是创作始终是传播过程的起点。第四,出版社在策划主题出版物方面从出版短期之作向长远布局转变,开始挖掘选题的纵深,告别临时赶节点式的出版策略,向深耕战略转变。

(2)《主题出版发展学术报告(2019)》摘要

2018 年,主题出版呈现出新的气象和态势,主题出版作为出版业的核心工作,党和国家的导向更加清晰、政策支持力度进一步提升,全国各类型出版单位也更加重视并主动开展多种创新实践,主题出版物突破国家、语言和传播媒介的限制,受到国内外有不同需求的读者的认可和欢迎,市场回应也让从事主题出版的各类主体更有信心。主题出版在实践层面不断推陈出新的同时,理论层面的思考与建设也有序推进。学界开始从不同角度阐发主题出版的内涵与意义,为主题出版实践提供理论支撑。一些科研机构也开始启动主题出版相关的理论研究。诸多出版类学术期刊围绕主题出版组织专题研讨,全国与主题出版相关的论坛、会议举办了 20 多场。2018 年 8 月,杭州电子科技大学融媒体与主题出版研究院在上海书展上发布了第一份《主题出版发展报告(2018)》,对主题出版的内涵和外延提出了创新性分析,进一步推动了各类型出版单位投身主题出版的积极性,产生了较大影响。

2019 年首届主题出版学术研讨以"思想引领时代——主题出版的使命、特点和趋势"为主题,会议期间,《主题出版发展学术报告(2019)》出炉,对近年来主题出版的内涵和意义做深入分析,提出主题出版发展的六大新趋势,包括:其一,主题出版物的选题类型从过去重视党史、国史、军史及重大节庆等传统题材,转向关注中华优秀传统文化类、科技文化类、国家意志类、当代中国现实与治国理政类等选题,3 种文化的新型复合型选题开始出现;其二,主题出版物的选题角度由以党、政、军为代表的宏观层面,向以地域和行业为代表的中观层面以及以普通人的生活为代表的微观层面拓展;其三,出版社的市场意识发生变化,从过去完成任务式地策划不接地气的出版物,向主动策划面向市场的主题出版物转变;其四,主题出版物的外在展现形式逐渐向融媒体转变,"纸"和"电"的结合更加紧密,如"学习强国"学习平台、人民出版社的"党员小书包"等;其五,创作始终是传播过程的起点,经过作者艰苦构思并运用技巧与方法创作而成的作品是出版活动的根基,因此,越来越多的出版社开始从源头抓主题出版,重视对主题出版物作者的挖掘与培养,主题出版物的作家群正在兴起;其六,出版社在策划主题出版物方面从短期之作向长远布局转变,逐渐告别临时赶节点式的出版策略,开始向纵深挖掘,向深耕战略转变。2018 年,我国主题出版领域的实践呈现出了溢出效应、制服效应、集聚效应、双轮效应等 4 个效应。

参考文献

一、专著

[1] 张静庐.中国现代出版史料:甲编[M].北京:中华书局,1954.

[2] 中国社会科学院现代史研究室,中国革命博物馆党史研究室."一大"前后:中国共产党第一次代表大会前后资料选编(一)[M].北京:人民出版社,1980.

[3] 中国出版科学研究所,中央档案馆.中华人民共和国出版史料:1951[M].北京:中国书籍出版社,1996.

[4] 中国出版科学研究所,中央档案馆.中华人民共和国出版史料:1954[M].北京:中国书籍出版社,1999.

[5] 中国出版科学研究所,中央档案馆.中华人民共和国出版史料:1959[M].北京:中国书籍出版社,1999.

[6] 常紫钟,林理明.延安时代新文化出版史[M].西安:陕西人民出版社,2001.

[7] 新闻出版总署图书出版管理司.图书出版管理手册[M].北京:中国法制出版社,2006.

[8] 中国出版科学研究所,中央档案馆.中华人民共和国出版史料:1962—1963[M].北京:中国书籍出版社,2009.

[9] 范军.中国共产党出版史研究综论(1921—1949)[M].武汉:华中师范大学出版社,2015.

［10］韩博天.红天鹅:中国独特的治理和制度创新［M］.石磊,译.北京:中信
　　　出版社,2018.

二、报刊与学位论文

［11］周蔚华.紧紧围绕大局　做好主题出版［J］.中国出版,2011(9):37-39.

［12］余声.做好主题出版,更好地为党和国家工作大局服务［J］.中国编辑,
　　　2012(5):5-8.

［13］罗小卫,别必亮.例析主题出版的策划与营销［J］.中国出版,2014(21):
　　　9-12.

［14］李建红.中国主题出版研究(2003—2016 年)［D］.武汉:武汉大学,2017.

［15］于殿利.主题出版与时代之需［J］.中国出版.2016(7):52-53.

［16］周慧琳.主题出版:责任与市场——努力做好新形势下的主题出版工作
　　　［J］.出版参考,2017(1):4-8.

［17］郝振省.主题出版的历史性与现实性［J］.出版参考,2017(1):1.

［18］范军.主题出版的"意义"与"意思"［J］.出版科学,2017(3):1.

［19］韩建民,熊小明.新时代主题出版的八大转变［J］.出版广角,2018(6):
　　　6-8.

［20］谢清风.主题出版的提出、发展、问题和展望［J］.现代出版,2018(6):
　　　38-43.

［21］侯俊智.关于中国共产党出版史(1921—1949)研究的几个问题［J］.中
　　　国出版史研究,2019(2):54-65.

［22］崔波.政治、技术、社会维度下新中国成立 70 年来的中国主题出版［J］.
　　　编辑之友,2019(9):40-47.

［23］叶国斌.主题出版,要"叫好"更要"叫座":谈主题出版物的市场化运作
　　　［J］.出版参考,2019(6):9-10,13.

［24］周蔚华.主题出版及其在当代中国出版中的地位［J］.编辑之友,2019
　　　(10):23-28.

［25］虞文军.地方出版社主题出版的创新和发展:以浙江人民出版社为例
　　　［J］.出版广角,2020(1):9-13.

[26] 周蔚华.主题出版若干基本史实辨析[J].出版发行研究,2020(12):
　　　5-9.

[27] 杨先凤.浅析新中国成立70年以来主题出版的主要成就、特点及前景
　　　[J].传播与版权,2020(8):79-81.

[28] 郝振省,韩建民.主题出版的历史与内涵[J].出版与印刷,2021(1):
　　　28-33.

[29] 林筱芳.融媒体时代主题出版数字化建设研究[J].新闻传播,2021(3):
　　　67-68,71.

[30] 袁亚春.做好主题出版:大学出版社何为?[J].中国出版,2021(7):
　　　16-20.

[31] 于殿利.主题出版的历史与社会逻辑[J].出版发行研究,2022(5):
　　　5-11.

[32] 于殿利.主题出版的时代与现实逻辑[J].出版发行研究,2022(6):
　　　5-13.

[33] 于殿利.主题出版的产业与企业逻辑[J].出版发行研究,2022(7):
　　　5-14.

[34] 张寅.《杭州运河丛书》问世[N].杭州日报,2006-05-21.

[35] 吴重生."浙江文丛":精雕细琢文化精品[N].中国新闻出版报,2013-
　　　08-13(1).

[36] 沈建国.《西溪丛书》,杭州西溪的基因图谱[N].杭州日报,2013-08-23(7).

[37] 傅璇琮.书写西湖的前世与今生:《西湖通史》序[N].光明日报,2014-
　　　04-01(16).

[38] 王坤宁.主题出版新景观:上连"天线"　下接"地气"[N].中国新闻出
　　　版报,2014-06-30(5).

[39] 黄琳.浙江文艺社:主题出版海外飘红[N].中国新闻出版广电报,2014-
　　　12-16(2).

[40] 王彦.向世界讲好中国共产党的历史[N].文汇报,2016-08-18(2).

[41] 陈香.浙江出版联合集团G20主题图书走向世界[N].中华读书报,
　　　2016-08-31(6).

[42] 陈香.浙江人民社:闯出主题出版的市场之路[N].中华读书报,2016-07-20(6).

[43] 郑杨.G20主题图书出版助力中国走向世界[N].中国出版传媒商报,2016-09-06(9).

[44] 黄琳.浙江力争主题出版迈上新台阶[N].中国新闻出版广电报,2018-04-16(2).

[45] 黄琳.浙江人民出版社:用文字记录伟大时代 用精品书写改革开放[N].中国新闻出版广电报,2018-12-28(4).

[46] 陈菲,严红枫.浙版主题图书缘何获追捧[N].光明日报,2019-01-24(7).

[47] 黄琳.《浙江画报》:以影像诠释浙江精神 以视觉塑造浙江形象[N].中国新闻出版广电报,2019-01-29(8).

[48] 李婧璇."习近平新时代中国特色社会主义思想学习丛书"出版座谈会举行[N].中国新闻出版广电报,2019-04-11(1).

[49] 黄琳.杭州:数字阅读完善全民阅读生态圈[N].中国新闻出版广电报,2019-04-11(2).

[50] 黄琳.浙江:围绕新中国成立70周年开展全民阅读[N].中国新闻出版广电报,2019-06-04(1).

[51] 王坤宁.用阅读拓展大运河"朋友圈":"中国大运河成功申遗5周年——大运河阅读接力北京通州站"活动启动[N].中国新闻出版广电报,2019-06-24(2).

[52] 陈雪.铅字铭记七十年:记新中国成立七十周年精品出版物展[N].光明日报,2019-08-24(9).

[53] 一批庆祝新中国成立70周年重点主题出版物推出[N].光明日报,2019-09-25(09).

[54] 张贺."书影中的70年·新中国图书版本展"在京开幕[N].人民日报,2019-10-10(6).

[55] 章红雨.多家科技社出书助力抗"疫"[N].中国新闻出版广电报,2020-02-03(2).

[56] 欧莉.增强战"疫"信心:人民出版社提前出版《中国疫苗百年纪实》电子

书[N].浦东时报,2020-02-04(7).

[57] 韩萌萌.多媒体出版物助力战"疫"[N].中国新闻出版广电报,2020-02-
05(2).

[58] 金鑫.上海出版界抗"疫"出书总动员[N].中国新闻出版广电报,2020-
02-07(2).

[59] 刘蓓蓓.湖南出版界策划近20种疫情防控类图书[N].中国新闻出版
广电报,2020-02-12(2).

[60] 李子木.人民社出版《最美逆行者》[N].中国新闻出版广电报,2020-02-
17(1).

[61] 孙海悦.英、俄文版防疫心理健康指导手册面世[N].中国新闻出版广
电报,2020-03-04(2).

[62] 范燕莹.近40种民族文字防疫图书出版[N].中国新闻出版广电报,
2020-03-05(1).

[63] 孙海悦.人民社推出《精准扶贫的故事》[N].中国新闻出版广电报,
2020-03-09(1).

[64] 史竞男.人民出版社输出三种抗疫图书版权[N].中国新闻出版广电
报,2020-03-18(1).

[65] 雷萌.《武汉战"疫"——最美一线英雄》出版[N].中国新闻出版广电
报,2020-04-09(1).

[66] 王坤宁.《金银潭抗疫纪事》出版发行[N].中国新闻出版广电报,2020-
04-16(1).

[67] 辛华.《列宁画传》(纪念版)出版发行[N].中国新闻出版广电报,2020-
05-08(1).

[68] 严粒粒.精品好书是怎样炼成的[N].浙江日报,2020-05-19(7).

[69] 黄琳.浙版好书:为大众读者制定精品书单[N].中国新闻出版广电报,
2020-05-22(3).

[70] 王坤宁."北京文化书系"推出"红色文化丛书"12册[N].中国新闻出版
广电报,2020-06-09(2).

[71] 李子木.人民社推出《战"疫"中国:全国美术作品选》[N].中国新闻出

版广电报,2020-06-10(1).

[72] 李忠.好雨知时节　当春乃发生:主题出版发展现状与趋势的大数据分析[N].中国新闻出版广电报,2020-07-13(8).

[73] 黄琳.浙江:15个书屋分别获赠600册书籍[N].中国新闻出版广电报,2020-07-30(2).

[74] 李婧璇.江苏3.2万余册主题出版物配送到"家"[N].中国新闻出版广电报,2020-08-10(1).

[75] 李婧璇,王坤宁,张君成.主题图书彰显抗战精神[N].中国新闻出版广电报,2020-09-03(1).

[76] 安蓉泉.杭州优秀传统文化的当代价值[N].杭州日报,2020-09-24(19).

[77] 曾毅,干杉杉.地方性书展如何脱颖而出[N].光明日报,2020-11-12(7).

[78] 雷萌.《习近平新时代中国特色社会主义思想基本问题》出版报告会举行[N].中国新闻出版广电报,2020-11-24(1).

[79] 孙海悦.中宣部办公厅印发通知　明确2021年主题出版五方面选题重点[N].盐都日报,2021-02-25(3).

[80] 黄琳.抗击疫情选题优先纳入今年主题出版范畴[N].中国新闻出版广电报,2021-02-28(1).

[81] 张璐.如何让主题出版温度与深度并存[N].中国新闻出版广电报,2021-03-22(4).

[82] 黄琳.浙江主题出版搭建"四梁八柱":在"浙"里阅读红色初心[N].中国新闻出版广电报,2021-03-23(1).

三、电子资源

[83] 洪琼."申奥功臣"何振梁出版日记,揭密申奥艰辛历程[EB/OL].(2008-07-17)[2021-04-15].https://www.baidu.com/link?url=DCjHe0TfSHq1WbYbwYasqMRO4tonQ6cgaw7VXAxvQjKpdzKeGAOdqWsnSgWEodIImzSFI-vKE2XwpCamWMNimq&wd=&eqid=fb-84b267000f28df00000004609e24d0.

[84] 新闻出版业"十二五"时期发展规划[EB/OL].(2011-04-21)[2021-05-

21］. http：//www. keyin. cn/library/zcfg/zhzcjjg/201104/21-484012_
9. shtml.

［85］人间大爱"书"不尽：汶川地震 3 周年相关图书出版综述［EB/OL］.
(2011-05-10)［2021-04-15］. http：//culture. ifeng. com/2/detail_2011_
05/10/6281070_1. shtml.

［86］社会主义核心价值体系建设"双百"出版工程启动［EB/OL］. (2012-03-
16)［2021-04-15］. http：//www. gov. cn/govweb/gzdt/2012-03/16/
content_2093566. htm.

［87］关于制订和报送深入学习宣传贯彻党的十八大精神主题出版重点选题
的通知［EB/OL］. (2013-02-25)［2021-04-15］. https：//rms. zjcb. com/
index. php？ process＝news＆newsID＝6144.

［88］国家新闻出版广电总局. 关于开展培育和践行社会主义核心价值观主
题出版活动的通知［EB/OL］. (2014-02-28)［2021-04-15］. https：//
rms. zjcb. com/index. php？ process＝news＆newsID＝6223.

［89］2015 年主题出版重点出版物选题公布［EB/OL］. (2015-10-29)［2021-
04-15］. https：//mp. weixin. qq. com/s？ src＝3＆timestamp＝168076-
9669＆ver＝1＆signature＝OfKGtYg7zPDrawHLt-＊0ToD4d-kRIo7d-
r1HORqRu5P0bzXYZBh3O676NJfw97T-FGoHIDtLWiczUQDsbBEO-
8EtI6UH7QbiLrOvJTAKp3rSe1Zy57oTVk3jYcx＊7eLoPjFfQathiQn-
ZQQEd＊mY4DT8w＝＝.

［90］"十三五"国家重点出版物出版规划明确十大重点［EB/OL］. (2015-11-
11)［2021-04-12］. http：//www. gov. cn/xinwen/2015-11/11/content_
5007105. htm.

［91］史上最大规模 G20 研究系列著作出版［EB/OL］. (2016-07-29)［2021-
04-15］. https：//www. guancha. cn/culture/2016_07_29_369340. shtml.

［92］浙江省新闻出版广电局. 2017 年全省新闻出版广播影视和版权工作要
点［EB/OL］. (2017-02-10)［2021-04-23］. http：//gdj. zj. gov. cn/art/
2017/2/10/art_1229248388_2004518. html.

［93］李月红. 两期浙江文化研究工程中，八成立项课题聚焦浙江优秀传统文

化：钩沉浙学文脉　熔铸浙江精神［EB/OL］.（2018-05-08）［2021-04-25］. http：//www. zjskw. gov. cn/zjwhyjgcyjcg/13611. jhtml.

［94］学习习近平新时代中国特色社会主义思想重点电子书专栏在五家电子书传播平台正式上线［EB/OL］.（2018-09-29）［2021-02-21］. https：//baijiahao. baidu. com/s? id＝1612915104539700008＆wfr＝spider＆for＝pc.

［95］李月红.记录腾飞史,致敬四十年! 全省近 50 种主题出版物陆续面世［EB/OL］.（2018-11-28）［2021-04-16］. https：//zjnews. zjol. com. cn/zjnews/201811/t20181128_8853376. shtml.

［96］《浙江改革开放 40 年研究系列·地方篇》丛书近日出版发行　各市纷纷开展多种宣传活动［EB/OL］.（2018-12-30）［2022-02-11］. https：//mp. weixin. qq. com/s? src ＝ 11＆timestamp ＝ 1680769964＆ver ＝ 4451＆signature＝X23Sz ＊ 4Rxt ＊ AqoAAKwSsuW1gMnk1Or3keewhwLfOKImVHhsc2YiXJImlVT3khdTjnBGQxlyoTKQkxKzd7nVwr2Ew2X4lg ＊ b7ZUcFJlxMWkuVV7m0DZbuAY2r-FP ＊ QHN4＆new＝1.

［97］《将改革开放进行到底》出版发行［EB/OL］.（2019-01-09）［2021-04-13］. http：//www. xinhuanet. com/politics/2019-01/24/c_1124036292. htm.

［98］浙江文艺出版社"我的四十年"丛书出版分享会在京举行［EB/OL］.（2019-01-14）［2021-04-25］. http：//www. xinhuanet. com/culture/2019-01/14/c_1123985623. htm.

［99］杨帆.不仅会做主题出版,这家地方人民社如何靠好书养活自己?［EB/OL］.（2019-01-16）［2021-04-15］. https：//mp. weixin. qq. com/s? src ＝ 11＆timestamp ＝ 1680769141＆ver ＝ 4451＆signature ＝ 8N-UStR6h4xnXw7Xe6pThKee ＊ rPnxJ6RhT8PsLZFUoaa5cOQbU26WM-TbEOc7ZCCVvtfcKVzQtPQteTAoNy8 ＊ r ＊ hC9Y ＊ G1ej3aNIkSborH-BkzpJpadpt ＊ xUDHVtKp84In＆new＝1.

［100］《习近平谈"一带一路"》英、法文版首发式在京举行［EB/OL］.（2019-04-24）［2021-04-15］. http：//www. xinhuanet. com/politics/2019-04/

24/c_1124411815. htm.

[101]《习近平新时代中国特色社会主义思想学习纲要》出版发行［EB/
OL］.（2019-06-10）［2021-04-15］. http://news. cyol. com/yuanchuang/
2019-06/10/content_18039519. htm.

[102]《习近平关于"三农"工作论述摘编》出版发行［EB/OL］.（2019-05-06）
［2021-04-15］. http://hn. cnr. cn/hngbxwzx/20190506/t20190506_52-
4602178. shtml.

[103] 中国美院"画说初心"图片文献展开幕仪式暨丛书新书发布会隆重举
行［EB/OL］.（2019-11-29）［2021-04-16］. https://mp. weixin. qq.
com/s? src＝11＆timestamp＝1680769749＆ver＝4451＆signature＝
p8＊bNh2Wc37＊tyBwnWk7IFPjvuQvWkMi8-Cq3j2cSF1YVTQ7u6-
D67wU3EFtMZ＊mb9wk0YCzGt2pPSS45mE0cKREHtiCRJmUSZN
q-enaMZRuD8mce5b-sxOpltWsa4aqr＆new＝1.

[104] 中华人民共和国成立 70 周年科技出版十件大事暨 2019 年出版百种
科技新书发布［EB/OL］.（2019-12-02）［2021-04-16］. https://www.
sohu. com/a/357909327_749128.

[105]《习近平在厦门》《习近平在宁德》出版发行［EB/OL］.（2020-01-03）
［2021-04-15］. http://www. xinhuanet. com/politics/leaders/2020-
01/03/c_1125420504. htm.

[106]《习近平庆祝中华人民共和国成立 70 周年重要讲话》出版发行［EB/
OL］.（2020-01-06）［2021-04-15］. http://www. xinhuanet. com/
politics/leaders/2020-01/06/c_1125425728. htm.

[107]《习近平关于中国特色大国外交论述摘编》出版发行［EB/OL］.（2020-
01-06）［2021-04-15］. http://politics. people. com. cn/n1/2020/0106/
c1024-31535132. html.

[108] 抗击疫情，出版界担当有为［EB/OL］.（2020-02-05）［2021-04-15］.
https://www. sohu. com/a/370666528_100016145.

[109] 习近平《在统筹推进新冠肺炎疫情防控和经济社会发展工作部署会议
上的讲话》单行本出版［EB/OL］.（2020-02-25）［2021-04-15］. http://

www. xinhuanet. com/politics/leaders/2020-02/25/c_1125624718. htm.

[110] 习近平《在统筹推进新冠肺炎疫情防控和经济社会发展工作部署会议上的讲话》单行本出版[EB/OL]. (2020-02-26)[2021-04-14]. http://news. cnr. cn/native/gd/20200226/t20200226_524991625. shtml.

[111] 习近平《在决战决胜脱贫攻坚座谈会上的讲话》单行本出版[EB/OL]. (2020-03-09)[2021-04-15]. http://www. xinhuanet. com/politics/leaders/2020-03/09/c_1125686046. htm.

[112] 孙海悦. 浙少社国际同步出版图画书助力国际疫情防控[EB/OL]. (2020-03-23)[2021-04-15]. https://www. chinaxwcb. com/info/561543.

[113] 习近平《论坚持推动构建人类命运共同体》俄文版出版发行[EB/OL]. (2020-03-29)[2021-04-15]. https://baijiahao. baidu. com/s? id=1697458092705476868&wfr=spider&for=pc.

[114]《新冠肺炎防治手册》葡萄牙语版在巴西免费线上发布[EB/OL]. (2020-04-04)[2021-04-15]. http://www. xinhuanet. com/world/2020-04/04/c_1125815126. htm.

[115]《武汉战"疫"——最美一线英雄》出版[EB/OL]. (2020-04-09)[2021-04-15]. https://www. nppa. gov. cn/nppa/contents/280/45876. shtml.

[116] 习近平《携手抗疫 共克时艰——在二十国集团领导人特别峰会上的发言》单行本出版[EB/OL]. (2020-04-16)[2021-04-14]. http://www. xinhuanet. com/politics/leaders/2020-04/16/c_1125864710. htm.

[117]《崇德向善的引领》和《守正创新的践行》出版发行[EB/OL]. (2020-07-09)[2021-04-15]. http://politics. people. com. cn/n1/2020/0709/c1001-31776364. html.

[118]《习近平在福州》出版发行[EB/OL]. (2020-07-20)[2021-04-15]. http://www. xinhuanet. com/politics/leaders/2020/07/20/c_1126260910. htm.

[119] 习近平《在企业家座谈会上的讲话》单行本出版[EB/OL]. (2020-07-24)[2021-04-15]. http://china. cnr. cn/news/20200724/t20200724_525179336. shtml.

[120]《习近平扶贫故事》出版座谈会在京举行[EB/OL]. (2020-10-31)

[2021-04-15]. https://news. gmw. cn/2020-10/31/content_34326189. htm.

[121] 国家新闻出版署关于编制"十四五"国家重点图书、音像、电子出版物出版规划和 2021—2030 年国家古籍规划的通知[EB/OL]. (2020-12-04)[2021-04-12]. http://www. nppa. gov. cn/nppa/contents/279/75336. shtml.

[122] "十四五"国家重点出版物出版规划和 2021—2030 年国家古籍规划编制工作启动[EB/OL]. (2020-12-04)[2021-04-13]. http://www. nppa. gov. cn/nppa/contents/279/75336. shtml.

[123]《习近平关于统筹疫情防控和经济社会发展重要论述选编》英文版出版[EB/OL]. (2020-12-14)[2021-04-15]. https://news. gmw. cn/2020-12/14/content_34459076. htm.

[124]《习近平调研指导过的贫困村脱贫纪实》出版发行[EB/OL]. (2021-01-03)[2021-04-15]. http://www. gov. cn/xinwen/2021-01/03/content_5576332. htm.

[125]《人民当家作主:人民代表大会制度的运行和发展》出版发行[EB/OL]. (2021-01-11)[2021-04-15]. https://www. sohu. com/a/443855-773_267106.

[126]《习近平关于网络强国论述摘编》出版发行[EB/OL]. (2021-01-21)[2021-04-15]. http://www. xinhuanet. com/politics/leaders/2021-01/21/c_1127009956. htm.

[127]《中共党史知识问答》出版发行[EB/OL]. (2021-02-03)[2021-04-15]. http://www. gov. cn/xinwen/2021-02/03/content_5584575. htm.

[128] 习近平同志《论中国共产党历史》出版发行[EB/OL]. (2021-02-21)[2021-04-15]. http://www. xinhuanet. com/politics/leaders/2021-02/21/c_1127121673. htm.

[129]《习近平新时代中国特色社会主义思想学习问答》出版发行[EB/OL]. (2021-02-26)[2021-04-15]. http://www. xinhuanet. com/2021-02/26/c_1127142765. htm.

[130] 冯源. 百种浙版图书献礼建党百年[EB/OL]. (2021-03-15)[2021-04-

22]. https://www.zjcb.com/index.php? process＝news&newsID＝6792.

[131]《习近平关于注重家庭家教家风建设论述摘编》出版发行[EB/OL].（2021-03-28）[2021-04-15]. http://www.gov.cn/xinwen/2021-03/28/content_5596365.htm.

[132] 史竞男.《中国共产党历史通览》出版[EB/OL].（2021-03-28）[2021-04-15]. http://politics.people.com.cn/n1/2021/0328/c1001-320629-73.html.

[133] 史竞男.新一批学习习近平新时代中国特色社会主义思想重点数字图书上线传播［EB/OL］.（2021-09-29）［2021-10-10］. http://www.news.cn/2021-09/29/c_1127918049.htm.

后　记

　　从选题启动,笔者就开始了忙碌。主题出版是近年来出版转向的一个鲜明标志。现在许多出版社都已认识到主题出版的重要性,并自觉地将主题出版作为聚力的契机,作为对无序与过度商品化的出版市场进行拨正的方式。这种调整出版市场的过程是非常漫长的。本书首先对主题出版进行学理定义,使其超越狭隘的形而上的意义,回归出版的本义;其次对各个出版社对主题出版的理解与切入角度进行分析;最后对主题出版市场及相应读者进行研究,以促使主题出版取得社会效益与经济效益的双丰收。

　　在整个写作过程中,笔者在理论与实践方面都下了一些功夫。通过梳理,本书勾勒了近30年来浙江省主题出版的概况,描述了各个出版单位在主题出版中扮演的角色,揭示了专业出版社切入主题出版的路径与方式。同时,就民营出版策划机构及出版研究机构的主题出版策划情况,笔者组织团队对相关人士进行了采访。本书在撰写期间,得到不少业界人士的热心帮助,在此致谢如下:

　　感谢浙江出版集团数字传媒有限公司的朱卫国老师;

　　感谢浙江人民出版社的王利波总编与总编办的李雯老师;

　　感谢浙江教育出版社的周俊总编与郑瑜老师;

　　感谢西泠印社出版社的原总编吕凤棠;

　　感谢浙江大学出版社的原总编袁亚春老师与总编办的徐婵老师;

　　感谢浙江电子音像出版社的唐可为社长与原社长任路平老师;

感谢杭州电子科技大学的韩建民老师与徐婷老师；

感谢浙江传媒学院的崔波老师；

感谢浙江工商大学出版社原编辑赵丹老师；

感谢浙江工商大学人文与传播学院原编辑出版系主任梁春芳老师；

感谢元法编辑部的程雷生老师；

还要感谢研究生团队的胡婧、姚丽颖、王胜昔、王以卓、周倩等人。

郑建完成了"浙江省主题出版的发展概况"等部分内容；胡婧完成了对韩建民老师的采访及附录中"浙江省主题出版研究论文与报告"的整理；姚丽颖完成了部分采访工作和对中共浙江省委党史和文献研究室相关材料的整理，以及对浙江人民出版社、浙江教育出版社相关材料的梳理；王胜昔与王以卓完成了对附录中"浙江省主题出版相关报道"的整理和对朱晓军老师的采访；赵丹等人完成了部分书稿的审读并提出了宝贵意见；周倩、姚丽颖、胡婧校读了全书。在写作过程中，本人转至浙江传媒学院工作，诸事繁忙，使得本书的审校工作被搁置了一段时间。这里还要感谢浙江工商大学出版社的金芳萍编辑，她以认真负责的态度对本书提出中肯的意见，使得本书的质量有了进一步的提高。

写作匆忙，同时由于本人学识有限，对主题出版的认识难免有不足之处，敬请大方之家指正。

沈　珉

2023 年 7 月 27 日